欧州戦争としてのウクライナ侵攻

鶴岡路人

新潮選書

はじめに

二〇二二年二月二四日にはじまるロシアによるウクライナへの全面侵攻は、世界に巨大な衝撃をもたらした。

この戦争をいかに捉えたらよいのか。筆者自身、悩みながら情勢を追っていたら、あっという間に一年が経ってしまった。本書では、これまでの展開を踏まえ、この戦争の本質に迫っていきたい。一年間の中間報告である。

＊

端的にいえば、この戦争は「プーチン（Vladimir Putin）の戦争」ないし「ロシアの戦争」としてはじまった。しかし、当初のロシアの計画どおりには進まなかったために、戦争の性格が次第に変化した。ウクライナが抵抗を示すなかで、米欧の同盟であるＮＡＴＯ（北大西洋条約機構）の関与が深まるとともに、欧州全域への影響が大きくなり、今回の戦争は「欧州戦争」と呼ぶべきものへと変容したのである。この過程を検証したい。欧州全域を視野に入れることで、この戦争の本質が明らかになる。これが本書の主題である。

＊

本書は戦争が起きてしまったことは前提として、戦争の諸側面を分析し、その本質を明らかにすることを主たる目的とするが、やはり「なぜ起きてしまったのか」「防げなかったのか」という問いも避けられない。抑止を中心とする戦略論で考えてみよう。

この戦争が、ロシアのプーチン大統領によってはじめられたものであることに異論はないだろう。プーチンもさまざまな要素を天秤にかけて最終判断を下したと考える以上、最も根本的だったのは、「侵攻により得られる利益＋侵攻を見送った場合の損失」と「侵攻によって被る損失＋侵攻を見送った場合の利益」の比較だったはずだ。

プーチンの計算において、前者が後者を上回ったために、侵攻がおこなわれたと考えることができる。開戦前から、ウクライナ侵攻は非合理的であるとの指摘は多く、さらに、ロシア軍の苦戦を受けて、プーチンによる侵攻の判断は批判にさらされている。

他方で、プーチンが、よくいわれているように、数日でウクライナの首都キーウを制圧し、ゼレンスキー（Volodymyr Zelenskyy）政権を容易に転覆できると判断し、米欧諸国による反応も、二〇一四年のクリミアの一方的併合と同レベルのものだと想定していたとすれば、みえてくる構図は異なるはずだ。その前提であれば、侵攻を躊躇している間にウクライナの米欧志向が強まり、ロシアの勢力圏からの離脱がより進むよりも、侵攻に踏み切った方が利益になると考えることは、合理的な判断だったのかもしれない。しかし、そうした前提が大きく狂ったのである。

今回の戦争を「防げなかったのか」という問いについてはどうだろうか。前述の、プーチンの計算における利益と損失のバランスに照らせば、ウクライナ侵攻を防ぎたい側のウクライナ自身や、米国を含むNATO諸国が、侵攻した場合のロシアにとっての損失を利益よりも大きくできたかが問われる。

そのためには、ロシアの想定する利益を少なくするか、損失を大きくするか、あるいはその両方が必要になる。結果として、ロシアの侵攻を防げなかったということは、それに失敗したということである。ウクライナに関しては、国力をロシアと比較した場合に、単独でロシアを抑止することは、当初からほとんど不可能だった。ウクライナ軍の能力は、実際には二〇一四年にクリミアが一方的に併合された当時とは大きく異なっていたが、ロシア側がそれを認識しない限り、侵攻にあたってのロシア側の計算結果は変わらない。

米国やNATOは、ロシアによるウクライナ侵攻を抑止するための十分な能力を有していたものの、NATOにとってのウクライナの重要性と、ロシアにとってのそれとが非対称的だったことは否めない。ロシアにとっての方がより多くがかかっていたのである。ウクライナのNATO加盟を議論しながら、二〇二二年までに実現していなかった事実自体、NATO側がウクライナの安全保障にコミットしていなかったことの証だったともいえる。

そうしたなかで、均衡が崩れてしまったのが今回の戦争である。

＊

そして、この戦争は特徴的なはじまり方をした。前年秋からロシア軍部隊がウクライナ国境に集結しはじめ、緊張が高まっていた。ロシア側は、ウクライナ侵攻の意図はないとしつつ、いつでも実際に侵攻可能な装備を着々と前線に配備していった。その数は一〇万名をはるかに超えた。状況を注意深く監視していた米国は、ロシアに侵攻の意思があると判断し、ロシアに警告しつつ欧州諸国への情報共有を進め、さらには、ロシアの侵攻意図やその方法を「暴露」する手段に出たのである。

ロシアが計画していた作戦などを積極的に公表することで、計画遂行を妨害し、変更を迫ることで時間稼ぎをすると同時に、それでもロシアが、実際には自らが攻撃しつつ、「ウクライナが先に攻撃してきた」と主張する偽旗作戦に出た場合に、国際世論がそれに惑わされないようにするという目的があった。ロシアに対しては、「手の内はすべてバレている」というメッセージでもあった。これらをあわせて、「暴露による牽制」[1]ということだった。

ただし、結果としてそれで侵攻を防ぐことはできなかった。その意味で、ロシアに対して、侵攻を思いとどまらせようという抑止は失敗した。

それでも、こうした動きを支えた大きな要素の第一は、過去一〇年ほどで急速に発展した商用の衛星画像サービスだった。これにより、ロシア軍がウクライナ国境に集結している様子が、政府の軍事衛星に頼らずとも、研究機関やメディアによって、鮮明な画像とともに明らかにされていった。第二に、オープン・ソース・インテリジェンス（ＯＳＩＮＴ）と呼ばれる分野の新たな発展が重要だった。ＯＳＩＮＴ自体は決して新しい手法ではない。機密情報ではなく、公開されている情報をつなぎあわせて真実を突き止めようとすることを指すが、ＳＮＳによる情報を網羅的に扱うことで、従来とは桁違いの情報量を実現し、精度の高い分析が可能になった。民間調査集団のベリングキャット（Bellingcat）の活動はすっかり有名になった。

政府によるインテリジェンスの「暴露」のみならず、民間側に層の厚い情報が集まるようになっていたために、ロシアの行動はその一挙手一投足が監視されることになった。ロシアは丸裸にされていた。しかし、繰り返しになるが、それでも、ロシアの行動を抑止することができなかったのは、国際社会の側が直視しなければならない現実である。

実際に起きてしまったのは、第二次世界大戦を彷彿とさせるような戦車戦や砲撃戦、そして、占領下での地元住民への拷問や大量殺戮、さらには強制移住などであった。他方で、例えば戦争犯罪の捜査では、精度の高い衛星画像や顔認証技術といった今日的なツールが重要な役割を果たしている。今回の戦争は、新旧の要素が複雑に入り乱れているのである。[2]

＊

欧州大陸で起きたこの戦争は、何よりもまず欧州の人々にとって衝撃的だった。世界史的にみれば、欧州こそ、世界でおそらくもっとも繰り返し大戦争を経験してきた場所である。冷戦時代のハンガリー動乱やプラハの春、冷戦後の旧ユーゴスラヴィア各地での紛争や二〇〇八年のロシア・ジョージア戦争、さらには二〇一四年からのウクライナのドンバスにおける紛争など、第二次世界大戦後も、さまざまな紛争が存在してきた。ただし、ここまで大規模な戦争は勃発してこなかった。

いまとなっては隔世の感というほかないが、二〇〇三年一二月に採択されたEU（欧州連合）としてはじめての安全保障戦略となった「欧州安全保障戦略（European Security Strategy）」は、「欧州がこれほどまでに繁栄し、安全で自由だったことはない」[3]との言葉ではじまり、二〇一〇年一一月のNATO戦略概念は「今日の欧州・大西洋地域は平和で、NATO領域に対する通常兵器による攻撃のリスクは低い」[4]と謳っていた。EUのみが「平和ボケ」だったのではない。NATOの脅威認識も大差なかった。しかも二〇一〇年戦略概念は、二〇〇八年のロシア・ジョージア戦争の後である。

こうした脅威認識が長年続いていたがゆえに、二〇一四年のロシアによるクリミアの違法かつ一方的な併合やドンバス紛争などは、欧州にとっては意表を突かれたようなものであり、さらに今回、チェチェンやシリアで起きたような戦闘が欧州の地で繰り返されたことに、欧州の人々は大きな衝撃を受けることになったのである。

これが欧州中心主義的な発想、ないし差別的な見方であったことは否定できない。シリアの地で紛争が起き、人々が殺されることは当たり前だが、欧州でそれが起きるのは許せないというのは自分勝手だろう。避難民にしても、シリア人の受け入れは論争的だが、ウクライナ人は温かく迎え入れられるとすれば、そこに差別的態度を見出すことは難しくない。

ただし、そうした姿勢の是非を問うこと自体がここでの目的ではない。欧州にとっての衝撃が大きかった事実は、たとえそれが欧州人の身勝手だったとしても、今回の戦争を理解するうえでの基礎になる。ここでいう衝撃には、信じられないものをみせつけられたことへの狼狽と、それに対する怒りとしての憤慨の両感情が含まれている。これに加えて、この戦争への対処を間違えば、さらなる惨禍が欧州に広がってしまうことへの懸念もある。後者は、現実的な利害計算の側面である。

日本にとってのウクライナは、ユーラシア大陸の反対側であるが、欧州にとっては近隣地域である。EU、NATOの加盟国のうち、北からポーランド、スロヴァキア、ハンガリー、ルーマニアの四カ国がウクライナと国境を接している。そして、ノルウェー、フィンランド、エストニア、ラトヴィア、リトアニア、ポーランドが（飛び地を含めて）ロシアと国境を接している。

どれだけグローバル化が指摘されても、人間が本気になるのは身近な問題となってこそなのだろう。そのことは、欧州内の温度差にもあらわれている。ウクライナでロシアの侵攻を止めなければ「次は自分たちが標的になる」と考えるバルト三国やポーランドに対して、ドイツやフランス、イタリアなどを含め、地理的にロシアから離れている諸国に、そこまでの切迫感はない。また、石油や天然ガスのロシア依存からの脱却、いわゆる「脱ロシア」化にしても、海に面し、タンカーによる輸入が可能である国々と、内陸国でロシアからのパイプラインに頼らざるを得ない、例えばハンガリーやチェコとでは事情が異なる。政治・外交面において対露姿勢を色分けすることは可能だが、その重要な要素は地理的条件であることも多い。

＊

本書は、ロシアによるウクライナ侵攻を、国際政治、国際安全保障の観点から分析することを目的とする。なかでも特に、米欧関係を体現する存在であるＮＡＴＯを含め、欧州に着目して議論を進めたい。それは、筆者が欧州を専門分野とするからであるが、それ以上に、今回の戦争を理解するには欧州の理解が不可欠であること、そして、今回の戦争によって欧州が大きな転換点を迎えつつあり、そのことが今後の国際関係全般にも無視できない影響を及ぼすと考えているからである。それは、今回の戦争を「欧州戦争」として捉える見方である。

そもそも、ウクライナは欧州である。同国のＥＵやＮＡＴＯへの加盟問題は、それ自体が論争的ではあるものの、ウクライナが欧州の国であり、ウクライナ人が欧州人であることへの異論はあまりないようにみえる。そうであればこそ、この戦争は、ロシアの問題であるとともに欧州の問題なのである。

二〇一四年のロシアによるクリミアの違法かつ一方的な併合は、圧倒的にロシアの問題として議論された。「なぜプーチンはそのような行動に出たのか」という観点での分析である。残念ながら欧州の側面はあまり注目を集めなかった。今回の戦争にあたっても、「プーチンは何を考えているのか、何を求めているのか」といった議論になりがちな傾向は依然として残っているものの、ウクライナ側の抵抗、そして米国のみならず欧州の対応、欧州への影響などがより多く議論されるようになっている。

今回の戦争に関して、ロシアの意図や行動の分析が不可欠であることは論を俟たないが、それらについては日本でも分析の蓄積がある。[5]それに対して本書は、この戦争を欧州戦争として捉え、ＮＡＴＯを含め、欧州の対応や欧州が直面する諸問題に焦点を当てる。

岸田文雄政権は、今回の戦争への対応にあたって「Ｇ７と足並みを揃える」ことを重視しており、この観点で、欧州の対応は日本の課題にも直結する。Ｇ７（主要七カ国）のメンバーのうち、日本、米国、カナダを除く、フランス、ドイツ、イタリア、英国、そしてＥＵは欧州である。なお、ここでいう「欧州」には、欧州各国の他、ＥＵやＮＡＴＯが含まれる。ＮＡＴＯは米国をいわば盟主とする米欧間の同盟であるが、今回のロシアによるウクライナ侵攻に関する限り、加盟国の防衛にしてもウクライナへの支援にしても、欧州の問題への対処が主眼であり、本書においても、ＮＡＴＯに関する議論は重要な位置を占めることになる。

ＥＵの二七の加盟国とＮＡＴＯの三〇の加盟国のうち、二一は共通である。フィンランドとスウェーデンのＮＡＴＯ加盟が実現すれば二三が共通になる。ＮＡＴＯには米国が入っていることが特徴だが、ＥＵとＮＡＴＯはまったく別個の存在というよりは、それぞれの加盟国が分野に応じて、ＥＵとＮＡＴＯを使い分けていると考える方が実態に近い。

今回の戦争に関連していえば、ロシアの軍事的脅威から領土を守ることや、ウクライナへの武器供与の調整はNATOの役割である一方、対露経済制裁の決定やエネルギー危機への対応、ウクライナへの経済支援などではEUが前面に出る。ただし、ウクライナからの避難民への支援や武器供与の具体的内容を決めるのは各国政府である。そのため、本書において欧州とは、欧州諸国の総称として用いることが多い。

また、EUやNATOの一部、さらにはその枠を超えるかたちで、関係国による協力もみられる。英国が主導するウクライナ軍への訓練支援に、オランダやフィンランド、スウェーデンが参加したり、ロシア人への入国制限で、バルト三国とポーランド、さらにはフィンランドが協力する事例もある。

*

この戦争は二〇二二年二月二四日に突然はじまったのではない。本文でも述べるが、ロシアによる今回の侵攻は「さらなる侵攻」なのである。ロシア・ウクライナ関係の歴史は長いが、今回の戦争ということでは、少なくとも二〇一四年から続いている。小泉悠は、二〇一四年を第一次ロシア・ウクライナ戦争、二〇二二年からを第二次ロシア・ウクライナ戦争と呼んでいる[6]。

今日の観点では、ウクライナがロシアに徹底的に抵抗している構図ばかりが目立ち、「反露的なウクライナ」というイメージが圧倒的だが、反露で結束し、EUとNATO加盟への国民的コンセンサスが成立しているような状況は、ごく最近のことにすぎない。さらに、それを作り出したのはプーチンの言動であるというほかないのが実態である。

というのも、二〇一四年以前のウクライナは、ヤヌコヴィッチ（Viktor Yanukovych）政権に代表されるように、ロシアとの関係を重視する路線が一定の支持を集め、「ロシア寄り」と「西側寄り」が経済・外交の路線として拮抗していた。どちら寄りの候補が大統領に当選してもおかしくなかったのである。

ロシアによるクリミアの違法且つ一方的な併合、およびドンバス地域への介入とそれに伴う激しい戦闘によって多くの犠牲者が発生したことは、結果として、多くのウクライナ人を反ロシア的にした。加えて、二〇〇万もの人口を擁するクリミアと、ロシア（ロシアが支配する勢力）が占領したドネツク、ルハンシク両州の一部地域の人口二〇〇万名以上が人口四三〇〇万名程度のウクライナから「切り離された」ことの影響も大きかった。これらによって、ウクライナの国政選挙において、親ロシア的な候補が勝利する見通しはほとんどなくなったのである。これは、プーチンが自ら作り出した状況だ。プーチンは、自ら作り出した敵と戦っている。

ロシアによる一連の言動が、ウクライナ人のアイデンティティを高め、ウクライナ国家を欧州寄りにさせてしまったのは、今回の戦争の最大の皮肉である。[7]

＊

加えて、この戦争を分析する日本人の一人として、日本にとっての意味についても、本書全体を通じて考えていきたい。というのも、二〇二二年二月の開戦以降、この戦争への日本における関心は極めて高いまま推移した。連日、ロシアやウクライナが議論になり、テレビ番組などを通じて、まさにお茶の間において戦況や最新兵器が語られるという状況が発生したのである。二〇二二年五月以降、一時関心が低下した時期があったが、同年九月以降は、ウクライナによる東部ハルキウ州などの奪還、さらにはロシアにおける動員、ウクライナの東部・南部四州での「住民投票と称する行為」とそれに続くロシアによる一方的かつ違法な「併合なるもの」を受け、また関心が高まった。

今後も、メディアの関心のレベルには上下の波があるはずだが、開戦から一年の間に、これだけの議論が日本でおこなわれたことの意味は、後に振り返っても、小さくないのではないか。そのなかで、筆者自身も慌ただしい生活を送ってきたが、情勢を分析するにあたって、心がけてきたことが二つあった。

第一に、情報源に関しては、可能な限り原典に依拠するようにした。当然のことながら各種報道を追い続け、本書でもそれらを多数引用している。しかし、政府による公式な声明や、首脳会談、国際会議などの共同声明、宣言文書、さらには指導者の演説や声明、記者会見での発言などのほとんどが、今日、インターネット経由で容易に全文にアクセス可能である。ロシア政府やウクライナ政府もそれらの多くを英語でも発信している。

報道記事を書く記者は、一部を切り取ってストーリーを作るのであり、全体像を描く役割を常に担っているのではない。例えば指導者の演説についても、引用すべき箇所は関心や目的によって異なって当然である。そうである以上、自ら原典にあたることが重要である。記者による切り取りからみえるものと、自ら原典をみたときに広がる世界の間には大きなギャップがある。このギャップに知的な喜びを覚えるのが専門家なのかもしれない。この点は、メディアやSNSを通じた発信でも筆者が留意してきたことだ。容易にアクセスできるはずの原典にあたる努力を惜しむ人が――記者や専門家の間にも――多すぎないだろうか。心配である。

第二に、国際政治、国際安全保障の「常識」を踏まえた議論を心がけてきた。それら分野に関して、日本には独特の解釈や傾向、そして前提が存在していることが少なくない。筆者にとって、ロシアによるウクライナ侵攻に関する日本国内での議論への参加は、いってみれば、そうした日本的バイアスとの闘いでもあった。

例えば、「戦争」とは何を意味するのか。日本において「戦争は悪い」「戦争反対」といったときに想定される戦争は、多くの場合、どうやら、日本が仕掛ける戦争であるようだ。大学生など、若い人と議論すると異なるのだが、一定年齢以上の日本人の場合、戦争といえば第二次世界大戦であり、この戦争の性格についてはいまだに論争があったとしても、日本が侵攻されてはじまった戦争でないことは明確だ。「戦争ができる国」になることへの反対という議論も、戦争を、日本による侵攻と捉えない限り成立しない。しかし、日本が将来直面するかもしれない戦争は、日本への侵攻に対して祖国を守る戦争である可能性が高く、それは、ロシアに侵攻されたウクライナと同様である。そのようなときに「戦争ができない国」では困る。

*

他方で、戦争である以上、どちらかが完全に「悪」で他方が完全な「善」であることはない、あるいは、清濁併せ呑むのが国際政治のリアルな現実だという声も根強い。筆者自身、国際政治に関してはリアリストであり、力と理念が衝突したときに、常に理念が勝つべきだとは考えていない。力を有する国が常に理念で負け、不満を募らせることや、そうした国が抜け出していくような秩序が安定的であるとも思えない。国際連合の安全保障理事会における拒否権は、力を有する国が脱退してしまうのを避ける安全弁である。主要国が脱退した国際連盟の失敗が基礎に存在する。その意味で、ロシアをまるで存在しないかのように排除したところで、問題は解決しない。国際政治の現実である。

そのうえでなお、国際政治の長い歴史に照らしても、これほどまでに白黒、善悪が明確であるのは珍しいといえるのが今回の戦争である。ここでいう白黒や善悪は、ロシアとウクライナの国家や国民としての善悪ではなく、行為に関するものだ。ロシアの存在が悪なのではなく、侵略行為が悪なのである。この分別は重要だ。というのも、規範的な善悪の議論をはじめると、「ウクライナにも問題があった」という、侵略の正当化事由にはなりようのない話が持ち出され、ロシアとウクライナの立場が相対化されてしまうことが少なくないからである。

その観点では、この戦争を「民主主義vs.権威主義（専制主義）」と位置付けることには疑問がある。なぜなら、たとえロシアが模範的な民主主義国家であったとしても、あるいはまた、たとえウクライナがロシア以上の権威主義国家だったとしても、今回の侵略行為は断じて許されないからである。それよりは、ロシアの国家としての性格ではなく、力による現状変更、さらには侵略という行為に焦点を当てる方が議論の普遍性も確保できる。

「善悪では割り切れない」という議論は、一見、深みがあるように感じられるし、世間でロシアが批判されるなかで、あえて別の議論をする知的誘惑が存在することも理解できる。筆者も十分へそ曲がりだ。しかし、そうした議論に接するなかで、ここには、日本的伝統も作用しているのではないかと考えるようになった。思い出すのは、宮沢賢治の『雨ニモマケズ』の一節だ。

北ニケンクヮヤソショウガアレバ　（北に喧嘩や訴訟があれば）
ツマラナイカラヤメロトイヒ　（つまらないからやめろといい）

喧嘩も訴訟も「つまらないもの」と、かなり断定的なのである。これは、「喧嘩両成敗」という言葉にも通ずる、日本人の伝統的メンタリティの一面なのだろう。善悪二元論に安易に与しないのは、日本人のバランス感覚、さらには成熟を示しているのかもしれない。あるいは、シニシズム（冷笑主義）かもしれない。

しかし、世の中には、「つまらないもの」ではなく、少なくとも当事者にとっては命をかけてでも戦う必要のある紛争（喧嘩）が存在する。これを、外部から「つまらない」といって介入しようとしても、おそらく問題は解決しないし、相手が有する重要な価値を否定することにもつながってしまう。

今回の戦争におけるウクライナ人によるロシアへの抵抗は、人間が命をかけてでも守りたいものは何かという、戦後の日本人がほとんど問われることのなかった問題を投げかけている。だからこそ、この戦争を考えることは、日本の将来、日本がどのような国家、国民でありたいのかという、根本的な問いに向き合うきっかけになるのである。

＊

本書の多くの部分は、ロシアによるウクライナ侵攻の前からその後にかけて、さまざまな場所で発表してきた論考を集めたものだが、この「はじめに」を含め、一部、新たに書き下ろしている。全体の流れと位置付けは下記のとおりである。

第一章および第二章は、ロシアによる侵攻直前から二〇二二年末までの間に、戦争のさまざまな側面をその時折の視点で切り取ったものを集めている。主に新潮社の会員制国際情報サイト『フォーサイト（Foresight）』で発表したものだが、一部、他の媒体で発表したものが含まれている。すべて発表順に並べている。その後の情勢の変化で古くなっている部分もあるが、それぞれの時期の論点や雰囲気を事後的に上書きすることを避けるため、あえて議論の中身を実質的に変える修正はしていない。

第三章は、ＮＡＴＯに焦点を当てる。ＮＡＴＯにとっての冷戦後を振り返り、今回の戦争の意味をＮＡＴＯ変革の文脈で解明することを目的としている。そのうえで第四章は、ウクライナ侵攻への欧州、さらには米欧の対応の背景をさらに掘り下げることが目的である。ウクライナをめぐる危機が高まり、侵攻にいたる過程は、トランプ（Donald Trump）時代の荒波を乗り越えた米欧関係が安定に向かおうとする時期と重なるが、その間には、カブール陥落によるアフガニスタンからの撤退という大きな出来事もあった。これらは米欧関係の将来をめぐる議論を規定してきており、今回の戦争もそのなかに位置付けることができる。ここでも、『フォーサイト』をはじめとする各種媒体で、すでに発表したものが中心となる。

大幅に修正されているものを含め、初出は各項の末尾に明記した。また、各項の冒頭にリードを加え、初出が発表された当時の文脈を補足し、一部についてはほかの項との関係についても示すようにした。

第五章は書下ろしであり、二〇二二年末までの状況を踏まえて、この戦争をあらためて俯瞰し、戦争終結に向けての課題を検討している。あわせて、岸田政権の対応や、この戦争の日本にとっての意味についても触れている。

ウクライナの人名や地名をどのように表記するかは、難題である。例えば首都キーウは、戦争前まで、ロシア語読みのキエフと呼ばれていた。ウクライナ政府の要望もあり、ウクライナ語読みのキーウに変更された。ただし、すべての人名や地名についてウクライナ語読みを用いることは、容易ではない部分があるほか、日本語のカタカナでの表記による限界もある。そのため本書では、一般的に日本のメディア等で用いられている表記に準じることにする。

なお、本書で引用する英語など外国語資料の日本語への翻訳は、すべて筆者によるものである。

欧州戦争としてのウクライナ侵攻　目次

第二章　ウクライナ侵攻の変容

第三章　結束するNATO　163

2014年

9月◆NATO、ウェールズ首脳会合で国防支出をGDP比2%に10年以内に引き上げる努力に合意

2016年

7月◆NATO、ワルシャワ首脳会合でバルト三国とポーランドへのNATO部隊のローテーション展開を決定（強化された前方プレゼンス：eFP）

2018年

7月14日◆NATO、ブリュッセル首脳会合で有事の際の「4つの30」を計画

2021年

6月16日◆スイス・ジュネーブで米バイデン大統領と露プーチン大統領が会談

8月15日◆カブール陥落。その後、アフガニスタンから米国が撤退、欧州諸国に衝撃を与える

秋〜12月◆ロシア軍が10万人を上回る規模でウクライナ国境地帯に集結

12月8日◆ドイツでショルツ首相率いる新政権が発足

12月11〜12日◆英リヴァプールでＧ７外相会合。ウクライナ情勢に関する共同声明でロシアに警告

12月17日◆ロシア外務省がNATO不拡大の要求に加え、冷戦後の新たなNATO加盟国へのNATO部隊の配備禁止、地上発射中距離ミサイルの国外への配備禁止などを盛り込んだ、米国ならびにNATOとの条約草案を公表

2022年

2月21日◆ロシアがウクライナ東部の「ドネツク人民共和国」と「ルハンシク人民共和国」を一方的に国家承認

2月24日◆ロシアが「特別軍事作戦」と称し、ウクライナへさらなる侵攻を開始。G7は首脳声明でプーチン大統領を強く非難

2月28日◆ウクライナ、EUへの加盟申請おこなう

3月24日◆NATO首脳会合後の声明で、ロシアが生物化学兵器を使用の場合「深刻な結果」を招くと警告

3月25日◆ロシア軍、作戦の第二段階としてウクライナ東部ドンバス地方に注力と表明

3月末ごろ◆トルコのイスタンブールなどで断続的に停戦協議

5月18日◆フィンランドとスウェーデン、NATOへの加盟申請

6月29〜30日◆NATO、マドリード首脳会合で新たな「戦略概念」を採択、ロシアを「最も重大かつ直接の脅威」と位置づけ

9月◆EUがロシアとの間のビザ円滑化協定を完全に停止する決定。ウクライナ軍がハルキウ州を奪還

9月13日◆「ウクライナに対する国際的な安全の保証に関する作業部会」による「キーウ安全保障協約」報告書・提言

9月21日◆ロシアのプーチン大統領、30万人規模の「部分的動員」を発表。核兵器使用の可能性にも言及。米国政府はこれに対し「破滅的な結果」を招くと警告

9月30日◆ロシアのプーチン大統領、ウクライナ東部・南部四州（ルハンシク、ドネツク、ザポリージャ、ヘルソン）をロシア連邦へ一方的に併合すると発表。G7は「決して認めない」と外相声明

10月から◆ロシア軍がウクライナの電力インフラなどへの攻撃を強める

11月◆ウクライナ軍がヘルソン州の州都ヘルソンを含むドニプロ川西岸を奪還

本書関連事項　略年表

1975年
欧州安全保障協力会議（CSCE）のヘルシンキ最終議定書で、すべての国家に自由な意思に基づく同盟選択を認める
1990年
2月9日◆ベーカー米国務長官とゴルバチョフソ連共産党書記長がドイツ統一についてモスクワで会談
9月◆ドイツの最終的地位に関する条約（2+4条約）署名
10月◆ドイツ統一。NATOへ帰属
11月◆パリでCSCE首脳会合。「パリ憲章」を採択
1994年
12月◆ブダペスト覚書。ウクライナ国内にあった旧ソ連の核兵器をロシアに移送するにあたり、ロシア、英国、米国がウクライナの独立、主権、領土の一体性にコミット
1995年
NATO、ボスニアでの危機管理作戦
1997年
5月◆「NATO・ロシア基本議定書」署名。NATO新規加盟国への兵力配備の制限を表明
1999年
3月◆チェコ、ハンガリー、ポーランドがNATOに加盟
2001年
9月11日◆米国に対する同時多発テロ攻撃。史上はじめての北大西洋条約第5条発動
2002年
5月◆NATO・ロシア間の「ローマ宣言」。NATO・ロシア理事会（NRC）創設
2003年
8月◆NATOが国際治安支援部隊（ISAF）の指揮をとることとなり、アフガニスタン情勢に全面関与
12月◆EUで「欧州安全保障戦略」採択
2004年
3月◆バルト三国（エストニア、ラトヴィア、リトアニア）、ブルガリア、ルーマニア、スロヴァキア、スロヴェニアがNATOに加盟
2008年
4月◆NATOのブカレスト首脳会合。ウクライナとジョージアが「将来的にＮＡＴＯ加盟国になることに同意した」との宣言文書
8月◆ロシア・ジョージア戦争。ロシアは南オセチア、アブハジア地方を一方的に独立させる
2013年
11月◆ウクライナのヤヌコヴィッチ政権がEUとの関係強化方針を撤回
2014年
2月◆ウクライナでマイダン革命。ヤヌコヴィッチ政権崩壊
3月◆ロシアがウクライナのクリミアへ侵攻し、違法かつ一方的に併合。東部ドンバス地方にも軍事的介入

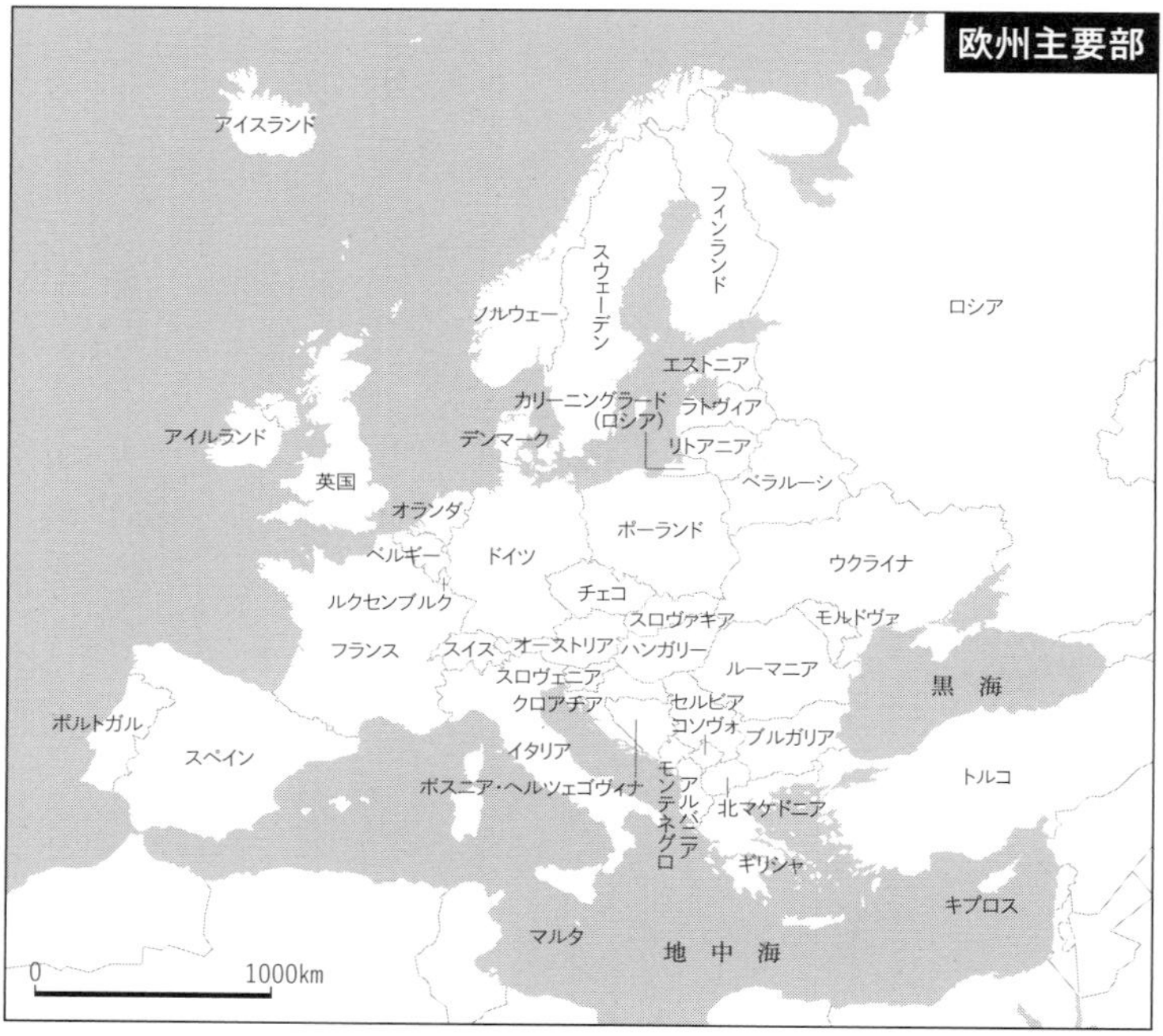

【EU加盟国（27カ国）】
ベルギー、フランス、ドイツ（加盟時西ドイツ）、イタリア、ルクセンブルク、オランダ（以上、原加盟国）、デンマーク、アイルランド、英国（以上、第1次拡大［1973年］、英国は2020年に離脱）、ギリシャ（第2次拡大［1981年］）、ポルトガル、スペイン（第3次拡大［1986年］）、オーストリア、フィンランド、スウェーデン（第4次拡大［1995年］）、キプロス、チェコ、エストニア、ハンガリー、ラトヴィア、リトアニア、マルタ、ポーランド、スロヴァキア、スロヴェニア（第5次拡大前半［2004年〈10カ国〉］）、ブルガリア、ルーマニア（第5次拡大後半［2007年〈2カ国〉］）、クロアチア（第6次拡大［2013年］）

【NATO加盟国（30カ国）】
ベルギー、カナダ、デンマーク、フランス、アイスランド、イタリア、ルクセンブルク、オランダ、ノルウェー、ポルトガル、英国、米国（以上、原加盟国）、ギリシャ、トルコ（以上、1952年2月）、ドイツ（1955年5月、加盟時西ドイツ）、スペイン（1982年5月）、チェコ、ハンガリー、ポーランド（以上、1999年3月）、ブルガリア、エストニア、ラトヴィア、リトアニア、ルーマニア、スロヴァキア、スロヴェニア（以上、2004年3月）、アルバニア、クロアチア（以上、2009年4月）、モンテネグロ（2017年6月）、北マケドニア（2020年3月）

ウクライナ主要都市と周辺国

（米国シンクタンク「Institute for the Study of War［戦争研究所］」の発表をもとに作成）

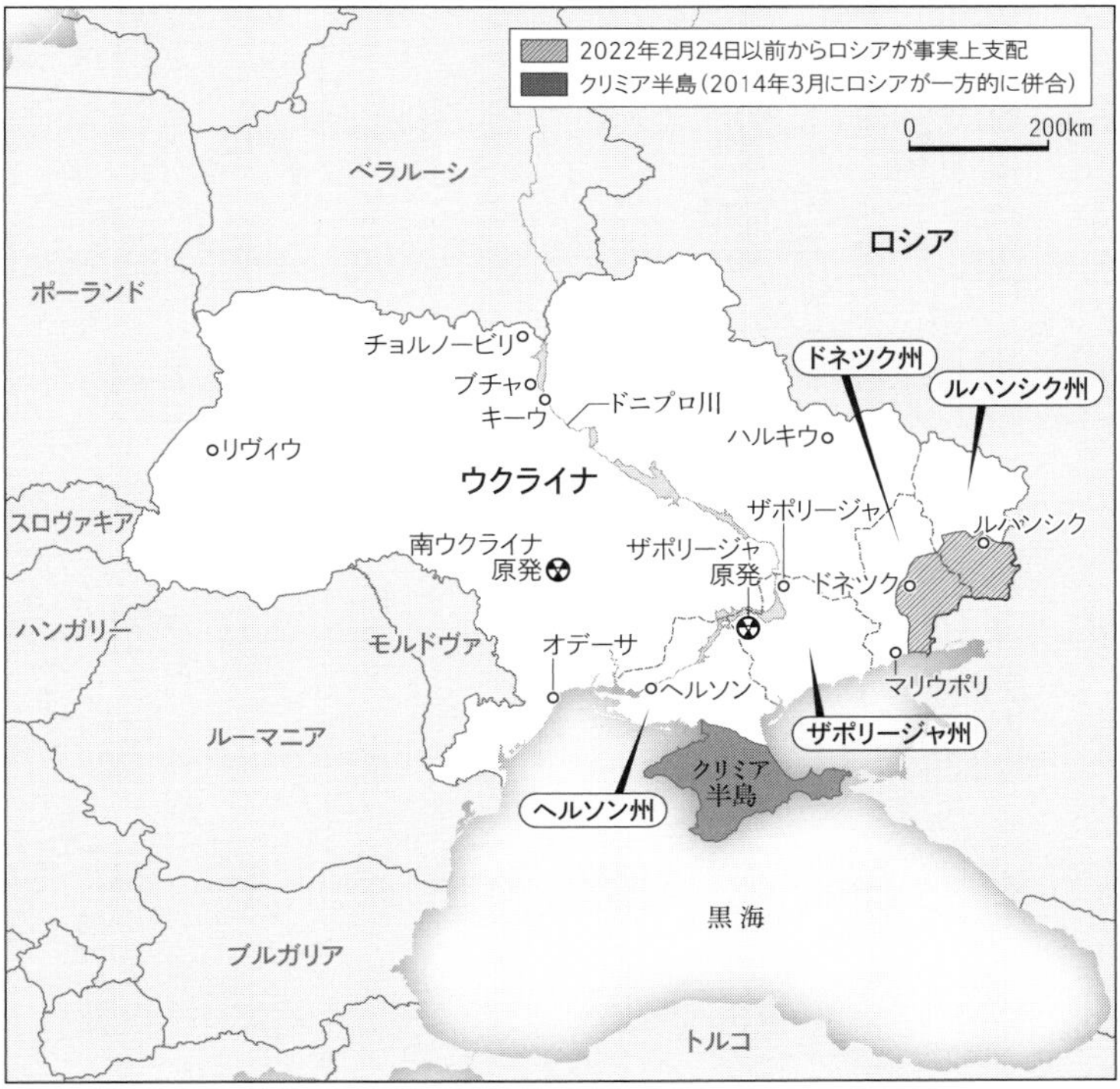

地図製作　株式会社アトリエ・プラン

欧州戦争としてのウクライナ侵攻

第一章　ウクライナ侵攻の衝撃

ウクライナの首都キーウ郊外のブチャで破壊されたロシア軍車両
（2022年3月4日撮影、©AFP＝時事）

「さらなるウクライナ侵攻」前夜の攻防

二〇二一年末から翌年はじめにかけて、ロシアによるウクライナ侵攻の可能性が議論されていた。ただし、「さすがに大規模な侵攻はないのではないか」という希望的観測も根強かった。同時に、仮に侵攻がおこなわれてしまった場合にいかに対応するのかが現実的な課題になりつつあり、なかでもバイデン米政権の対応は注目されていた。日本での議論は当時は低調で、当事者意識は希薄だったといえる。

ウクライナ国境にロシア軍部隊が集結し、ロシアによるウクライナへの「さらなる侵攻」が懸念されている。ロシアの意図の分析や行動の予測と同時に、今回の事態への米欧の対応を理解することが不可欠だ。米国を中心とする、いわゆる西側陣営の危機対応策やその能力という観点で、日本にも直接的に影響する問題である。

NATO非加盟国ゆえに部隊派遣なし

まず前提として指摘すべきは、今回懸念されているのが「さらなる侵攻」の有無だ、ということだ。実際、NATOなどの公式声明では「さらなる侵攻」[1]という用語が使われることが多い。というのも、二〇一四年のロシアによる違法かつ一方的なクリミア併合、そしてウクライナ東部への介入など、ロシアはすでにウクライナに侵攻しているという事実があるからだ。特にウクライナ東部に関しては、国連人権高等弁務官事務所の推計で、二〇一四年以降、およそ一万三〇〇〇名が犠牲になっている。[2] この内訳は、民間人三三五〇名、ウクライナ軍兵士四一〇〇名、武装組織五六五〇名である。武装組織にはロシア軍兵士も含まれる。

つまり、すでに相当の侵攻がおこなわれているわけであり、これがさらにエスカレートし、ロシアの正規軍による侵攻に発展するのかが目下の問題なのである。

その対応としてまず問われるのは、米欧諸国によるウクライナへの部隊派遣だが、この可能性はほとんどないのが現実だ。バイデン（Joe Biden）米大統領は、二〇二一年一二月の段階で「（防衛）義務はウクライナには至らない」[3]と述べ、ウクライナへの地上軍派遣について記者に問われた際には、「それは選択肢にのぼったことすらない（There never were on the table）」といい切ったうえで、さらに、「あなたは米軍を戦争に送り、ウクライナでロシアと戦う用意があるのか」[4]と問い返した。

英国のウォレス（Ben Wallace）国防相も、「（ウクライナは）ＮＡＴＯ加盟国ではなく、ロシアと対峙するためにウクライナに派兵する国はないだろう。派兵するかのように装うべきでもないし、ウクライナもそのことは分かっている」[5]と述べた。

これらの発言はいずれも本音だ。ウクライナがＮＡＴＯ加盟国でない以上、北大西洋条約第五条の集団防衛は同国には適用されないし、ウクライナ防衛のために米国を含むＮＡＴＯ諸国が部隊を派遣することもないだろう。

このことはロシアも織り込み済みのはずである。だがそれでも、ＮＡＴＯ側の発信として、ここまで明言してしまうべきなのかは疑問だ。米欧の反応に「曖昧さ」を残すことが、抑止の観点では重要だとも考えられるからである。米欧が自ら部隊派遣の可能性を排除することは、ロシアのリスク計算を容易にすることになる。[6]

そのように考えると、前記バイデン発言は完全に国内向けのものだったといえる。アフガニスタン撤退をなかば強引に進めたバイデン政権にとって、ウクライナのために部隊を派遣することはあり得ず、そのことを有権者にも明言して安心させる狙いがあったのだろう。あるいは、共和党につけ入る隙をみせたくなかったのかもしれない。

それでも、レトリックとはいえ、「あなたは用意があるのか」と問い返すような姿勢は、外交的メッセージとしては逆効果であろう。でも、それがバイデン流なのかもしれない。

欧州は経済制裁のダメージを許容できるか

ウクライナへの直接の部隊派遣の可能性がないなかで、かわりに前面に打ち出されているのが、ロシアに対する経済制裁の強化である。バイデン政権は、ウクライナへの「さらなる侵攻」があった場合には、「厳しい結果（severe consequences）」[7]を招くとロシアに対して警告していた。

さらに、欧州との間で相当突っ込んだ議論をすでにおこなっていることを示唆してきた。フォン・デア・ライエン（Ursula von der Leyen）欧州委員会委員長も、ロシアによる「さらなる侵攻」があった場合には、EUとして既存の制裁の拡大、および追加的な制限措置の導入の意思を示した。[8]

制裁内容の候補としては、銀行間の国際的な決済システムであるSWIFT（スウィフト：国際銀行間通信協会）からのロシアの排除などの案が、影響の大きなものとして言及されることが多い。ＳＷＩＦＴからの排除は、他の措置と比べて経済的打撃が大きいことから、「核オプション（nuclear option）」と呼ばれることもある。[9] しかし、ＳＷＩＦＴ自体は決済システムに過ぎず、代替手段がないわけではないなど、その効果については懐疑的な見方もある。[10]

政治的に最も論争となるのは、バルト海を経由する独露間の新たな天然ガスパイプラインである「ノルドストリーム２」の扱いだろう。すでに工事自体は基本的に完了し、独規制当局による承認待ちの状態だが、米国は、この操業開始を差し止めることがロシアに対して最も有効な制裁だ、と考えているようである。

ブリンケン（Antony Blinken）米国務長官は二〇二一年一二月一二日の米『ＮＢＣテレビ』とのインタビューで、「（ノルドストリーム２は）ロシアに対する梃子になる」、「もしロシアがウクライナに対するさらなる侵略をおこなえば、それにガスが流れる可能性はほとんどなくなる」、「プーチン大統領は次の行動を考える際にそれを考慮せざるを得ない」と述べている。[11]

バイデン政権は、ノルドストリーム２の扱いについてドイツ側とも一定の了解に達していると説明していたようだ。[12] しかし、ドイツでショルツ（Olaf Scholz）首相率いる新政権が発足したのは一二月八日であり、新政権とのすり合わせが完了しているとしたら、その方が驚きだろう。発足前の政権と詳細な交渉をすることも考えにくい。

ここでの構造的問題は、ウクライナへの部隊派遣というオプションを排除する以上、経済制裁に期待される役割は当然拡大するのだが、必ずしも有効な手段が多数用意されているわけではないということである。前記ブリンケン発言が示唆するように、未だ操業していないパイプラインの開通延期でロシア軍の侵攻を抑止することができる、と米国が本気で考えているとはにわかに信じられないが、それほどとり得る手段が限られていることは否定できない。

また同時に、ロシアに対して大きな打撃を与えるような制裁は、その分、米欧（特に欧州）が被る損害も大きくなる。[13] これは当然のことだが、対露制裁のゆくえは、結局のところ、欧州がどれだけの犠牲を引き受ける用意があるのかにかかっているのである。

ここまでは米欧間の議論だったが、一二月一一、一二日に英リヴァプールで開催されたG7外相会合は、ウクライナ情勢に関する共同声明を採択し、ロシアに対して、「ウクライナに対する更なる軍事的侵攻は、甚大な結果と厳しいコストを招くであろうことを明確に理解すべきである」[14]と警告した。さらに、「我々は、共通の包括的な対応に関する協力を強化する」とも述べ、対露制裁に関する協力をG7で実施することを表明している。

隣接するNATO加盟国へは防衛支援も

ウクライナへの派兵が（必要以上に）明確に否定され、経済制裁が強調されるなかで目立たなくなってしまっているが、米欧の対応のもう一つの要素は、ロシアやウクライナと国境を接するNATO加盟国に対する支援である。その場合は、ポーランドやバルト三国などに対して部隊が派遣される可能性がある。

バイデン大統領自身、一二月一一日に、「必要であれば、ロシアによる攻撃から防衛するために、米国およびNATOの部隊を東方のNATO加盟国にさらに派遣することになる」[15]と述べている。米国防総省において具体的な方策が検討されているはずである。

実際、ロシアによるウクライナへの「さらなる侵攻」がおこなわれた際には、ロシアやウクライナと国境を接するポーランドと、バルト三国（エストニア、ラトヴィア、リトアニア）をはじめとするＮＡＴＯ諸国（他にもハンガリー、スロヴァキア、ルーマニアがウクライナと国境を接する）では、自国の領域防衛への懸念が高まることが想定される。そうした懸念を和らげるのが安心供与（assurance）であり、同盟としての連帯の表明という政治的手段を別にすれば、柱となるのは米国をはじめとするＮＡＴＯ諸国による部隊の派遣である。

バルト三国とポーランドには、ＮＡＴＯの枠内で「強化された前方プレゼンス（enhanced Forward Presence：ｅＦＰ）」の部隊がローテーションで展開されており、さらなる増強が視野に入る。その目的は、前述のとおり安心供与だが、より直接的な対処能力が必要になる局面も排除することはできない。

欧州国際秩序の再編を迫るロシア提案

そうしたＮＡＴＯ内での議論にも影響をおよぼすとみられるのが、急速に攻撃的になったロシアの外交姿勢と、エスカレートする米欧への要求である。ロシアは、ＮＡＴＯのさらなる拡大を法的に拘束力のある形で阻止することを繰り返し求めていた。

ロシアが特に要求しているのは、ウクライナが将来にわたってもＮＡＴＯに加盟しないことの保証である。ＮＡＴＯは二〇〇八年四月のブカレスト首脳会合の宣言文書で、ウクライナとジョージアが「将来的にNATO加盟国になることに同意した」[16]と述べている。

この文言は、当時のブッシュ（George W. Bush）政権が強く求めたといわれるが、実はNATO内でもこの問題に関するコンセンサスは存在していない。実際、両国の加盟プロセスはまったく進んでおらず、加盟の前段階となる加盟行動計画（MAP）も開始されていない。

つまり、ウクライナのNATO加盟問題はまったく進展していないどころか、現実的なアジェンダとさえみなされていないのが現実だった。集団防衛を柱とするNATOとしては、隣国と紛争を抱える国を迎え入れることには慎重にならざるを得ず、ウクライナの将来に責任を負うほどの覚悟がNATO側にあるわけでもない。その結果が現在の状況なのだともいえる。

NATO内の見解の相違や弱みに敏感なロシアが、そうした事情を理解していないとは考えられない。それゆえ今のロシアの姿勢は、存在しない脅威と戦っているようなものである。とはいえ、ウクライナのNATO加盟が現実のアジェンダに上ってすらいないことと、同国が将来にわたってNATOに加盟しないと法的拘束力を伴って宣言することとの間には、巨大な断絶がある。

その基礎となるのが、すべての国家に自由な意思に基づく同盟選択を認めた、CSCE（欧州安全保障協力会議）のヘルシンキ最終議定書（一九七五年）である。[17]ドイツ統一に際して、統一ドイツのNATO帰属を認めた根拠の一つもこれだった。

この原則は、CSCEパリ憲章（一九九〇年）でも確認されている。[18]しかもこれらには当時のソ連も参加しており、今日の欧州における国際秩序の基礎となっている。NATO拡大問題に関してNATO側が「国際的な義務やコミットメントに沿って」[19]と要求する際に念頭にあるのは、主としてこの規定である。同盟選択の自由はウクライナにも適用されるべきであり、原理原則の問題として、NATOがこれを否定することはできないからである。

そうしたなかでロシア外務省は一二月一七日、NATO不拡大の要求に加え、冷戦後の新たなNATO加盟国へのNATO部隊の配備禁止や、地上発射中距離ミサイルの国外への配備禁止などを盛り込んだ、米国ならびにNATOとの条約の草案をそれぞれ公表した。[20]

いずれの条約草案とも、米国とNATOにとっては受け入れられない内容を多く含んでおり、ロシア側もそれを認識しているはずである。それでも提案することで交渉を強い、一部でも実現すれば、ロシアにとってプラスだとの判断もあったとみられる。

日本はどう行動するのか

前述のようにG7は外相声明においてロシアに対して厳しい言葉を使っており、日本にとっても他人事ではない。「甚大な結果と厳しいコスト」という警告に日本も参加していることの意味を軽視すべきではないのである。

G7外相会合では、日本はこの問題について積極的な発言はおこなわなかったとみられるが、ロシアによる「さらなる侵攻」が実際に起きた場合、日本としていかに対応するかは岸田政権にとって大きな課題になる。

にもかかわらず、日本では、ウクライナ危機と台湾有事を一足飛びに結びつける議論になりがちだ。それも重要な論点であることは否定しないが、そのまえに欠かせないのは、今回の事態に米欧諸国がいかに対応しているのかに関する分析と、それへの日本の関与についての真剣な検討ではないか。

二〇一四年三月のロシアによるクリミア併合を受け、当時の安倍晋三首相は、これは「明らかな国際法違反であり、もはや、ヨーロッパという一地域の問題にとどまらず、アジアにも影響を及ぼす、グローバルな問題であります」[21]と述べた。

しかし、北方領土問題解決のための日露交渉を重視していた安倍政権は、経済制裁を最小限度にとどめることで、ロシアとの友好的な関係の維持を狙った。制裁に関しては「最後尾戦略」という言葉すら聞かれた[22]。

今回の事態にあたっては、こうした過去の姿勢がいかなる結果を生み、それが日本の国益に沿うものだったのかに関する検証を踏まえた対応が求められる。

【初出】「ロシアの『さらなるウクライナ侵攻』に米欧はいかに対応するのか」『フォーサイト』(二〇二一年一二月二七日)

プーチンの主張する「NATO不拡大約束」とは何だったのか

ロシアが長年NATOに反対してきたのは事実であり、今回のウクライナ侵攻にあたってもロシアは、NATO拡大の脅威に加えて、NATOが不拡大の約束を反故《ほご》にしたとの議論を持ち出した。不拡大約束の主張は、NATO諸国を含む国際社会においても一定の支持を得ているようにみえる。そのために、ここであらためて検証するが、最終的には解釈の問題であり、この論争はいずれにしても決着しないのだろう。

ロシアとウクライナ、そして米欧との大きな争点の一つはNATOの拡大問題である。ロシアはウクライナのNATO加盟、つまりNATOのさらなる拡大に反対であり、これ以上拡大しないとの拘束力のある約束をNATOに求めている。この背景には、「冷戦終結時に西側はNATO不拡大を約束したものの、その約束は破られてきた」というロシアの主張が存在する。

もっとも、ウクライナのNATO加盟は現実にはまったく進展していなかった。ドイツのショルツ首相も、開戦直前の二月一四日にウクライナの首都キーウを訪れた際の会見で、「議題になっていないものを大きな政治問題にするのは奇妙なことだ」[23]と疑問を呈していた。

しかし、プーチン大統領は、二〇二二年二月二四日のウクライナ侵攻をはじめるにあたっての演説でも、「NATOを一インチたりとも拡大しないという約束もあったが、彼らは我々を欺き、さらにはもてあそんだのだ」[24]と述べている。ウクライナ侵攻に際して、この問題は口実に使われた側面が大きいものの、この問題へのロシアの強い執着心も窺われる。

以下では、この問題が議論の焦点になってしまった現実を前提として、NATOが破ったとロシアが主張する「不拡大約束」とは何だったのか、今回の危機の文脈でこれをいかに理解すべきかについて検討しよう。実際この問題は、外交史研究の論点である以上に今日の国際関係に大きな影を落としている。

冷戦後に約束を破ったのは西側だという言説は、ロシア以外にも広がっており、NATOの「さらなる拡大」阻止というロシアの主張の正当性を高める効果を持ってしまっている。そのため、あらためて経緯を確認しておくことが必要である。

ベーカー発言は「証拠」ではない

西側によるNATO不拡大約束が存在したと主張される場合、その証拠として最も頻繁に引用されるのは、モスクワを訪問した当時のベーカー(James Baker, III)米国務長官とゴルバチョフ(Mikhail Gorbachev)ソ連共産党書記長との会談でのやりとりである。一九九〇年二月九日のことだった。

ベーカー：今すぐ回答を求めるわけではないが一つ質問をしたい。ドイツ統一が実現するとして、(1)NATOの枠の外で完全に独立して米軍部隊の存在しない統一ドイツがよいか(2)NATOとのつながりを維持したうえで、しかしNATOの管轄権や部隊は現在の境界から東には拡大しないとの保証のついた統一ドイツがよいか？

ゴルバチョフ：すべてについてじっくり考えたい。指導部において議論する。しかし、当然のことながら、NATOの領域が拡大することは受け入れられない。
ベーカー：その点については同意する。[25]

これだけを読めば、NATOの不拡大を約束しているようにみえる。しかし、ここで注意しなければならないのは、第一に、この会談がおこなわれた文脈、つまり当時の状況であり、第二に、ここでいうNATO（の管轄権ないし領域）の「拡大」が何を指していたのか、そして第三に、口頭であってもこれは約束だったのか、ということである。順にみていこう。

ドイツ統一へのソ連の「原則論的反対」をいかに乗り越えるか

まず重要なのは、このベーカー・ゴルバチョフ会談が、ドイツ統一が急激に現実の課題として浮上していながら、ソ連はそれを認めないだろうという観測が強かった状況でおこなわれたということだ。

ソ連があくまでもドイツ統一に反対するのであれば、東ドイツに駐留しているソ連軍が行動を起こすという最悪のシナリオも懸念されていた。ソ連にとってのドイツ統一は、陣営内の秩序を破壊する行為だったからである。そうしたなかで西側各国は、ソ連の意向を、まさに腫れ物に触れるかのように、慎重に探っていたのである。

端的にいってしまえば、いかにソ連を懐柔し、ドイツ統一交渉の出発点に立つことができるかが、西側の最大の関心だった。ベーカーはそれゆえ、対ソ配慮を前面に出した対応をしている。第二次世界大戦の戦勝四カ国の一つとして、ソ連はドイツに対する権限を有しており、ソ連の同意しないドイツ統一は国際法的にもあり得なかった。まずは、詳細はともあれドイツ統一への原則論的反対を乗り越え、入り口に辿《たど》り着くことが目指された。ベーカーの議論の中心も、NATOや欧州秩序の将来ではなく、ドイツ統一という展望をいかに捉えるかというものだった。

対象は「東欧全体」ではなく「東独」

そして、ベーカー・ゴルバチョフ会談、およびその後のドイツ統一外交において焦点となったのは、東ドイツ地域の扱いだった。それは、一九九〇年三月の東ドイツでの選挙などを受けて、ドイツ統一への流れが加速するなかでは、現実的対応だったといえる。

旧東独地域の軍事的地位は、一九九〇年九月に署名されたドイツの最終的地位に関する条約(「2+4条約」)によって定められた。同条約第五条三項は、「外国部隊や核兵器、およびその運搬手段はドイツの同地域［旧東独地域］に駐留、展開されない」[26]と規定している。

もっとも、ポーランドやチェコといったドイツの東方に位置する諸国がNATOに加盟した今日、旧東独地域にNATO(外国)部隊が存在しないことの軍事的意味は完全に消失している。それでもこの規定は今日にいたるまで遵守されているし、ドイツ連邦共和国、ないしその継承国家が存続する限りにおいて、同条約は有効であり続ける。

ベーカーがモスクワで述べた「NATOの管轄権」が何を指していたのかは実際のところ不明

確だが、交渉を経て、ソ連を含めた関係国間で正式に合意されたのは、旧東独地域に部隊の駐留、展開がないことについてのみだ。そして完全な主権を回復した統一ドイツは、一体としてNATOに残留する決定をしたのであり、それはソ連も当然理解したうえで条約に署名したのである。

他方で、当時すでに東ドイツ以外に、ワルシャワ条約機構に加盟する他の東欧諸国のNATO加盟問題が議論されており、ベーカーは、それも視野に不拡大に触れたとの主張もある。つまり、ベーカー発言は、東ドイツのみではなく、東欧諸国全体が対象だったというのである。

確かに、一九九〇年はじめには、ドイツ統一問題へのソ連の意向を探るとともに、欧州冷戦の形が大きく変わろうとしていたなかで、新たな欧州秩序構築へのビジョンがすでに語られていた。ゲンシャー（Hans-Dietrich Genscher）西独外相はその筆頭だった。

その背景には、欧州秩序自体が変わり、東西分断という構造がなくなってはじめてドイツ統一が可能になるという、一九六〇年代以降に定着した理解が存在していた。ドイツ統一を実現するためには、前提として、欧州和解のプロセス、つまり新たな「欧州平和秩序」の構築が必要だと考えられていたのである。[27]

しかし実際には、欧州平和秩序の前に、ドイツ統一という喫緊の課題に対処せざるを得なくなった。その結果が、NATOを中心とする西側の枠組みの存続であったことは、汎欧州秩序構築の貴重な機会を逃したとの批判の対象になり得る。重要な問題提起だ。ただしそのことと、当時の西側が、東欧諸国全体に対してNATOの不拡大を約束したはずだと主張することとは異なる。

ワルシャワ条約機構が依然として存在し、それら諸国にソ連軍が駐留していた状況で、統一ドイツを越えて、ＮＡＴＯが拡大するという議論が現実的だったとは思えない。ワルシャワ条約機構加盟国のＮＡＴＯ加盟があり得ないのも、是非の問題ではなく、当時の当然の前提に過ぎなかったのではないか。

この点については、以下のゴルバチョフの回顧が的確であろう（なお、ゴルバチョフは別の場所ではまったく異なる証言もおこなっており、これは「言い訳」の色彩も強いが、そうだとしても、極めて合理的な議論だといえる）。

「（ＮＡＴＯ不拡大の）保証はもっぱらドイツ統一に関して与えられたものだった」
「旧東ドイツ領だけでなく、東方全体へのＮＡＴＯ不拡大問題を提起すべきだったのか。私は確信している。この問題を我々が提起するのは単に愚かなことだったであろう、と。なぜなら、当時はＮＡＴＯだけでなく、まだワルシャワ条約機構も存在していたからである。あの当時こんなことを言っていたら、我々はもっと非難されていただろう」
「ＮＡＴＯの東方拡大のプロセスは、別の問題である」[28]

さらに付け加えれば、少なくともＮＡＴＯ側に、旧東ドイツ地域を組み入れる以上に加盟国を拡大する意図は皆無だった。一九九三年以降、旧東欧諸国の側からＮＡＴＯ加盟を求める声が増大していった際にも、まずは慎重姿勢に終始したのがＮＡＴＯだった。[29]

口頭の「約束」としては成立するか

当時の議論が旧東ドイツに限定したものだったという解釈に従えば、今日の文脈でのNATO不拡大約束が存在したという主張の意味はなくなるが、もう一つの論点として、それは約束だったといえるのかという問題についてもみておきたい。国際交渉においては、条約などの文書に規定されない口頭でのものも約束として成立し得るのは事実である。これが認められないとすれば、すべてを文書でやりとりする必要が生じてしまう。

しかし、ベーカー・ゴルバチョフ間のやりとりは、正式な交渉以前の、いわばブレインストーミングのような議論である。交渉をはじめる前に、さまざまな想定を検討していたと考えるのが妥当だろう。そうした段階の一言一言を約束だと捉えては、外交をおこなうこと自体が困難になってしまいかねない。

さらに重要なことに、ベーカーがモスクワで言及した方針は、実際の交渉に向けて、当時のブッシュ（George H. W. Bush）政権内での議論の末に否定されるのである。つまり、それはドイツ統一交渉における米国の正式な方針にならなかった。正式な方針に基づいて交渉され、署名・批准されたのが、前述の「2＋4条約」である。

ベーカーの述べた「管轄権」についても、単一の国家である統一ドイツの一部（旧西独地域）がNATOに加盟し、NATOのもとでの集団防衛が適用されながら、別の一部（旧東独地域）にはそれが適用されないということは、現実問題として想定しにくいことも明らかになった。

しかも、仮に一九九〇年二月の時点ですでにNATO不拡大の合意があったとしても、それはソ連の署名した「2+4条約」で否定されている。というのも、「2+4条約」は東ドイツへのNATOの「拡大」に道を開くものだったからである。

「手打ち」を帳消しにする「九七年五月」回帰の主張

ドイツ統一交渉時のNATO不拡大約束については、すでに膨大な外交史研究が存在する。当時の外交文書の公開が進んだことも一因だが、この問題は、外交史研究の論争である以上に、政治的論争になっている。それゆえに、この議論は終わらない。[30]

事実関係としては、ベーカーのような発言はあったものの、少なくとも文書化された合意は存在していないことまではコンセンサスがあるといえる。本稿は、ロシアの主張する中東欧諸国へのNATO不拡大約束は存在していないとの立場だが、そこから先は一九九〇年代以降のロシアの行動も含めて考える必要がある。

ロシアがNATO拡大に一貫して否定的立場を維持してきたことは明らかだが、拡大に関してNATOとの「手打ち」もおこなってきたのである。この点を見落としてはならない。

一九九七年五月のNATO・ロシア基本議定書は、一九九九年のチェコ、ハンガリー、ポーランドへの拡大を控えたものだったし、二〇〇二年五月のNATOとロシアの間のローマ宣言は、二〇〇四年のバルト三国等への拡大に道を開くものだった。しかも、後者はプーチン政権になってからのことである。

こうした過程を経てもなお、そして、NATOや欧州の国際関係の多くの条件が変化するなかでも、一九九〇年二月の会談におけるベーカー国務長官の発言のみは、時代を超えて有効性を持ち続けるという主張は、やはり相当に現実離れしているといわざるを得ない。

ＮＡＴＯ不拡大約束を破られ、ＮＡＴＯ拡大に反対し続けてきたというのが、ロシアが発信したいイメージなのだろう。その願望は理解できる。しかし、実際のロシアはＮＡＴＯと手打ちを繰り返してきた。それを無視することは、冷戦後のロシア外交の営みを否定することにもなる。

それでも不都合な真実を消し去ろうとするのが、二〇二一年一二月にロシアが提案した米国とＮＡＴＯに向けた条約案だった。同提案に、「一九九七年五月時点でＮＡＴＯに加盟していなかった諸国」からのＮＡＴＯ部隊の撤退などを求めた条文があるのは、そうした意図を何よりも示している。[31]

そのうえで、ロシアが求めているのは、ＮＡＴＯ拡大の停止一般というよりは、ウクライナという特定国家のＮＡＴＯ加盟阻止なのである。

【初出】「プーチンの主張する『ＮＡＴＯ不拡大約束』は、なぜ無かったと言えるのか」『フォーサイト』（二〇二二年三月二日）

抑止と同盟の視点からみえる戦争の構図

開戦からしばらくがたち、ウクライナ軍が激しく抵抗するなかで、ロシア軍の作戦が当初の計画通りには進んでいないことは明らかになりつつあったものの、二〇二二年三月の時点ではまだ、全体としてはロシアが戦争の主導権を握っていたとみられていた。そうしたなかで、米国やＮＡＴＯは必要以上にロシアに抑止されているのではないかとの懸念が生じていた。

今回の戦争でＮＡＴＯの観点からのロシアに対する抑止とは、「もしロシアが○○をすれば、ＮＡＴＯは△△で対応する」ことを示す行為であり、△△をロシアが避けたい、そして△△を実施するＮＡＴＯ側の警告の信憑性が高い限りにおいて、ロシアが○○を断念することが期待されることになる。△△には、例えば米国の介入が該当するだろう。これがＮＡＴＯによる対露抑止である。ロシア側にとっても同様であり、「もしＮＡＴＯが○○をすれば、ロシアは△△で対応する」という脅しをかけることになる。それによってＮＡＴＯが行動を変えるか否かが問われる。抑止は双方向である。

ただし、ここで立ちはだかるのが、ウクライナはＮＡＴＯ加盟国ではないという事実であり、米国を含めたＮＡＴＯ諸国はウクライナに対する防衛義務を負っていない。そうしたなかで、対露抑止はいかに捉えることができるのか。

米国・ＮＡＴＯはなぜ介入しないのか

ウクライナ国境地帯へのロシア軍の集結が進むなかで米国は、ロシアによるウクライナ侵攻を防ぎたかった、つまり抑止したかったことは確かだろう。ただし、そこには明確な限界が存在した。二〇二一年一二月の段階でバイデン米大統領はすでに、「(防衛)義務はウクライナには至らない」と述べ、ウクライナへの米軍部隊派遣は、「選択肢にのぼったことすらない」といい切っていた。前述のとおりである。

事実関係として、米国がウクライナに対する防衛義務を負っていないことは確かだ。ウクライナはNATO加盟国ではない。本来はここで思考停止してはいけないのだが、そのことが行動しない免罪符であるかのように便利に使われてきたのが現実である。

しかし、防衛義務が存在しないことは、集団的自衛権の発動が不可能であることを意味しない点には留意が必要である。国際連合憲章は、集団的自衛権を国家固有の権利として認めている。他国を軍事的に支援するのに安全保障条約は不可欠ではない。実際、湾岸戦争のときの米国とクウェートが同盟関係だったわけではないし、「イスラム国」に対する有志連合による空爆などの作戦は、イラク政府からの要請に基づき、米国や英国、フランスなどがそれぞれ集団的自衛権を発動して対処した。ここでも、イラクとそれら諸国は同盟関係にあったわけではない。

したがって、米国ないしNATOがウクライナを軍事的に支援するか否かは、同国がNATO加盟国であるか否かによって自動的に結論が導かれるのではなく、あくまでも米国・NATO側による政治判断である。「NATO非加盟国だからしょうがない」ではないのである。その判断にあたって考慮されるのは、(1)ウクライナを守る用意があるのか、(2)ロシアと対峙する用意があるのかである。

もっとも、この二つを完全に分離して考えることはできない。「ウクライナはNATO加盟国ではない」という主張は（1）に該当するが、バイデン大統領が繰り返している「（ウクライナに介入すれば）第三次世界大戦になってしまう」という議論は、（2）に関するものである。二つは並行して使われるのである。仮に（2）がより強調されているのだとすれば、NATO加盟国の防衛にも疑念が生じることになるが、バイデン大統領はNATO加盟国については「一インチたりとも」手を出させないと警告している。

そのうえで、「ウクライナにおいて」米国がロシアと戦うことがなくても、そのことは、ロシアの行動を抑止することが米国の国益の一部であることを否定するわけではない。ウクライナを防衛することと、（米国の望まない）ロシアの行動を抑止することは、本質において異なり、前者の意思がなくても、後者の必要性は減少しないのである。

エスカレーション・コントロールをめぐる攻防

そうした米国・NATO側の事情は、ロシアとの抑止の関係にも大きな影響を及ぼしたと考えられる。端的にいって、NATO側はロシアの抑止に失敗したのみならず、ロシアによるウクライナ侵攻開始後も、「エスカレーション・コントロール」における失敗を続けていると評価せざるを得ない。

エスカレーション・コントロールとは、主にすでに最初の抑止が崩れた状況下において、次の段階に進む――つまり、エスカレーションする――のを抑止することを指すが、ここで重要になるのは、次の段階に進む覚悟である。これが欠けると、先方に一方的に抑止されることになる。

ロシアは、ＮＡＴＯ側による次なる措置を封じるための抑止メッセージを繰り返し発してきた。例えば、ウクライナ上空の飛行禁止区域設定や、ポーランドなどからウクライナへの戦闘機供与、さらには一部ＮＡＴＯ加盟国が保有する旧ソ連製の防空システムＳ３００のウクライナへの供与などに関して、そうした行為は「戦闘への参加」とみなすと警告してきた。ロシアによるエスカレーション・コントロールである。

飛行禁止区域の設定は、ロシアによる警告がなかったとしても、実際のオペレーションにおいてロシア軍機との交戦が発生することに加え、設定開始に先立ってロシア側の防空システムを叩く必要があることなどから、いずれにしても困難だった可能性が高い。他方、ポーランドが保有する旧ソ連製のＭｉＧ29戦闘機をウクライナに供与する案は、ロシアの警告の前に迷走した。ポーランドは、自ら直接供与することを躊躇し、ドイツの米軍基地まで運び、そこからは米国・ＮＡＴＯに対応を任せようとした。しかし今度は米国がそれを認めず、結局立ち消えになった。ロシアの警告を前にＮＡＴＯ側が右往左往したような姿であった。[32]

これは、ロシアがエスカレーション・コントロールの主導権を確保し、ＮＡＴＯ側を一方的に抑止している状況だといえる。このこと自体が極めて由々しき事態なのだが、ＮＡＴＯ側において、こうした状況に対する問題意識すらあまり聞こえてこないことが、抑止という発想の不足を示しているのかもしれない。

次なる課題は、ロシアによる生物化学兵器、さらには核兵器使用の抑止である。これは、NATOにとっていわば「最後の砦」である。バイデン大統領は、ロシアが化学兵器を使用すれば「厳しい代償を払うことになる」[33]と警告した。これはNATO側から発せられた、久しぶりの対露抑止メッセージであり、エスカレーション・コントロールの主導権を獲得する試みである。

三月二四日に開かれたNATO首脳会合後に発表された声明は、生物化学兵器が使用された場合には「深刻な結果（severe consequence）」[34]を招くと警告し、ストルテンベルグ（Jens Stoltenberg）NATO事務総長は、「化学兵器のいかなる使用も、今回の紛争の性格を完全に変化させる」[35]と述べた。また、バイデン米大統領は、化学兵器が使用された場合に軍事行動で対応するかと問われ、「対応する」[36]と答えている。化学兵器を含む大量破壊兵器の使用は、NATOにとってやはり大きな局面の変化であることが窺われる。その段階になれば、それはもはやウクライナ支援という次元ではなくなる。

NATO側による、こうした抑止のメッセージが効果を発揮するか否かは、「厳しい代償」や「深刻な結果」の実効性をロシア側がいかに評価するかにかかっており、その警告の信憑性を高めることが米国を筆頭とするNATO側には求められる。

別の観点で考えれば、飛行禁止区域や戦闘機・防空システム供与に対して、ロシア側がしきりにエスカレーションの警告をおこなうのは、ロシアがそれらを恐れているからである。その意味では、皮肉なことに、「やって欲しくないこと」を明示してくれているようなものだ。NATOの介入を恐れているのである。この事実は、NATO側がロシアを抑止し、エスカレーション・

コントロールの主導権を十分に確保できる素地があることを示している。

そして、今日の状況から全面核戦争にいたる間には、さまざまな段階、つまりエスカレーション・ラダーが存在するのであり、戦闘機の供与がそのまま核戦争に直結するわけではない。そうであるかのように装って恐怖を煽るのがロシアの狙いである。抑止の世界では、行動しないか核戦争かの二択ではないのである。米国においてもＮＡＴＯにおいても、そうした抑止に関する理解は、軍を筆頭に各所に存在しているはずだが、最後に問われるのは、エスカレーションを覚悟したうえで抑止を構築できるかであり、政治指導者、さらには国民の理解が不可欠になる。

抑止手段としての経済制裁？

なお、今回の事態において、米軍関与の可能性が明確に排除された後、かわって抑止ツールとして重視されたのが経済制裁である。これまで経済制裁は、好ましくない行動がなされてしまった後の懲罰として発動されるものという理解が一般的だった。今回は、米国単独でも米欧間でも、そしてＧ７の枠組みにおいても、ロシアによる「さらなる侵攻」がある場合には「甚大な結果と厳しいコスト」を招くというロシアに対する警告がなされてきた。経済制裁発動を示すことで、ロシアによる侵攻を防ぐという抑止のメッセージだった。米ホワイト・ハウスは、新たな造語まで使い、経済制裁を「経済的抑止措置（economic deterrence measures）」だと説明していた。[37]

結果として、経済制裁の警告は、ロシアのさらなる侵攻を抑止することに失敗したわけだが、その過程では、侵攻に先立って（少なくとも一部の）制裁を発動することで効果が出るという議論も提示された。他方で、経済制裁という抑止手段を発動してしまえば、その後は抑止ができなくなるという反論もあった。議論が深まる前に侵攻が開始されてしまったともいえるが、今後、経済制裁を抑止としていかに位置づけられるかについては、さらなる検討が求められる。

抑止も無論、万能ではない。そしてロシアによるウクライナ侵攻は、それを防ぐという抑止が失敗した姿でもある。ただし、ひとたび侵攻がおこなわれた時点で抑止がすべて崩壊するわけでもない。生物化学兵器の使用などの次なるエスカレーションを防ぐのも抑止の役目である。

それでも、実際の侵攻がはじまってしまうと、核兵器を保有する現状変更国家への対処はさらに困難になる。そのため、ロシアや中国に対峙するにあたっては、最初の行動を抑止することがやはり重要なのである。これも、ロシア・ウクライナ戦争の重要な教訓だといえる。

【初出】「抑止と同盟から考えるロシア・ウクライナ戦争」研究レポート、日本国際問題研究所（二〇二二年三月二九日）

ウクライナの「中立化」と「安全の保証」の相克

開戦から約一カ月の三月末にかけて、ロシアとウクライナの間の停戦協議が活発化した。その過程で注目されたのがウクライナの「中立化」、つまりNATO加盟の断念だった。この話は、その後に頓挫することになるが、これが停戦に向かう一つの可能性だったとの評価は根強い。しかし、ウクライナの中立化のみでは問題は解決せず、「安全の保証」が不可欠だった。しかし、これが成立する見通しは当初から極めて低かったのである。

ロシアによるウクライナ侵攻に関して問われてきた主要な問題の一つが、ウクライナのNATO加盟問題である。ロシアがこれに強く反対し、今回の戦争にあたっても、ウクライナの中立化を掲げていた。それに対して、ウクライナはNATO加盟を目指してきたが、ロシアによる侵略が実際におこなわれるなかで、停戦協議を通じて、それを当面断念したようにみえた。この展開に対しては、「それだったら戦争は回避できたはずだ」、「そんな簡単な話なのに妥協できなかったのか」という批判も聞かれる。しかし、ことはそれほど単純ではない。

そもそもウクライナの「中立化」とは何なのか。そのためには何が必要なのか。ここで強調すべきは、「中立化」と同じコインの裏側としてのウクライナへの「安全の保証」である。しかし、中立化と安全の保証はまったくといってよいほど逆方向のベクトルを有するものであり、いかに両立可能になるのかがみえない。

停戦協議の中心的課題であったこの問題については、三月末にトルコのイスタンブールでおこなわれた協議での実質的な前進が報じられたこともあった。しかし、直後に首都キーウ近郊の街ブチャでの市民の大量殺戮が明らかになり、停戦協議は後景に退くことになった。それでも、いずれ再び本格化する停戦協議において、この中立化と安全の保証の問題はまた焦点になる可能性が高い。あらためて検証しておこう。

輪郭の定まらないロシアの「中立化」要求

ロシアがウクライナの中立化といった場合に、それが総体として何を意味するのかは、必ずしも明確ではないが、中心となるのがNATO加盟の阻止であることは当初から明らかだ。ウクライナのNATO加盟プロセスが実際にはまったく前進していなかったことに鑑みれば、NATO拡大阻止が今回の侵略の直接の原因であったとはいえない。それでも、ロシアがNATOを敵視してきたことは事実である。

ウクライナのゼレンスキー大統領は、NATOに対して飛行禁止区域の設定や、さらなる武器の供与などを強く求めてきた。批判的なトーンになることもあったが、NATO批判が目的なわけではない。そうしたなか、二〇二二年三月下旬には、停戦協議の文脈において、NATO加盟の断念を表明するにいたった。[38]「中立化」を前提とした議論に応じるようになったのである。

しかしウクライナの立場は、より正確には、NATO加盟の願望は変わらないがNATO側にそれを受け入れる用意がない以上、加盟は実現しないという現実があり、その現実を現実として認めざるを得ない、というものだといえる。NATOとの訣別では決してない。

ロシア側の言及として興味深いのは、「オーストリアやスウェーデンのような中立」と表現されたことである。[39]当初、中立化とは「無力化」のことであるとも捉えられており、それは非軍事化というもう一つの要求と密接に結びついていた。実際、中立化には無害化のような意味もあり、武器を持った犯人を制圧したようなときにも中立化という表現を用いる。

しかし、オーストリアはともあれ、スウェーデンにおける「軍事的非同盟」[40]はかなりの重武装であり、非軍事化とは程遠い。停戦協議においては、外国部隊の駐留禁止といった議論がなされたようであり、このあたりが妥協点として浮上していたのであろう。なお、スウェーデンとフィンランドは、その後NATO加盟を申請し、加入のためのプロセスが進んでいる。この観点でも、スウェーデンの事例は、ウクライナに対してもはや認められるものではないだろう。

オーストリアやスウェーデンへの言及でもう一点興味深いのは、両国ともにEU加盟国である事実である。NATOと異なり、ウクライナのEU加盟はロシアとして問題視しないという声がロシア側から聞かれる。[41]しかし、それがどこまで確定的な方針であるかは不明である。というのも、NATO加盟阻止が、ウクライナをロシアの勢力圏にとどめておくことを意味するのであれば、そのこととEU加盟が両立するとは思われないからである。

EU加盟とは、EUとの経済社会面での一体化であり、ロシアの勢力圏との訣別に他ならない。さらにいえば、二〇一四年三月のロシアによるクリミアの一方的併合の前ぶれとなった同年二月のマイダン革命は、二〇一三年一一月に、ヤヌコヴィッチ政権がEUとの関係強化の方針を撤回したことが発端であった。端的にいって、EU加盟は地政学的問題である。これについては、ウクライナ側の視点からまた後で触れる。

いずれにしても、ロシアがＮＡＴＯ非加盟を求め、ウクライナがＮＡＴＯ加盟の事実上の断念を決断したとすれば、停戦協議が前進しているとの期待が高まって当然だった。しかし、ウクライナによるＮＡＴＯ加盟断念のみでは、持続可能な安全保障体制の構築にはならない。

ウクライナの「中立化」と「安全の保証」は不可分

そこで焦点になるのが、安全（security）の保証（guarantee）という問題である。ゼレンスキー政権は、ＮＡＴＯ加盟断念のかわりに、関係諸国による実効性のある安全の保証を求めている。何らかの強固な枠組みが創設されない限り、ウクライナの安全保障は守られないからである。たとえロシア軍の完全撤退で合意し、それが履行されたとしても、次の日にまた侵略されてしまっては意味がない。現行ではそれを防ぐ手立てがない。あるいは、侵略開始前日の二〇二二年二月二三日の状況に戻したとしても、それではウクライナの安全は守られない。

そうである以上、やはり実効性のある安全の保証が必要であり、この点に関するウクライナの要求は極めて強固だと認識する必要がある。中立化と安全の保証は不可分なのだ。

ウクライナが求めるもののイメージは必ずしも明確ではないが、いくつかの要素が指摘できる。第一は、幅広い関係諸国の関与である。これにロシアが含まれるかどうかについては議論があるが、国連安全保障理事会の常任理事国（中国、フランス、ロシア、英国、米国）に加え、地域の大国であり停戦協議の仲介にも役割を果たしてきたトルコ、欧州の主要国としてのドイツ、さらにはカナダ、イタリア、ポーランド、イスラエルなどが言及されていた。

第二に重要になるのは実効性の確保である。ウクライナの主権と領土の一体性の保証については、一九九四年一二月のブダペスト覚書（Budapest Memorandum）が存在する。[42] 旧ソ連の核兵器をロシアに移送し、ウクライナが非核兵器国としてＮＰＴ（核拡散防止条約）に加入するにあたっての合意であり、ロシア、英国、米国が署名し、ウクライナの独立、主権、領土の一体性にコミットし、ウクライナに対する武力による威嚇と武力行使をしない義務を確認した。しかしこの文書は、二〇一四年のクリミア併合の際に次いで、今回もロシアによってまったく顧みられることなく、破られた。ゼレンスキー大統領は、「ブダペスト覚書のようなものであってはならない[43]」と述べ、同じ失敗は繰り返さないとの意思を強く示している。当然だろう。

アメリカはどこまでコミットできるか

しかし、ここで問題が生じる。ウクライナの安全を保証する実効性のある枠組みということであれば、それは、究極的には安全保障条約や同盟に近づいていく。実際、ウクライナ側からは、北大西洋条約第五条のようなものを求めるとの発言もあった。[44] 同条は、ＮＡＴＯにおける集団防衛の中核を構成する相互援助の規定である。ウクライナ側は、侵略があった場合には三日以内に協議し、軍、武器、空の封鎖などの軍事支援が想定されるとしている。

第一の問題は、そうした枠組みは、実効性が高ければ高いほど、ロシアのいう「中立化」の範疇を超えるであろうことである。ロシアにとって、ＮＡＴＯ加盟は認められないが、米国との安全保障条約（のようなもの）であればよいとは考えにくい一方で、ウクライナの主たる狙いは米国による保証であろう。

第二に、米国をはじめとする関係国に、そこまでのコミットメントを提供する用意が本当にあるかという問題がある。その意思が存在するのであれば、すでにＮＡＴＯ加盟を認めていたともいえるし、さらに、今日の状況を踏まえて、そのような決断ができるようにもみえない。米国との間では、安全の保証についての議論もすでにおこなわれているとみられる。しかし、その細目について合意が存在しているような状況にはないのだろう。中立化と安全の保証については、ウクライナとロシアとの間の交渉に加えて、米国を中心とする諸国とウクライナとの間の交渉を注視しなければならない。

関連して、ウクライナ側が想定する交渉の順序や要する期間についても注意が必要である。ゼレンスキー大統領は三月二七日の会見で、ロシア軍がウクライナ国内に存在する限り、安全の保証に関する合意はできないだろうと語った他、中立化と安全の保証のためには国民投票、さらには憲法改正が必要であるとも述べている。現行のウクライナ憲法にはＥＵおよびＮＡＴＯへの加盟方針が明記されているからである。国民投票の実施も、ロシア軍が国内に展開している間は現実的ではなく、憲法改正には少なくとも一年かかるという。戦況のゆくえ次第ではあるものの、停戦合意と中立化・安全の保証の詳細への合意とでは、時間軸が異なるようにみえる。

ＥＵ加盟申請という重要な布石

最後に、中立化と安全の保証の問題にも密接に関連しているのが、ウクライナのＥＵ加盟問題だ。前述のように、ロシアの求める中立化とＥＵ加盟が両立するとは実際には考えにくいのだが、ロシア側はこれまでのところ、ウクライナのＥＵ加盟への反対姿勢は明確にしていない。いわばその間隙を突くかたちで、ウクライナはロシアによる侵略開始直後の二月二八日にＥＵへの加盟申請をおこなった。ＥＵ加盟への道のりは長いが、四月八日に自らキーウを訪問したフォン・デア・ライエン欧州委員会委員長は、ウクライナに対して質問表を提出した。これはＥＵ加盟プロセスの、最初の一歩である。ウクライナ側も、ＥＵ加盟が短期的に実現しないことは理解していると思われるものの、少しでも前に進めることで、早期の既成事実化を狙っているといえる。ＮＡＴＯ加盟が困難になったなかで、ウクライナの将来に向けた重要な布石である。

停戦協議の機運が遠のいたとしても、停戦やその後を見据えた課題の基本的な焦点が変化することはなく、いずれかの時点で、中立化と安全の保証をめぐる問題に戻ってくることになるだろう。しかし、それは今後も困難な課題であり続ける。

【初出】「『ウクライナの中立化』とは何か――ＮＡＴＯ加盟断念と『安全の保証』が不可分な理由」『フォーサイト』（二〇二二年四月二六日）

失われる停戦の意味

ロシア・ウクライナ間の停戦協議が進められていたときに、ロシア軍による占領地域ではウクライナ人の大量殺戮がおこなわれていた。首都キーウ近郊からのロシア軍の撤退により、それが明らかになってしまった以上、停戦協議を続けるわけにいかなくなった。というのもロシア軍による占領地域が存在する限り、ウクライナに平和がやってこないことがあらためて示されてしまったからである。これは、今回の戦争の大きな転換点になった。

二月二四日のロシアによるウクライナ侵略開始以降、軍事作戦に関しては明確な段階分けが存在する。ロシアは当初、首都キーウを標的にし、ゼレンスキー政権の転覆を目指していた。数日で首都を陥落させられると考えていたようだ。

侵略開始からほぼ一カ月の三月二五日になり、ロシア軍は、第一段階の目標が概ね達成されたとして、第二段階では東部ドンバス地方での作戦に注力すると表明した。キーウ陥落の失敗を認めたわけではないが、実際には方針転換の言い訳だったのだろう。その後、ウクライナ東部さらには南部での戦闘が激しさを増している。

そうしたなかで強く印象付けられるのは、ウクライナによる激しい抵抗である。ロシアがウクライナの抵抗を過小評価していたことは明らかだ。加えて、米国を含むＮＡＴＯ諸国も、ウクライナのここまでの抵抗を予測できていなかった。ロシアの侵略意図については正確な分析をおこなっていた米英の情報機関も、ロシア軍の苦戦とウクライナの抵抗については、評価を誤ったのである。[45]

以下では、こうしたウクライナ戦争の推移のなかでみえてきた大きな転換点として、ウクライナにとって停戦の意味が失われてきていることについて考えたい。

ロシア軍の占領下で何が起きていたのか――明らかになった市民の多大な犠牲

命をかけても守らなければならないものがある。ウクライナの抵抗については、これに尽きるのだろう。つまり、ここで抵抗しなければ祖国が無くなってしまう。将来が無くなってしまう。しかも、このことが、軍人のみならず一般市民にも広く共有されているようにみえることが、今回のウクライナの抵抗を支えている。

さらに重要なのは、抵抗には犠牲が伴うが、抵抗しないことにも犠牲が伴う現実である。ロシアとの関係の長い歴史のなかで、このことをウクライナ人は当初から理解していたのではないか。ロシア軍に対して降伏したところで命の保証はないし、人道回廊という甘い言葉のもとでおこなわれるのは、たとえ本当に避難できたとしても、それは強制退去であり、後にした故郷は破壊されるのである。

首都キーウ近郊のブチャやボロディアンカにおける市民の虐殺は、ロシア軍による占領の代償の大きさを示していた。ロシア軍による占領にいたる戦闘で犠牲になった人もいるが、占領開始後に虐殺された数の方が多いといわれる。[46] 抵抗せずに降伏しても、命は守ることができなかった可能性が高い。他方で、ブチャの隣町のイルピンは抵抗を続け、一部が占領されるにとどまり、結果として人口比の犠牲者数はブチャよりも大幅に少なくすんだようである。[47] 地理的には隣接していても、運命は大きく分かれた。

ロシア軍による市民の大量殺戮を含む残虐行為は、占領下では繰り返されるのだろうし、占領が続く限り実情が外部に伝わる手段も限られる。ブチャの状況が明らかになったのもロシア軍が撤退した後である。

こうした残虐行為に関しては、軍における規律の乱れや、現場の一部兵士による問題行動だとの見方もあるが、組織的におこなわれていたことを示す証言が増えている。加えて、ブチャ以外にも似たような大量殺戮の事例が明らかになっており、ロシア当局による組織的行為であると考えざるを得ない。組織的だったか否かは、戦争犯罪の捜査、さらにはこれが集団殺戮（ジェノサイド）に該当するか否かを判断する際に重要になる。そのため、証拠集めには慎重を期す必要がある。

ジェノサイド条約は、人種や国籍、宗教などを理由に特定集団を組織的に破壊することを、ジェノサイドの構成要件にしている。[48] バイデン米大統領は、「ウクライナ人の存在自体を消そうとしている」[49] として、ジェノサイドであると明言した。

国際法上ジェノサイドだと認定可能か否かにかかわらず、ウクライナ東部を含め、ロシアの支配下にある地域で、ブチャと似たようなことが起きていると考えなければならない。これから占領される場所でも同様であろう。実際、東部の港湾都市であるマリウポリでは、すでに万単位で市民の犠牲者が出ていると伝えられている。[50]

ブチャの虐殺——ウクライナにとっての転換点

こうした現実が明らかになってしまった以上、ウクライナにとっての平和は、ロシア軍が国内から完全に撤退したときにしか実現しないことになる。これは、今回の戦争における構図の大きな変化である。

そして、ロシアに占領されている場所がある限り平和があり得ないとすれば、停戦の意味が失われる。停戦とは、その時点での占領地域の、少なくとも一時的な固定化であり、ブチャのようなことが起こり続けるということになりかねない。これを受け入れる用意のあるウクライナ人は多くないだろう。

結局のところ、停戦のみで平和はやって来ないのである。従来は、ウクライナ政府も停戦協議を重視してきた。侵略開始から数日ですでに停戦を呼びかけたのはゼレンスキー大統領である。しかし、ブチャの惨状が明らかになるなかで、停戦自体を目的視することができなくなった。あくまでも、平和につながる限りにおいて停戦を追求するという姿勢への転換である。

そして実際、三月末のイスタンブールでの停戦協議では実質的な前進が伝えられたものの、直後にブチャの惨状が明らかになり、交渉機運は急速に萎むことになった。その後も停戦協議はオンラインで断続的におこなわれたようだが、ほとんど表に出てこなくなった。ロシア側もその後は特に東部における支配地域拡大に重点を移すことになった。[51]

それではウクライナは自らの力でロシア軍を追い出すことができるのか。これが最大の問題である。ゼレンスキー大統領は、二〇二二年四月二三日の会見で、ロシア軍が「入り込むところすべて、彼らが占領するものすべて、私たちはすべて取り戻す[52]」と強調した。停戦よりも、ロシア軍を追い出すことが先決なのである。

戦争による犠牲が日々積み重なっていくことを考えれば、早期終戦が望ましいこと自体は変わらない。しかし、軍事的にウクライナが勝利する早期決着は現実には想定し得ない。そうだとすれば、ウクライナには、抵抗を続け、少しでもロシア軍の占領地域を縮小していくほかなく、NATO諸国を中心とする国際社会は、武器の供与などを通じてそれを支えていくということになる。停戦を唱えるのみでは平和は実現しないのである。

【初出】「停戦の意味が失われるとき――ウクライナ戦争における転換点」国際情報ネットワーク分析（IINA）、笹川平和財団（二〇二二年四月二七日）

戦争における「語られ方」をめぐる攻防

戦争が続くなかで、その「語られ方」はやはり重要である。それはまず用いられる言葉によって体現される。日々意識せずに使っている言葉でも、繰り返し接することによって刷り込み効果が生じることもある。この戦争の「語られ方」を意識的に考えてみたい。

戦争においては、認識やイメージがやはり重要である。それらを合わせたものは「語られ方（narrative：ナラティヴ、物語）」と呼ばれる。この観点でまず焦点となるのは、どちらが「悪い」のか、どちらが「正しい」のかである。「悪い」方は批判され、「正しい」方には他国や国際世論の支援が見込めるからである。とはいえ、国家間の戦争を想定した場合、通常は双方が自らの正しさを主張する。自ら悪者だと名乗り出る国はない。

そうであれば、「悪い」と「正しい」をいかに峻別するのか。戦争であれば、「どちらが先に手をだしたか」がまず問われることになるし、すでに勃発してしまった戦争に関しては、「どちらがエスカレーションを招いたのか」が重要になる。

今回のロシア・ウクライナ戦争に関する限り、侵略国と被侵略国は明確である。これほど明確な戦争は珍しいといってもよい。戦争の語られ方をめぐる攻防（narrative war）——あるいは国際的な世論戦、情報戦——は、圧倒的なウクライナ優位で推移してきた。ただしこの戦いは、最初に決着がついて終わりなのではない。この優劣のバランスは常に変化する。だからこそ、この問題には継続的に注目していかなければならないのである。

そこで以下では、これらの問題の出発点として、この戦争を何と呼ぶかを振り返り、そのうえで、今日焦点になっているウクライナによるクリミア攻撃、さらにはウクライナ南部のヘルソン州などがロシアに一方的に併合されたような場合の「ロシア領」の扱いを事例に、この戦争の語られ方をめぐる攻防を検証していこう。

今回の戦争を何と呼ぶか

まずはこの戦争を何と呼ぶか。やはり名称は重要である。日本政府は、「ロシアによるウクライナ侵略」[53]と呼んでいる。「侵略（aggression）」という言葉を使用したことに意味があり、思い切った判断だといわれる。実際そうした意図があったようだ。侵略は国連憲章でも使われている用語であるし、一九七四年には「侵略の定義」に関する国連総会決議が採択されている。

それによれば、侵略とは、「一国が他国の主権、領土保全もしくは政治的独立に対して武力を行使すること、または国際連合憲章と両立しない他のいずれかの方法により武力を行使すること（第一条）」であり、「武力を最初に行使すること（第二条）」が侵略行為の「明白な証拠（同）」になるとも記された。[54]「どちらが先に手をだしたか」が重要なのは、単に政治的・心情的理由からではなく、この国連総会決議にも依拠する。安保理常任理事国のロシアが当事国である以上、ロシアの侵略行為が安保理で認定される可能性はほぼないが、だからといってこれが侵略にならないわけではない。

侵略と似た用語に「侵攻（invasion）」があるが、これと比べて侵略の方が深刻であり批判の度合いが上がるという上下関係は、国際的には存在していない。日本で侵略が特に深刻な問題として使われるとすれば、それは、国際法を含めた国際的文脈に由来するのではなく、国内の歴史認識問題において、侵略という言葉が特に重い（論争的な）意味を有するからだといえる。

Ｇ７の声明では、「侵略戦争（war of aggression）」[55]などが使われるケースが多いものの、英語圏の報道や指導者の発言としては、「侵略」よりも「侵攻」が多い模様である。しかし、それは意図的に侵略よりも軽い言葉として使われているわけでは決してない。加えて、「違法でいわれのない（illegal and unprovoked）」という修飾が付けられることが多い。国際法違反の行為であること、および、それが挑発された結果の行動ではなく、一方的なものだったことを強調するための表現である。単に侵略や侵攻と表現する場合に比べ、責任のありかを明示する明確な意図がある。侵略・侵攻の性質、つまり誰が「悪い」かをその都度リマインドするのである。

一見些細な言葉使いの違いも、繰り返されれば、何気なく聞いたり読んだりする受け手の認識にも無視できない影響をおよぼす可能性が高い。この観点でもう二点指摘しておきたい。

第一に、日本語ではこの戦争を、「ロシアによるウクライナ侵略（侵攻）」のように表現する場合を除き、メディアを含めて、「ウクライナ戦争」と呼ぶことが多い。これについては、侵略の主体であるロシアがみえてこないこと、また、ウクライナの内戦であるかのように聞こえかねないとの批判がある。そのため、「ロシア・ウクライナ戦争」と呼ぶべきだとの声が根強いが、これにも、ロシアとウクライナが対等に戦っているようなイメージを想起させる懸念がある。そのために、「違法でいわれのない」といった修飾が意味を持つ。

英語では、「Russo-Ukrainian war（ロシア・ウクライナ戦争）」と表現されることもあるが、より一般的には、「Russia's war in Ukraine（ウクライナにおけるロシアの戦争）」ないし、「Russia's war against Ukraine」（ウクライナに対するロシアの戦争）」になることが多い。日本語のウクライナ戦争も、ウクライナ「における」戦争であると解釈すれば、事実関係として特に間違っているとはいえないし、すべての関係者が満足する呼称はないのかもしれない。それでも、呼称がさまざまな含意を持ち得ることへの配慮の必要性はいくら強調してもしすぎることはない。

第二に、日本の一部報道では、「東部二州の完全掌握を目指すロシア軍」といった表現が、一時頻繁に使われた。[56] まず、ドンバス地方の二つの州以外も標的にされていたため、事実関係として誤った表現であった。

問題としてより深刻なのは、「完全掌握を目指す」との表現である。これは何だろうか。おこなわれているのは、「違法でいわれのない侵略」である。「完全掌握」にいたる過程では、ウクライナの国土が破壊され、人々が殺され、さらに、「掌握」の完了した土地においては、殺戮がおこなわれる可能性も高い。キーウ近郊のブチャや東部の港湾都市マリウポリで起きたことをみれば明らかだ。完全掌握のような用語が選択された背景には、侵略や占領というきつい言葉を避け、より穏当な響きにするという意図があったと推測せざるを得ない。しかし、そこで実態をマイルドにみせる必要は本当に存在したのだろうか。それは何のためだったのだろうか。

たとえそうした意図がなかったとしても問題であった。というのも、ニュースを読んだり聴いたりする場合に、「東部二州の完全掌握を目指すロシア軍」と「違法でいわれのない侵略を続けるロシア軍」とでは、一回のみであれば、受け手の認識に実質的な影響はないかもしれないが、繰り返されれば、おこなわれている行為への認識が左右される可能性があるだろう。「完全掌握を目指す」だと、ロシア軍の行為にあたかも正当性があるかのような錯覚を生みかねない。

クリミア攻撃はエスカレーションか

今回の戦争をどのように捉えるかという点において、日々どのような用語に接するかは、やはり重要であり、情報の発信側は、細心の注意を払う必要がある。その観点で、クリミアの扱いは重要な問題だ。

日本では、「併合」だと言葉が強いために、それを和らげる意図で「編入」という言葉が使われることもあった。その後、併合という言葉が主流になっても、例えば二〇一五年版の『外交青書』では、何らかの意味を持たせて、併合にカギ括弧が付けられていた。[57] ただし、編入でも併合でも、英語訳はどちらも通常は「annexation」だったようである。

これについても、例えばG7の各種声明では、「不当かつ違法な（illegitimate and illegal）併合[58]」という修飾が付けられることが多い。日本のメディアでは、例えば共同通信はロシアが「強制編入」したクリミア、という表現を使っている。ただしこれはむしろ例外的であり、単にロシアが編入・併合したと表現される場合が多い。これだと、編入・併合が事実として認められたかのような印象を招きかねない。そのために、「一方的」や「強制的」、あるいはG7のように「不当」

や「違法」といった言葉を付け加え続ける必要がある。

そのうえで、二〇二二年八月以降に散発しているクリミアのロシア軍施設への攻撃についてである。公式の発表はないが、ウクライナ軍が実施していると理解するのが自然であり、ウクライナ側も関係者がそれを示唆する発言を繰り返している。ウクライナ側は意図的に曖昧にしているのだろう。使われた武器についても不明な点が多い。特殊部隊や現地の反露パルチザンによる破壊という話から、何らかのミサイルや航空機、無人機による攻撃まで、諸説あるが実態は明らかになっていない。

内外の報道では、クリミア攻撃によって戦争の局面が変化するかのような指摘が少なくない。ただし、ここで重要になるのが、クリミアはウクライナ領だという事実である。ロシアによるクリミア併合を承認した主要国は存在しないし、G7は「クリミアはウクライナ領である（Crimea is Ukraine）」[59]といい続けている。

それでは、これまでのウクライナ東部や南部におけるウクライナ軍の攻撃と、クリミアに対する攻撃は何が異なるのだろうか。ロシアによる併合は認められず、クリミアがウクライナ領であるという立場をとる限り、両者の間に相違はない。実態としてロシアが支配してきたという観点では、ドンバスの一部地域とクリミアは同様である。ウクライナにとっては、ドンバスもクリミアも二〇一四年に一方的に奪取された領土である。

米国からウクライナへの武器供与にあたって、米国内には、ウクライナが米国から供与された武器を使用してロシア領内の奥深くに攻撃することへの懸念があった。米露間の直接的な対峙にエスカレーションしかねないとされたからである。結果として、ウクライナに供与される武器の射程距離は、例えば東部の前線からロシア領内に届かないものに限定されている。これはエスカレーションを避けたい米国の利益に沿った判断であり、ウクライナ側も、武器供与の代償として受け入れたとみられる。

ただし、ここでいうロシア領内への攻撃に、クリミアは含まれていなかったようである。クリミアがウクライナ領であるとの前提に立てば、クリミアへの攻撃を正面から否定することは困難だといえる。[60]二〇二二年八月のクリミア攻撃に米国がどこまで積極的であったかは不明だが、少なくとも反対はしていなかったと考えられる。

クリミア攻撃をめぐる「語られ方」の攻防

しかし、「クリミアは違う」と思わせたい勢力が存在する。それはロシアである。ウクライナがクリミアを攻撃すれば、ロシアはいままで以上に強い反応をせざるを得なくなる、つまり、戦争のエスカレーションが引き起こされるというメッセージを出したいのは、ほかならぬロシアである。その目的はウクライナのクリミア攻撃の阻止である。エスカレーションをちらつかせることで、「ウクライナはクリミアを攻撃すべきではない」という国際的世論、さらにはウクライナ政府に対する直接の圧力をつくりだし、（さらなる）攻撃を思いとどまらせたいのである。つまり、ロシアの側からの抑止のメッセージである。

「ウクライナによるクリミア攻撃は、ロシアによるさらなる攻撃を招きかねない」という議論までは、ロシア側の考え方、行動様式に関する分析として成立し得る。しかし、意図したとしてもしなかったとしても、その後にほとんど不可避的に付随するのは「だからウクライナはクリミア攻撃をすべきではない」という議論なのである。そしてそれこそが、繰り返しになるが、ロシアの狙いなのである。

したがって、情勢の分析としては、「ロシアはこのように考え、発信するだろう」という側面を強調する必要があり、可能な限り「その狙いはウクライナによるクリミア攻撃の阻止である」ことまでを含めて説明する必要がある。そして、こうした議論は、この戦争における語られ方をめぐる攻防の一環である点に常に意識的でなければならない。

もちろん、戦争のエスカレーションの懸念は常に存在する。そして、ロシアにとって執着が強いと思われるクリミアが攻撃されれば、ロシアの反発は強くなり、さらなる攻撃の引き金になる可能性は現に存在する。したがって、前記のような分析自体が間違っているわけではない。しかし、繰り返しになるが、文脈とロシアの意図について十分意識しなければロシアの「思う壺」になってしまい、ロシアのプロパガンダの片棒を担ぐことになりかねないのである。

そのうえで簡潔に二点付け加えたい。第一に、たとえ、ウクライナによるクリミア攻撃への報復だと考えられるロシアによる攻撃があったとして、それが、クリミア攻撃がなければおこなわれなかったか否かが問われなければならない。というのも、ロシアは以前からウクライナ全土を攻撃しているからである。加えて、ウクライナが攻撃している（とみられる）弾薬庫や航空基地などは、いずれにしてもウクライナ南部でのロシアによる攻撃のためのものである。予めクリミアの軍施設を破壊することで、ウクライナ南部でのロシア軍の作戦を阻害するのが、ウクライナにとっての軍事作戦上の目的である。

第二に、クリミアの武力による奪還まで米国などが支援するかについては不明だが、地理的に考えて、ヘルソン州の奪還に成功しない限り、クリミア奪還はあり得ない。そのため、武力によるクリミア奪還を支持しないことと、ヘルソン奪還作戦の一環としてのクリミア攻撃を支持することは、完全に両立可能なのである。端的にいって、ヘルソン奪還のためのクリミア攻撃とクリミアの武力奪還は異なる。この二つを混同させることでＮＡＴＯ諸国の側に躊躇が生まれるとすれば、それもまたロシアの狙いどおりということになる。

ウクライナの一部がさらに一方的併合された場合

クリミア半島をめぐる問題と同時に、ウクライナ南部・東部のロシアによる一方的併合についても考えなければならない。ヘルソン州とザポリージャ州という南部二州で「住民投票」なるものが実施される可能性は二〇二二年春頃から指摘されてきた。いかなる手続きを踏んだとしても、一方的併合が、国際社会において法的に認められる可能性は皆無である。

しかし問題は国際法上の解釈ではなく、ロシアの主張が実態としてどのように受容されるか、つまり、戦争の語られ方に変化が生じるか否かである。この件に関してロシアが国際世論に信じさせたい言説は、「新たに『ロシア領』になった以上、そこへの攻撃はロシア本国への攻撃とみなされる」ということであり、その含意、というよりむしろ真意は、ロシア本国への攻撃である以上、ロシアの反発は強くなるし、場合によってはロシアの国家としての存立が脅かされたとして、核兵器の使用も排除できなくなる、ということだ。これもロシアの側からの抑止である。

クリミアに関する議論と基本的に同様であり、目的は、ロシアとしてウクライナの攻撃を阻止するための国際世論、ナラティブづくりである。「ウクライナが攻撃すればロシアはより強く反応する可能性がある」まではロシア側の考え方についての分析だが、議論はそこで終わらずに、「それゆえウクライナは攻撃すべきではない」という後段が不可避的についてきてしまうのである。そして、これこそがロシアの狙いである。

その結果生じ得るのは、ウクライナ南部に対する同国による従来どおりの正当な軍事作戦が、エスカレーションの元凶のようにみなされて批判されたり、ウクライナ政府に対して攻撃を思いとどまらせるような圧力が行使されたりしてしまう状況である。ウクライナにしてみれば、二次被害のようなものであろう。これこそ、語られ方をめぐる戦いであり、メディアを含めた国際社会が大きな役割を担っている。

これについては、二〇二二年一〇月のロシアによるウクライナ東部・南部四州の一方的な「併合なるもの」を受けた課題として、第二章であらためて論じることにする。

厄介な一方的停戦シナリオ

さらにその延長線上で、ウクライナと国際社会にとって最も厄介なシナリオは、ロシアによる一方的な停戦、つまりロシアのいうところの「特別軍事作戦」の一方的な終了宣言である。それは、更なる侵略のために態勢を整える時間稼ぎにすぎない可能性が高いが、それでも、ロシアが停戦を宣言し、実際に攻撃をやめることがあれば、ウクライナ側にも停戦受け入れの圧力がかかることになるだろう。ウクライナが戦闘を停止しなければ、ウクライナ側が戦争をエスカレートさせていると捉えられかねない。

そうしたなかで事実上の停戦になった場合に、ロシアは占領した地域に居座ることになる。自発的に撤退する可能性は皆無だろう。ウクライナにとっては自国領土を奪還する機会が失われ、ロシア占領地域の国民の犠牲は続くことになってしまう。ここで問われるのも、国際世論がこうした状況をどのように捉えるかであろう。ロシアによる一方的停戦の不当さやまやかしを批判し続けるのか、それとも、ウクライナに対する停戦への同調圧力を作り出すことになるのか。この帰趨が与える影響は大きい。

ロシア・ウクライナ戦争の語られ方をめぐる攻防は、現在も続いているし、戦争が継続する限り、今後も決着することはない。これまでのウクライナ優位の継続はまったく保証されていない。ウクライナは侵略を受けた側であるにもかかわらず、ウクライナの方が戦争をエスカレートさせているとみられかねない要素は常に存在しているのである。

とはいえ、エスカレーションの回避という課題は、ウクライナにとっても重要であるし、米国のウクライナ支援においても、大きな要素になってきた[61]。核兵器保有国であるロシアを刺激しすぎれば、核兵器の使用、そして第三次世界大戦という破壊的な結果を招きかねないというのである。この懸念ゆえに、常に慎重さが求められることは論を俟たない。ロシアが米国やＮＡＴＯを抑止している構図である。

しかしそのことは、ロシアによるエスカレーションの脅しのすべてを真に受けて、ウクライナやNATO、国際社会の側がロシアに譲歩しなければならないことを意味しない。ロシアがNATOを抑止していると同時に、米国を含むNATOの側の対露抑止も機能しているからである。[62]つまり、エスカレーションに関して、ロシアがフリーハンドを有しているわけではない。

あらためて強調すべきは、エスカレーションの懸念を惹起させ、その責任をウクライナに押し付けることこそ、今回の戦争の語られ方をめぐる攻防におけるロシアの重要な目的だということである。そして、それは抑止という根源的な問題と直結しているのである。語られ方はやはり重要だ。

【初出】「戦争をエスカレートするのはどちらか――ロシア・ウクライナ戦争における『語られ方』をめぐる攻防」コメンタリー、日本国際フォーラム(二〇二二年八月二二日)

第二章　ウクライナ侵攻の変容

ウクライナの首都キーウを訪問したフォン・デア・ライエン欧州委員会委員長（左）とゼレンスキー・ウクライナ大統領（右）
（2022年9月15日撮影、©AP/アフロ）

武器供与をいかに引き出すか

この戦争を戦闘という観点で振り返れば、最も重要な側面は、NATO諸国を中心とするウクライナへの武器供与である。ウクライナが抵抗・継戦能力を示した結果、米国やその他NATO加盟国はより本腰を入れてウクライナ支援をおこなうようになった。これは、ウクライナからみれば、各国からの武器供与を引き出す戦いだった。米国などのウクライナ評価、そしてどこまで武器供与するかの境界線は可変だったのである。

戦争の長期化は多くの犠牲を生む。しかし、戦争が短期で終了したとすれば、どのような戦争になっていたのだろうか。ウクライナが短期決戦で勝利した可能性は——そもそも侵略をはじめたのがロシア側だったという意味で論理上も、そしてロシア優位の兵力差を考えれば現実問題としても——存在していなかった。つまり短期戦だとしたらロシアの勝利が不可避だった。ウクライナが勝利する、ないし少なくとも負けないためには、少しでも長く抵抗する、つまり長期戦に持ち込むほかなかったのである。この理解がすべての出発点になる。

これまでウクライナは、短期戦で早期の敗北・降伏に追い込まれるのを防ぎ、長期戦化をはかるなかで、ロシア軍の撃退と、独立した主権国家としてのウクライナの存続を目指してきた。ぎりぎりの選択だった。ただし、ロシアとの国力の相違を踏まえれば、ウクライナが戦争を継続するには、他国からの武器供与が不可欠であった。

ロシアという敵に立ち向かうとともに、米国をはじめとするNATO諸国からの武器供与の確保が、ウクライナにとっては重要な戦いだったのである。そしてこの問題をめぐる構図は、開戦前、戦争初期、そしてその後と変遷してきた。ウクライナはいかにしてＮＡＴＯ諸国の支援を引き出し、そのためには何が必要だったのだろうか。順にみていこう。

ウクライナの抗戦力に対するＮＡＴＯ諸国の懐疑的見方

米国や英国を筆頭とするＮＡＴＯ諸国によるウクライナ軍への支援は、ロシアによる侵略以前にはじまっていた。[1] しかし、二〇一四年のロシアによるクリミアの一方的併合以降のそれら諸国によるウクライナ軍への支援は、兵員の訓練が中心で、武器の供与は長らく非殺傷兵器にほぼ限定されていた。基本的にはロシアを刺激しないという配慮である。このことは、ＮＡＴＯ拡大の脅威を強調するプーチン政権の主張とは裏腹に、同国のＮＡＴＯ加盟プロセスにまったく進展がなかった事実とも符合する。ＮＡＴＯ側として、ウクライナの安全保障にコミットするような状況にはなかったのである。

ただし、二〇二一年の秋以降、ロシア軍が一〇万人を上回る規模でウクライナ国境地帯に集結し、米国が独自の情報（インテリジェンス）によって、ロシアによるウクライナへの大規模な軍事侵略が迫っていると判断するなかで、対戦車砲ジャベリン（Javelin）や対空砲といった殺傷兵器の供与が急いで進められた。ロシアの侵略への最低限の備えだった。

しかしこの段階でも、ロシア軍の大規模侵略があった場合にウクライナ軍がどれほど持ちこたえられるかについての、米国をはじめとするＮＡＴＯ諸国の評価は低いままだった。ロシア自身、数日で首都キーウを陥落させる計画だったとみられるが、米国なども、それを不可避のシナリオとして捉えていたといわれる。

ロシアの侵略を予想する米国のインテリジェンスは極めて正確だったが、ウクライナ側の能力についての米国の予測は大きく外れた。[2] 開戦後、ウクライナのゼレンスキー大統領に対して米英は、何度も首都からの退避を進言したものの、ゼレンスキーは断固として拒んだのである。[3]

大統領の首都退避がそのままウクライナの降伏を意味するわけではないが、いつまで維持可能かわからない政府に対して大規模な武器供与をおこなうことも、現実問題としては難しい。大統領への首都退避の助言と大規模な武器供与は両立しないのである。武器が実際に届く前に政府が転覆されている可能性もあり、その場合には支援が無駄になってしまうからである。また、供与した武器がそのままロシアの手に渡るような事態も避けたいと考えて当然である。

開戦前後の段階では米国も、そうした考慮から大規模な武器供与を躊躇していた。前年八月のアフガニスタン政府の崩壊が記憶に新しかったことも作用したかもしれない。

ウクライナの抵抗とロシアの警告

それでも、首都キーウに対するロシア軍空挺部隊による急襲を撃退し、また、キーウ包囲を目指す地上部隊にも抵抗し、最終的にはロシア軍に首都方面からの撤退を強いることで、ウクライナ軍の抵抗能力、そしてそれを指揮する大統領をはじめとする政府の能力、国民の結束・士気についての評価が米国をはじめとするＮＡＴＯ諸国においても急激に高まった。ウクライナ軍が対戦車砲を効果的に使用できたことも大きかった。支援の成果が目にみえる形で示されたのである。対戦車砲や対空砲の供与が拡大したのは、その結果である。

ロシア軍がキーウ周辺から撤退し、戦線の中心を東部ドンバス地方に移したのは三月末以降である。ドンバスでの戦いが本格化するのは四月末以降だが、この段階になって、ウクライナが必要とする武器の種類が変化する。というのも、この頃までにすっかり有名になった対戦車砲のジャベリンは、敵の進軍に抵抗するには効果的であっても、戦車同士の戦いを含む本格的な機甲戦になったときには、それだけでは不十分である。

そうした現場のニーズの変化を受けて、NATO諸国に対してウクライナが求める武器のリストも変化した。戦車や榴弾砲、装甲兵員輸送車などの重装備が求められるようになった。しかし、各国がそれらを迅速に供与したわけではない。そこには二つの考慮があった。

第一は、依然として続いていたロシアへの配慮である。重装備を供与することでロシアの反発が強まることを恐れたのである。エスカレーションの阻止は、米国にとっても重要な考慮だった。実際、ロシアは、戦車や戦闘機などが供与された場合は「戦争の当事者とみなす」などの警告を繰り返し、新たな武器の供与を阻止しようとした。ドイツのショルツ首相は、二〇二二年四月の時点で、武器供与への慎重姿勢について問われ、「第三次世界大戦を防ぐ」[4]ためと説明した。

NATO側は慎重な対応を迫られることになったが、ウクライナがロシアへの抵抗力を示すなかで、各国は徐々に重装備の提供に踏み切っていく。四月はじめに戦車供与で先陣を切ったのはチェコだった。[5]ロシア側の反応をみながら、少しずつ風穴を開けていったという感じである。

ただしその後もロシア側からの警告は続いた。[6] 例えば四月にはロシア外務省のリャプコフ（Sergei Ryabkov）次官が「ウクライナ領内における米国とＮＡＴＯの武器輸送は合法的な軍事標的」[7]とみなすと警告した。同発言は、ロシア側の強気の姿勢として報じられたが、逆からみれば、ウクライナ領内に入らない限り、つまりＮＡＴＯ領内にある間はロシアとして手を出さない（出せない）と表明したものともいえた。ロシアが最も避けるべきはＮＡＴＯの介入であり、自らそれを招くような行動は避けていると解釈できる。そうであれば、それはＮＡＴＯによる抑止が機能しているということでもあった。

加えてＮＡＴＯや米国が力を入れてきたのが、インテリジェンスの提供だった。これについては、当初から指摘されていたものの、三月に入ってその実態が徐々に報じられるようになった。ＮＡＴＯの早期警戒管制機（ＡＷＡＣＳ）などが、ポーランドの上空をウクライナ国境ぎりぎりまで飛行し、ロシア軍の航空機や地上部隊の動きを収集し、それをウクライナ側に提供していたというのである。[8] その後、ロシア軍高官の所在や、単にロシア軍の展開場所のみならず、ロシアによるミサイル攻撃などがおこなわれる場所を予め特定するような情報も米国を中心とするＮＡＴＯから提供され、ウクライナ軍のより効果的な防護・攻撃に使われてきたとの報道が相次ぐことになった。[9]

バイデン政権からは、ロシアを刺激しかねないとの懸念から、こうした報道を諫める声があがった。[10] しかし、すべてが政権の意図に反したリークに基づく報道だったとは思えない。ＮＡＴＯや米国によるウクライナ支援が不十分であるとの批判を踏まえ、貢献をアピールするという当局側の狙いも存在していたはずである。

ストルテンベルクNATO事務総長などは、それまで、戦争を他国にまで広げないことと、NATO諸国の地上部隊を派遣しないことは明言してきたが、このことは、そうした敷居より下で可能なことはすべて実施するという意思表示でもあった。今回のロシア・ウクライナ戦争とそれに対するNATOの関与は、部隊の派遣といういわば伝統的な参戦以外に、戦争を支援する方法がいかに数多く存在するかを示す結果にもなっている。NATOには直接関係しないが、マスク（Elon Musk）氏の提供した衛星通信サービスのスターリンク（Starlink）も、ウクライナ軍の作戦遂行に多大な貢献をしていることが分かっている。[11] 国家主体どころか民間企業、さらには個人までもが重要なアクターになっている。

第二は、ウクライナ軍が新たな兵器をどこまで活用できるのかという問題だった。ロシアの反発がなかったとしても、必ずしも最新兵器を送ればよいというわけではない。ウクライナ軍が使用できなければ宝の持ち腐れになってしまう。そのため、例えば戦車に関しても、T72型などの、ウクライナ軍が以前から運用してきた旧ソ連製の兵器が選ばれた。

もっとも、この背景には、NATO諸国製の最新戦車を供与することへの躊躇も存在しており、ウクライナ軍の運用能力の問題は、NATO諸国製の武器供与を回避する口実として使われた側面も否定できない。NATO諸国製の戦車を供与しないとの非公式な了解がNATO内に存在するとも指摘されてきた。了解の有無や性質はともあれ、こうしたものが話題になること自体、ロシアへの配慮がいかに根強かったかを示している。

新しい武器の活用能力をいかに示すか

その後、二〇二二年四月以降は戦車と並んで榴弾砲が供与されるようになった。これに際しては、ポーランドや英国などで、ウクライナ軍の要員への訓練が実施された。それでも、ドンバスの戦いにおいて、ロシアが火力を集中させたため、ロシア軍とウクライナ軍の火力の格差は大きく、一日に発射される榴弾砲などの数は、一〇対一や一五対一で圧倒的にロシア優位だった。この時期、戦死するウクライナ兵も急激に増加し、毎日二〇〇名が犠牲になったといわれている。[12]

そうした状況を変えることが期待されたのが、二〇〜三〇キロの射程距離を有する榴弾砲に代わる、長距離兵器としての米HIMARS（ハイマース＝高機動ロケット砲システム）や英国の類似の武器であるM270だった。米バイデン政権は六月に供与を決定し、七月には前線に届きはじめることになった。射程は八〇キロ程度とされる。HIMARSは、ロシア軍の弾薬庫や前線指揮所を精密誘導で破壊することに成功した。結果として、ロシア側からの火力による攻撃は東部でも南部でも大きく減少することになった。HIMARSが極めて効果的に使用されたのである。

米軍のロケット弾は「面」の制圧に威力を発揮するクラスター弾ではなく、「点」を破壊する精密誘導弾であるため、ウクライナ軍がこれを有効に使用できるかについては懐疑的な見方もあった。精密誘導弾を作戦に組み込むには、攻撃目標の特定や、方針の決定を含めて、相当の態勢作りが必要だったはずである。

米国はHIMARSの運用に関する訓練をウクライナ軍に提供しながらも、最初は「お試し期間」的な部分があったかもしれない。しかし、ウクライナ軍は、この新しい兵器を使いこなす能力と、それを効果的に活用するための戦術をすぐに生み出した。この学習と適応の能力は特筆に値する。それを受けて米国は、その後もＨＩＭＡＲＳの発射機と砲弾の追加供与を進めている。

エスカレーションの懸念をいかに払拭するか

そうはいっても、ロシアとの関係におけるエスカレーションの懸念は米国側に強く残っている。前述ＨＩＭＡＲＳの供与にあたって焦点となったのは、砲弾の射程距離である。

ＨＩＭＡＲＳは発射システムであり、それにはいくつかの種類のロケット弾・ミサイルを装塡することができる。ＨＩＭＡＲＳ供与に際し、射程三〇〇キロのＡＴＡＣＭＳ（エイタクムス＝陸軍戦術ミサイル）は除外された。というのも、射程が三〇〇キロある場合、ロシア軍が占領している地域を越え、ロシア本土への攻撃が可能になってしまうからだった。バイデン政権としては、米国がウクライナに供与した武器がきっかけとなって、米露間の軍事的対峙へのエスカレーションを招くことを恐れたのである。

ロシアがウクライナに侵略するなかで、そうしたロシア軍の作戦を支える軍の施設であれば、ロシア領内だったとしても、国際法上正当な標的である。そのため、ロシア領内を攻撃しないという条件を伴うような武器供与に、ウクライナが反発したであろうことは想像に難くない。米国とウクライナの間では厳しい話し合いになったようだが、武器の供与を受ける側のウクライナは、米国の示す条件を受け入れるほかなかったと考えられる。

供与後も、特にＨＩＭＡＲＳのような高度な装備については、米国が日々の運用実態を把握していると推測される。ウクライナにとってもこの観点での米国の信頼を維持することは、自らの利益でもある。

ただ、「ロシア領」への攻撃にクリミアは入っていなかったようである。これも当初は不明確だったものの、二〇二二年八月に入ってクリミア各地の航空基地や弾薬庫などへの攻撃が相次ぐなかで、バイデン政権関係者は、クリミアはウクライナ領であるとして、クリミア攻撃に米国から提供された武器が使用されることは問題ないとの見解を示したと報じられた[13]。

ロシア側からは、クリミアが攻撃された際には徹底的に報復するといったエスカレーションの警告がなされていたが、それをどこまで額面通りに受け取るべきかは、まさに神経戦である。

状況が改善していることをいかに示すか

ウクライナにとっては、これまでも今後も、ＮＡＴＯ諸国からの武器供与をいかに継続させるかが死活的な課題である。そのためには、状況が改善している、つまりウクライナ側が進軍し、ロシア軍の支配地域を奪還していることを示さなければならない。実際の戦況においてウクライナが有利になる可能性を示すということだが、これは、純粋に軍事的なものであると同時に、政治的なものでもある。

重要になるのは、「あともう少し支援すれば状況がよくなる」とＮＡＴＯ諸国の政府、さらには議会や国民に信じさせられるかである。こうした認識を維持できれば、支援の継続を引き出すことができるが、他方で、「支援の成果が上がっていない」、「やはりウクライナの敗北は時間の問題ではないか」という認識の度合いが上昇すれば、武器供与継続・拡大にはつながりにくくなる。劣勢だから支援しようという議論もあり得るが、劣勢がずっと続いた場合に支援を継続させるのは難しくなるのだろう。

ゼレンスキー政権が二〇二二年夏以降、南部ヘルソン州やザポリージャ州での反転攻勢に言及し続けたのは、国民を鼓舞すると同時に、NATO諸国に対する政治的メッセージなのである。ここでの問題は、NATO諸国へのアピールの必要性と、軍事的な準備状況が相反する場合である。実際、軍事的準備が整わないなかで、政治的考慮から南部奪還作戦が無理に開始されてしまうことへの懸念が当時指摘されていた。[14]

武器供与の拡大による局面打開の選択肢

ロシア・ウクライナ戦争は長期化しつつあるが、ロシアが侵略をやめて撤退することや、ウクライナがロシア軍にすでに占領された領土を諦めるといった、現時点で可能性がほとんどゼロに近い選択肢以外に、長期的な膠着状態を避けるおそらく唯一の方策は、NATO諸国が武器供与の内容を拡大し、ロシア軍を追い返すために必要な武器を迅速に供与することである。

そのためには、榴弾砲やHIMARSといった火力に加えて、戦車や装甲兵員輸送車といった機甲戦力、さらには防空ミサイルや戦闘機などが必要になる。ウクライナへの武器支援として、そこまで踏み込むことが果たして可能なのか、ボールは米国を中心としたNATO側にあるようにみえる。

その際には、ロシアとの関係におけるエスカレーションの懸念にどのように対処するかが大きな要素になるのは当然だろう。それに加えて考えなければならないのは、ウクライナにおける一進一退の状況が長く続き、支援が必要な状態が続くことが、米国にとって大きな負担になる懸念である。その結果、例えば中国への対処にも影響が及ぶ可能性も指摘されている。それを避けたいと考えるのは、米国の国益計算上も合理的である。

ただし、本当にそこに踏み込むことができるのかが、当面の焦点であり、これがロシア・ウクライナ戦争の帰趨を決定することになる。逆に、欧州におけるエネルギー危機の深刻化や世界的な物価高などで対露制裁、ウクライナ支援の結束に綻びが生じるようなシナリオもあり得る。その場合には、武器供与のモメンタムも失われかねない。

開戦以降の展開を振り返った際の最も重要な教訓は、ウクライナが自らの徹底的な抵抗姿勢と適応能力をみせることで、米国をはじめとするＮＡＴＯ諸国を本気にさせ、段階的にではあっても武器支援の拡大を能動的に引き出してきたことだ。そしてこれがウクライナの抵抗を支え、戦争の基盤をかたち作ってきたのである。


【初出】「変容するロシア・ウクライナ戦争の構図――ＮＡＴＯ諸国からの武器供与を引き出す戦い」『フォーサイト』（二〇二二年八月二九日）

「安全の保証」問題の再浮上

今回の戦争の終結の形としては、前述のようにウクライナの「中立化」が議論されてきた。しかし、やはり「安全の保証」となかなか両立しない。その後、ブチャでの大量殺戮などが明らかになったことを受けて停戦協議が頓挫し、それとともに「中立化」も後景に退くことになった。効果的な「安全の保証」を追求すれば、それは対露同盟に行き着く。ロシアとの合意に基づく和平という想定自体が消えつつあることを示している。

二〇二二年九月のウクライナ軍によるハルキウ州の奪還に象徴されるように、ウクライナによる反転攻勢、領土奪還が進みつつあるが、その先にどのような停戦・休戦・終戦を見据えるとしても、ウクライナにとって欠かせないのは、戦闘行為が終了した後、国の安全――主権、領土の一体性、そして国民の生命・財産――を守るための仕組みである。それがない限り、いったん戦闘が止んだとしても、いつまたロシアによる侵攻が再開されてもおかしくない。実際、ロシアが停戦に言及する際には、それは「時間稼ぎ」にすぎないのではないかとの指摘が常になされてきた。

二〇二二年二月の侵攻を受け、同年三月末まではかなり具体的な停戦協議がロシアとウクライナの間でおこなわれ、その一部をトルコが仲介する形になっていた。そこで議論されていたのは、ウクライナがＮＡＴＯ加盟を断念し、「中立化」するかわりに、「安全の保証（security guarantee）」を実現する枠組みを検討するというものだった。しかし、ＮＡＴＯに加盟せずに信頼に足る安全の保証を確保するのは、現実には極めて困難だった。安全の保証の信頼性を引き上げようとすれば、それは安全保障条約、つまり同盟に行き着くのであり、中立化とは相いれなくなる。

このジレンマを乗り越えるのも難しかったが、同時に、実際の停戦協議は、四月に首都キーウ近郊部ブチャなどでの大量殺戮が明らかになるなかで大きく減速し、安全の保証についても、それ以降はしばらくは中心的議題ではなくなった。

それでも、ウクライナが戦争後の将来を展望するにあたって、この問題は避けて通れない。そこで注目されるのが、二〇二二年九月一三日に発表された、「ウクライナに対する国際的な安全の保証に関する作業部会（Working Group on International Security Guarantee for Ukraine）」の報告書・提言である。同作業部会は二〇二二年五月下旬に設置されていた。[15] この報告書自体は、ウクライナ政府による公式の提案ではないが、ウクライナが何を求めているのかを理解し、将来の安全の保証を考えるうえで重要な基礎となるものだ。今後、この報告書が直接言及されなくなっても、ここで提起されていること自体は課題であり続ける。そこで以下では、まず同報告書・提言の中身を検討したうえで、これが有する意味、課題について分析していきたい。

結論を先取りすればこの提案は中立化を放棄し、事実上、対露同盟の結成を呼びかけるものである。その意味で従来の中立化議論からは大きく逸れるが、そこにウクライナの強い意志が示されている。

ＥＵ・ＮＡＴＯ加盟までの「過渡期」としての「キーウ安全保障協約」

「キーウ安全保障協約（Kyiv Security Compact）」[16]と題された報告書・提言は、ラスムセン（Anders Fogh Rasmussen）前NATO事務総長（元デンマーク首相）とイェルマーク（Andriy Yermak）ウクライナ大統領府長官が共同執筆者になっている。[17]作業部会自体は国際的な諮問会議のような位置づけだったものの、現職のウクライナ大統領府長官が共著者に入り、ゼレンスキー大統領に提出されるとともに、大統領府のウェブサイトに全文が掲載されている。このことから、ウクライナ政府による正式な提案ではなくても、ウクライナ政府の意向が色濃く反映された内容であることは疑い得ない。

背景として指摘できるのは、一九九四年にウクライナが領内に残された旧ソ連の核兵器を撤去するにあたって、ウクライナとロシア、米国、英国との間で結ばれた「ブダペスト覚書」による安全の提供（security assurance）がまったく役に立たなかったとの認識である。同じ失敗を繰り返さないという強い決意が存在する。[18]同覚書を正面から破ったのはロシアだが、ウクライナにとっては安全の提供が機能しなかったわけであり、それは米英に「裏切られた」経験だ。それゆえ、今度こそは信頼に足る保証が必要だというのである。

具体的な部分では第一に、ウクライナが自衛する能力の構築が強調されている。それには「数十年にわたる」武器やインテリジェンス、NATOやEUの旗の下での訓練への支援が不可欠だとされた。

その上で第二に「保証国（guarantors）」による「安全の保証」が求められている。これを提供するのが「中核の同盟グループ（core group of allied countries）」であり、それに含まれる可能性のある国として、米国、英国、カナダ、ポーランド、イタリア、ドイツ、フランス、豪州、トルコ、北欧、バルト三国、中東欧諸国が挙げられた（文書言及順）。安全の保証は、「戦略的パートナーシップ文書」であるキーウ安全保障協約で明文化されるものの、一部諸国はそれに加えて、法的、政治的にウクライナに対するコミットメントをおこなう二国間協定を締結することが想定されている。

その外周に、「国際的パートナーのより広いグループ（broader group of international partners）」として、日本と韓国が言及されている。後者のグループに期待されているのは主に経済制裁である。

ここで注目されるのは、安全の保証は、EUおよびNATOに加盟するまでの「過渡期」において必要だという位置づけになっている点である。そのため、そうした安全の保証は、中立などの特定の地位との交換で提供されるべきではないと明言している。長期的な目標、そしてウクライナの安全を最終的に保証するのはEUとNATOへの加盟なのである。

それまでの間の安全の保証を実現するための「拡大保証コミットメント（extended guarantee commitments）」には外交、経済、軍事的手段を含み、ウクライナが「侵略を食い止め、主権を回復し、敵を抑止し脅威に対して防衛するための能力を確保することを可能にする」とされた。これが適用されるのは、国際的に認められたウクライナの国境の内側すべてとされた。明記はされていないが、この場合、二〇一四年にロシアが一方的に併合したクリミアや、占領下におかれてきた東部ドンバスも含まれるはずだ。

実際の「武力攻撃ないし侵略行為」にあたっては、ウクライナが「拡大保証コミットメント」

の要請をおこない、保証国は迅速（二四時間以内）に協議し、有志連合に基づき保証を具体化するための措置を決定する（七二時間以内）。同時に、ウクライナと保証国の間では、状況を監視する恒久的な仕組みを構築する。

ただし、保証国がウクライナに部隊を送ってウクライナの防衛を支援するとは明言されていない。偶然の欠落ではないだろう。これは、今回の提案の第一の柱がウクライナの自衛力強化であることとも符合する。相互援助よりもまずは自衛が前面に出ている。その観点では、現実的な線を追求したと評価できる。

対露同盟への道？――停戦合意という前提を明示しないことの含意

以上が今回示されたキーウ安全保障協約の具体的な中身であり、これはほとんど、ロシアの脅威からウクライナを防衛するための安全保障条約であり、同盟だといえる。保証国とは同盟国である。報告書にも、国連憲章第五一条に基づく個別的・集団的自衛権への言及があり、これが国家固有の権利として援用される想定だ。

繰り返しになるが、これは、いわゆる中立案を完全否定するものであり、二〇二二年三月の停戦協議における前提からの逸脱である。当時はゼレンスキー大統領も、安全の保証と中立はセットで実行可能だという考えを示していた[19]。さらに、詳細は不明だったものの、ロシアや中国も、ウクライナの安全の保証に関与することが想定されていた[20]。当時は、ロシアを含めた停戦合意が実現するという前提のもとに、ロシアの要求も受け入れるなかで妥協点が模索されていた。それに対し今回の案は、ロシアとの合意を前提にしているわけではない。

それどころか、停戦が前提であるかも、おそらく意図的に不明確にされている。つまり、ロシアを含む停戦合意が正式には成立しない可能性も視野に入っている。それでも、ロシアによるさらなる侵略からウクライナを守るという課題は存在し続け、それに対処する必要があるということである。

今日の戦闘が続いたままの状況で、新たな安全の保証のメカニズムに移行することは、現実には想像しにくいが、ロシアとの停戦合意を明示的な前提としていない点は注目される。戦闘が事実上終了、ないし停止するようなシナリオは十分に考えられる。なお、今回の報告書・提案が、ウクライナ軍による東部ハルキウ州での大規模な反転攻勢の成功直後に発表されたのは、おそらく偶然である。反攻がまったく進まない状況下では発表が延期された可能性が低くないが、反攻の成功を受けて作られたものではない。実際、八月前半の段階から、近日中に公表されるといわれていた。[21]

米国、NATO諸国はどこまでコミット可能か

そこで問われるのは、米国や英国、その他NATO諸国は、どこまでこうした枠組みに加わる用意ができているかである。しかも、ロシアが仮想敵どころか明白で直接な脅威であるという状況下でのウクライナへのコミットメントである。保証国側の負担は極めて大きい。[22]

今回の報告書の文脈以外でも、ウクライナは、特に米国と英国との間では、安全の保証に関す

る議論をすでにおこなってきている。[23] 米国との間では外務・防衛の閣僚級協議（2＋2）もおこなわれている。そうしたなかで、具体的な議論も一部で進んでいると考えられるものの、ウクライナに対する防衛義務をともなう安全保障条約を締結することのハードルは、やはり極めて高いと考える必要がある。

ＮＡＴＯの基本条約である北大西洋条約や日米安全保障条約の交渉過程を振り返っても明らかなように、米国は、軍事的手段を含む相互支援の約束には常に慎重であり、特に軍事支援が自動的になされないような歯止めに関しては一貫して厳格だった。同盟国とはいえ他国の戦争に巻き込まれることへの警戒があるのは当然だろう。また、ＮＡＴＯ創設の際には、米国が西欧の防衛を肩代わりするのではなく、あくまでも西欧諸国の「自助努力」を助けるという立て付けが考案された。一九四八年六月の有名なヴァンデンバーグ決議に沿った考え方だった。[24]

また、ＮＡＴＯ拡大（新たな諸国のＮＡＴＯへの加入）は、米国および他のＮＡＴＯ諸国による新規加入国への防衛義務の拡大を意味する。したがってＮＡＴＯには大きな負担である。それゆえ、一九九九年の中東欧への最初の拡大（東方拡大）を前に米国では、防衛義務負担の増大を懸念する拡大慎重論が国防総省を中心に根強かったという経緯もある。

二〇〇八年四月のブカレストＮＡＴＯ首脳会合が、ウクライナとジョージアは将来ＮＡＴＯ加盟国になると宣言した後も、結局、両国のＮＡＴＯ加盟プロセスはまったく前進しなかった。そして、今回もロシア軍がウクライナ国境地帯に集結していた二〇二一年一二月の段階で、米軍部隊の投入を早々と明確に否定したのが、前述のとおりバイデン政権だった。

つまり、これまでウクライナの安全保障へのコミットメントを避けてきたのが米国であり、それは英国を含む他のＮＡＴＯ諸国も同様である。コミットする用意があるのであれば、すでにウクライナがＮＡＴＯ加盟国になっていたとしてもおかしくないし、そうであったら、今回の侵攻は防げたとも考えられる。

ロシアによるウクライナ侵攻を受け、いわば高い授業料を払った結果として、米国をはじめとするＮＡＴＯ諸国はウクライナの安全の保証にコミットすることになるのか、それとも従来からの構図は変わらず、そこに至らない段階で躊躇を続けるのか。結末はまだ分からない。それでも認識すべきは、武器の供与と安全の保証との間には、容易には乗り越えられないギャップが存在し、また、安全の保証が実現しない限り、この戦争が真の意味で終結することはないし、ウクライナの平和もやって来ないという現実である。

【初出】「ウクライナの『安全の保証』――『キーウ安全保障協約』は対露同盟に向かうのか」『フォーサイト』（二〇二二年九月二二日）

「住民投票」なるもので消えた和平合意の可能性

ロシアによるウクライナの東部・南部四州における「住民投票と称する行為」と「併合なるもの」は、この戦争のゆくえに大きな影を落とすことになる。端的にいえば、ロシアとウクライナの和平合意に基づく戦争の終結が絶望的になった。何が交渉可能で何が交渉不能なのか。

ロシアのプーチン大統領は二〇二二年九月三〇日、ウクライナの東部・南部の四州（ルハンシク、ドネツク、ザポリージャ、ヘルソン）をロシア連邦に併合すると一方的に発表した。それに先立ち、それらの州で実施されていたのが、「住民投票と称する行為」である。

ロシア政府は、住民自らがロシアの一部になることを望んでいるとして、一方的併合に突き進んだ。それが、ほとんど茶番とでもいうべきいい加減なものだったことは明らかで、このような一方的かつ違法な「併合」は、当然のことながら、国際社会で認められるものではない。

それは、今回の戦争にどのような影響を及ぼすのだろうか。これを明らかにするために、「住民投票」なるものの背景と正体を振り返りつつ、ロシアによる一方的かつ違法な「併合」なるものが今回の戦争の今後に及ぼす影響を考えたい。

結論を先取りすれば、今回の「併合」なるものの最も深刻な影響は、ロシア・ウクライナ戦争の正式な和平合意が成立する可能性がほとんどなくなったことだといえる。

実施自体に正当性がない「住民投票と称する行為」

まずは呼称である。日本政府は「住民投票と称する行為」と呼んでいる。[25]「と称する」として、住民投票ではないことを明確にし、さらに、「行為」と呼んで、突き放している。二重に疑義が呈されている格好だ。G7では、「偽りの『住民投票』(sham "referenda")」という言葉が使われた。[26]日本の報道機関はさまざまだったが、NHKによる「『住民投票』だとする活動」との用語には、表現方法を真剣に考えた形跡がある。[27]

どのように呼ぶかが重要なのである。これを単に住民投票と呼んでしまっては、「住民の意思であればしょうがない」という理解になりかねない。たとえそうした意図がなくても、この行為が正当化されてしまう危険がある。

実際におこなわれたものは、投票所においても、また個人宅を訪問する巡回投票においても、秘密投票がまったく確保されていないどころか、銃を持った関係者が睨みをきかせているありさまの「行為」ないし「活動」だった。有権者名簿もなかったといわれる。ただし、投票の問題点を指摘することはいくらでも可能だが、それは本質論ではない。表面的な手続きがいくら揃っていても、実施自体に正当性がない事実は変わらないからである。

今回の住民投票なるものは、ロシアがウクライナを侵略し、その占領地をロシアに強制的に併合するための方便として使われたものであり、どのような手続きを経たとしても、一方的に実施されてはならず、微塵の正当性もない。これが認められれば、国際秩序はいっきに流動化する。しかも、自らが占領・支配をおこなっていない地域を含めた「住民投票と称する行為」である。

真面目に取り合ってはならない代物だったという他ないのである（そのため、ここではロシア側の発表した賛成票の比率などの数字には触れない）。

「併合と称する行為」は「無視する」のが正解

そのうえでおこなわれた「併合と称する行為」に対して、G7は外相声明を発出し、「決して認めない」とした。[28] 当然である。ただ、「認めない」とは何を意味するのか。これが重要である。東部・南部四州がウクライナ領土であるとの国際法上の地位が変更されないのは当然である。「クリミアはウクライナだ」とウクライナ政府のみならずG7が主張し続けていることと同様だ。

しかし今回、「認めない」と強調することの含意は、さらに大きい。それは、今回の「併合」なるものを受けても、ウクライナによる奪還作戦（反転攻勢）に変化はないし、国際社会も変化を求めない、ということだ。

ストルテンベルグNATO事務総長は、「併合」なるものが宣言された九月三〇日のプーチン演説を受けた記者会見で、今回の行為によっても、「この戦争の性質は変わらない。これはウクライナに対するロシアの侵略戦争であり続けている」[29]と明言した。間違っても、「ロシアの祖国防衛戦争」には変質しないということである。

この点は極めて重要だ。「四州が『ロシア領』になってしまった以上、そこを攻撃すれば、ロシアはより破壊的手段で強く反応する可能性」があるという指摘は、米欧などでもよく聞かれる。実際、NATO事務総長会見でも、四問の質問のうち、実に三問がそうした前提での質問だった。

注意を要するのは、たとえ明示的でなかったとしても、こうした指摘の後に続くのは、「だからウクライナは攻撃を控えるべきである」、あるいは少なくとも「慎重になるべきだ」という議論だからである。こうした国際世論の広がりこそ、ロシアが狙っているものである。

それを避けるためには、「併合」なるものの前と後で、何かが変わったかのように振る舞わないことが重要になる。「認めない」とは「無視する」ことである。ウクライナや、同国に武器を供与するNATO諸国が、行動を変えるとすれば、それは、「認めない」といくら口でいっていても、実際には「認めた」ことになってしまう。ただし、少なくとも、ロシアによる「併合」なるもの以降の情勢をみる限り、ウクライナの動きにまったく変化はなく、米国などは新たな武器供与を立て続けに発表している。

ロシアは四州の「併合」で泥沼へ

それでも、「併合」なるものによって、この戦争に関して重要な変化が起きつつあることは否定できない。それは、今回の行為によって、ロシア政府（プーチン政権）とウクライナ政府（ゼレンスキー政権）の間で正式な和平合意が達成されるかたちで戦争が終結する可能性がほとんど想像し得ないものになったことである。

国際社会からみればいかに茶番だったとしても、ウクライナ四州の「併合」なるものは、ロシア国内では正式な手続きを経て承認され、それら地域は憲法上、ロシア連邦の一部という話になった。さらにロシアは二〇二〇年に憲法を改正し、領土の割譲を禁止している。そうである以上、

「併合」なるものの決定を覆すことは、ロシアにおいては難易度が極めて高い。

実際、「併合」なるものを発表した九月三〇日の演説でプーチン大統領は、ウクライナに対して交渉のテーブルにつくように求めつつ、四州については交渉の対象にならないと強調した。[30] ロシアの論理としては当然そうなる。しかし、それでは交渉が成立しない。四州のロシア帰属を承認する和平協定にウクライナが合意することは、全面降伏という状況にならない限り考えられないからである。

当然それはロシア側も分かっているはずである。そうだとすれば、この呼びかけは、実際に交渉を求めるものというよりは、ウクライナ側が拒否することを計算に入れたうえで、「ロシアは交渉を呼びかけたが、ウクライナが拒否した」という宣伝をおこなうための口実だったと解釈するのが自然であろう。

それを踏まえれば、ロシアの政府系メディアが、「停戦交渉の呼びかけ」を見出しにするのは当然だった。[31] しかし、日本や欧米の一部メディアがそれを見出しで強調したことは、軽率の誹りを免れないだろう。[32]

他方で、今回の事態を受けてウクライナ側は、プーチン政権とは交渉しない方針を決定した。四州の一方的併合を宣言するような国とは、まともな交渉は成立しようがないという判断である。とはいえ、三月末以降は実質的に停戦協議がおこなわれていなかったとみられるため、今回の決定の実質的効果は限定的である。それでも、自国領土の「併合」を強行するロシアに対して、何らかの姿勢を示す必要があったのだろう。ゼレンスキー大統領は、ロシアの「別の大統領」とは対話の準備があると述べている。[33]

ロシアにとっては、自国軍によって占領・支配できていない場所を含めて領土であると主張してしまったわけであり、国際社会に対しても国内的にも、後には退けない状況になった。退路を断ったということだが、占領地域拡大の見通しは明るくなく、実態は泥沼であろう。そうしたなかで唯一、今後の交渉の余地を示している要素があるとすれば、それは、今回併合したと主張する土地の範囲の一部についてロシア側が明確化するのを避けている点である。

ルハンシク州とドネツク州については、ロシアが二〇二二年二月にそれぞれ「人民共和国」として承認したときから、それらの領域は州全体とされていたが、ザポリージャ州とヘルソン州について、ロシア大統領府のペスコフ(Dmitry Peskov)報道官は、「地元住民と協議」して決定すると発言している。[34] 意図的に曖昧にされている可能性がある。両州全域の占領を断念した場合の逃げ道を用意したのかもしれない。

「凍結された紛争」になることのリスク

ウクライナとロシアとの間の停戦交渉・和平交渉が成立しないとすれば、この戦争は、正式に終結することも難しくなる。その場合に考えられる最も有力なシナリオは、「凍結された紛争(frozen conflict)」になることだ。双方が疲弊することや力の均衡が成立することで、戦闘自体はどこかの時点で収束するのだろう。ただしそれは、正式な和平合意に基づくものではなく、いつでも再び不安定化し、戦闘が再開される可能性をはらんだ、戦闘レベルが一時的に低下した状態にすぎない。

「併合」なるものを強行してしまった以上、ロシアにとって「凍結された紛争」化では、当初の作戦の目標が達成されたとは主張しにくいだろう。それでも、「凍結された紛争」化によって、ウクライナの戦後復興が妨げられ、EUとNATOへの加盟も困難になるのだとすれば、ロシアにとっては必ずしも悪い結果ではない。

それは当然のことながら、ウクライナにとっては避けるべきことである。それを回避するための唯一の方法は、力によってロシア軍をウクライナ領内から追い出すことである。この点に関するウクライナ政府の意思は明確だといえる。

ロシア側は、「ロシア領」への攻撃には「すべての手段」で対応するとして、核兵器の使用までほのめかしているが、ウクライナにとっては、「凍結された紛争」化を避けるためにも、占領地を早期に奪還する必要性がさらに上昇したのである。ただし、すべての占領地を奪還することは容易ではない。こうして、この戦争は新たな段階に入ったようにみえる。

【初出】「ロシア・ウクライナ戦争――『住民投票』なるもので消えた和平合意の可能性」『フォーサイト』(二〇二二年一〇月一一日)

ロシアの核兵器使用をいかに抑止するか

今回の戦争が近年の他の地域紛争と異なる点があるとすれば、その一つは核兵器が使われる可能性があることだ。その懸念は当初から存在するし、その度合いは移り変わってきた。ただ、最終的に核兵器が使われるか否かを決するのは抑止であり、それは米国を中心とするNATOの役割である。核兵器の問題は、ウクライナの手中にはない。それゆえ、抑止論からアプローチする必要がある。

ロシアが核兵器を使うのではないかとの懸念が注目を集めている。ロシア軍がウクライナで劣勢になるなか、形勢逆転、あるいは自国に有利な条件をウクライナに押し付けることを狙って核兵器の使用に踏み切るのではないかというのである。

二〇二二年九月を境にこの問題が一気に注目されるとともに、危機を煽るような言説も増えた。そこで以下では、米国およびNATOとロシアとの間の核抑止という観点から、どのようなときに核兵器が使われてしまうのか、いかなる使用が考えられるのか、そしてそれを避けるためには何が必要なのかなどを、順に検討していきたい。

端的にいえば、核兵器が使われるのは抑止が崩れたときである。そうならないようにするのが核抑止だ。核抑止の基本は報復の警告であり、この信憑性がすべての鍵を握る。それゆえ、これはウクライナの問題を超え、米国とNATOの課題になる。

なお、ここで抑止を軸にした議論をするにあたっては、米国とNATOに加えてロシアも合理的なアクターだという前提が存在する。これを全面的に否定した場合、抑止は成立しない可能性がある。以前から存在する抑止論の構造的な弱点だ。[35] しかし、少なくとも核兵器に関して現在のロシアが理性の通じない存在になった証拠はない。これまでの米国やＮＡＴＯによる対露抑止は効いてきたと仮定して、以下の議論を進めることにしよう。

「ウクライナの問題」ではない理由

核兵器が使われるのは抑止が崩れたとき、という説明が意味するのは、核兵器使用の有無を決するのはロシア軍とウクライナ軍との間の局地的な戦況の推移ではなく、米国・ＮＡＴＯとロシアとの間の核抑止の成否だということだ。

ロシアは「核兵器を使った場合に期待できる利益」と「核兵器を使った場合に想定される損失」を天秤にかけ、前者が後者を上回れば、核兵器を使用する可能性が生じるということだ。ＮＡＴＯは、後者が前者よりも大きい状況を維持しようとしている。これが抑止である。

語弊を恐れずにいえば、それはウクライナがコントロールできる問題ではない。ウクライナが特定の目標を攻撃するか否か、特定の攻撃手段をとるか否かで、ロシアの核使用が決まるわけではないのである。もちろん、ウクライナが一切の攻撃を止めるようなことがあれば、ロシアによる核兵器使用の可能性を下げることはできるだろう。その意味で、ウクライナも影響力を有している。しかし、それはロシアによる核兵器使用の威嚇に完全に屈服した姿である。

別のいい方をすれば、ロシアによる核兵器使用をこれまで阻止しているのは、ウクライナ軍によるロシア占領地域への攻撃の手加減ではなく、核兵器を使えば「破滅的な結果」を招くとする、米国およびＮＡＴＯによるロシアに対する警告である。つまり、米国とＮＡＴＯがロシアに対して抑止を効かせてきたのである。それが続く限りロシアは核兵器を使えないが、それが崩れれば核兵器を使用する条件が整うことになる。

報復の警告によって相手による攻撃を思い止まらせることを、「懲罰的抑止（deterrence by punishment）」という。これをはたらかせるためには、報復手段の保有が必要であり、通常であれば核に対する抑止には核兵器が必要とされる。米国のように、通常兵器による攻撃手段が多数用意されている場合には、通常兵器も懲罰的抑止の手段になることがある。ウクライナはすでに全力でロシアと戦っており、核兵器使用を受けても、ロシアに対する軍事的報復を拡大できる余地はほとんどない。そのため、懲罰的抑止の担い手にはなり得ない。

他方、核兵器を使用したとしても目的は達成できないと警告するのが「拒否的抑止（deterrence by denial）」である。最もわかりやすい例はミサイル防衛である。発射したミサイルがすべて迎撃されてしまうのであれば、発射する意味がなくなる。それによって攻撃を思い止まるのであれば、拒否的抑止が機能したことになる。

実際は、懲罰的抑止と拒否的抑止が組み合わさって、抑止として機能することが期待される。ＮＡＴＯも日米同盟もそうである。しかし、ウクライナはどちらの抑止も不可能である。そのため、ロシアの核兵器使用の抑止は、米国とＮＡＴＯの役割ということになる。

ＮＡＴＯ加盟国でなく、防衛義務が生じないウクライナに対して、米国やＮＡＴＯが核抑止を事実上提供しているような格好になっている背景には三つの事情がある。第一に、すでに武器供与や情報提供によって関与を深めているウクライナに対して、ロシアの核兵器使用のみは関知しないという現実的選択肢はない。第二に、ウクライナという非核兵器保有国が核兵器保有国に核兵器で脅かされていることは、核兵器の不拡散体制を含む国際秩序の維持という観点でも放置できない。第三に、ウクライナで核兵器が使用された場合には、放射能の影響が隣接するＮＡＴＯ諸国に及ぶ可能性があり、その場合には、影響を受けた国への武力攻撃が認定され、北大西洋条約第五条の集団防衛が発動される可能性が指摘されている。そのために、これは米国の問題であり、ＮＡＴＯの問題になっている。

ロシアによる核兵器の使い方

それでは、ロシアはどのような状況で核兵器を使う可能性があるのだろうか。核兵器使用の引き金として指摘されているのは、ロシアが「併合」したと主張するウクライナの東部・南部四州の存在である。

四州の一方的な「併合」なるものをおこなった結果、それら地域が「ロシア領」だとすれば、領土を守るために核兵器を含めたすべての手段が使われる可能性があるというのである。動員を発表した二〇二二年九月二一日の演説でプーチン大統領自身がそれを再度強調し、「それはハッタリではない」[36]と述べた。米国もバイデン大統領が、「彼（プーチン）は冗談をいっているのではない」[37]として、核兵器使用の懸念を深刻に受け止める姿勢を示している。

核兵器を保有している国が自国領土を防衛するために必要な場合に、核兵器を使用するのはある意味当然である。自国が攻められているにもかかわらず、持っているものを最終手段としても使わないとしたら、保有している意味がなくなる。ただし、今回の四州については、ロシアが自国領土だと一方的に主張しているに過ぎず、米欧日をはじめとして国際的に認められたものではない。さらに、四州すべてを占領・支配しているわけでもない。

核兵器の使用は、軍事的目的の達成と政治的・心理的目的の達成に大別可能である。前者は戦況を好転させる、あるいはより現実的には劣勢を挽回するためのものといえる。例えば冷戦期のNATOは、通常兵器においてソ連側に対して劣位にあると考えたため、ソ連が地上侵攻してきた際には、核地雷などを含む小型のいわゆる戦術核・非戦略核を用いて、ソ連の進攻を止める計画を立てていた。これは典型的な軍事目的の使用であり、先述の「拒否的抑止」に通じる。

ロシアの場合、仮に本土（国際的に認められた領域内）に攻め込まれた場合には、そうした状況が生じる。劣勢を挽回するための核使用である。しかし、ウクライナがロシアに対して地上侵攻をおこなう可能性は限りなくゼロに近い。

それに対して、政治的・心理的目的の場合、ウクライナによる抵抗継続の意思とNATO諸国のウクライナ支援継続の意思を挫くことが目指される。これらが実現すれば、戦況が好転するのみならず、ロシアにとって有利な条件で戦争を終結に導ける可能性も開けてくる。ロシアが公式に発表したことはなく、専門家の間でも論争が続いているが、これは「エスカレーション抑止（escalate to deescalate）」と呼ばれるものである。[38] 地域紛争においても核兵器を使用することで、敵の継戦意思を挫くということであり、その背後には、核兵器を使えば、敵は怖気付くはずだという想定が存在する。

しかし、核兵器による攻撃を受けてもウクライナの継戦意思が弱まらないとすれば、ウクライナを屈服させるというロシアの目的達成は妨げられるため、これは拒否的抑止として捉えることも可能だ。ただし、それが効果を発揮するためには、ロシアがそのように認識する必要がある。「ウクライナは屈服するだろう」と思われてしまっては、拒否的抑止にならない。「迎撃ミサイルはどうせ当たらないだろう」と認識されてしまう場合と同じ構図だ。

そのうえで、ロシアによる核兵器の実際の使い方については、専門家の間でも見解が分かれている。軍事目的を考えるのであれば、ウクライナ軍部隊への攻撃が考えられるものの、地上部隊を核兵器で壊滅させるのは容易ではない。三〇〇〇名から五〇〇〇名という旅団（brigade）規模の部隊を無力化するには、小型の核兵器であれば四発必要だという試算もある。[39] さらに、自軍や自国領土だと主張する地域への放射能の影響も考慮する必要がある。

他方で、政治的・心理的目的を重視するのであれば、海上やほぼ無人の場所で核弾頭を爆発させるといった示威行為（シグナリング）に限定するという選択肢も考えられる。[40] これを「実験」と主張する可能性もあるだろう。あるいは、逆のケースとして、ウクライナに最大限の衝撃を与えることを目的に大都市を大型の核兵器（戦略核）で狙う可能性も排除できない。

米国が天秤にかける二つのリスク

ロシアによる核兵器使用への対応として米国政府は、サリヴァン（Jake Sullivan）国家安全保障問題担当大統領補佐官やブリンケン国務長官らが、「破滅的な結果」を招くと警告している。[41]政府間チャネルで数カ月間にわたって伝えてきたと、九月末になって公言するようになった。ロシアが国内での動員と、ウクライナの東部・南部四州の一方的な「併合」を進め、核兵器に関する威嚇をおこなうなかで、米国の懸念が高まったのだろう。米国が対露抑止という役割をしっかり果たしてきたことをアピールする狙いもあったはずだ。[42]

ただし、ロシアに「破滅的な結果」をもたらす決定を下すことは、米国にとっても容易ではない。というのも、バイデン政権は二つのリスクを天秤にかけなければならないからである。それは、「強い対応をすることによって、ロシアからのさらなる報復を招くリスク」と、「弱い対応をすることによって、核の脅しに弱い米国という評価が生じ、米国や同盟国への将来の脅威が拡大するリスク」である。

強い対応によるリスクには、米露（NATO・ロシア）の直接戦争へのエスカレーション、核兵器発射の応酬といった悲劇的事態が含まれる。[43]「ニューヨークを犠牲にしてパリを守るのか」という、冷戦期から繰り返されてきた論争の繰り返しである。これは、ソ連によるパリへの攻撃に対して米国がソ連に核で報復すれば、次はニューヨークが攻撃されかねず、そのリスクを覚悟して米国は本当に報復できるのだろうかという疑問の提起だった。

弱い対応をしたときのリスクも深刻である。弱い対応しかしないのは、ウクライナが同盟国ではなく、米国にとっての重要性が低いからなのか。そうだとすれば、NATOや日本といった条約上の同盟国への対応は異なると考えることが可能だ。

他方で、核兵器保有国に対しては断固とした姿勢がとれないのだとすれば、NATO諸国で不安が高まることに加え、中国への対応は可能なのかという懸念を惹起しかねず、同盟国の側の不安は広がってしまう。米国への信頼性の低下は、米国自身にとっても懸念すべきものになる。

しかも、この二つのリスクは、どちらかをとってしまえば、問題が解決するという性質のものでもない。強い対応をする場合でも、例えば、ウクライナへの関与が大きくなってしまえば、中国への対応が手薄になる懸念が生じる。また、エスカレーションのリスク回避を目的に弱い対応にとどめた場合でも、それで事態が沈静化するとは限らない。対応が弱ければ、ロシアがさらに核兵器を使用する可能性も否定できないからである。

こうしたリスクは、ゼロにすることはいずれにしても無理である。そうである以上、リスクが許容範囲以上に大きくなることをいかに管理するのかが問われることになる。ゼロリスクではなく、リスク管理の発想だ。

米国・NATOの「警告の信憑性」を確保できるか

では、米国はどのような対応をすることが考えられるのか。バイデン大統領は「彼らがおこうことの度合いによって我々の対応が決まる」[44]と述べている。大規模な核攻撃で多くの民間人が犠牲になるような場合と、示威的な爆発にとどまり、犠牲者がほぼ出ないような場合で、実際の対応が異なるのは当然だろう。

ロシア側の核兵器使用による犠牲が大きければ米国やNATOの対応も大規模になり、犠牲が小さければ対応も小規模になるということが示唆されていると考えるのが自然だ。その場合に困難なのは、犠牲がほとんど出ないような核使用であり、ロシアが使用を発表すらしないようなケースかもしれない。前述のように「実験」だと主張するような可能性も含まれる。その場合に、どこまでのリスクを負って米国やNATOは介入することになるのか。

逆に、戦略核の使用など、犠牲が大規模になる場合には、米国やNATOによる対応も大規模になるとすれば、それに対するロシアのさらなる報復のリスクも上昇すると考えるのが自然である。その場合は、米国やNATOにとって断固とした対応をとるハードルも上昇する点には注意が必要だ。

もっとも、「核兵器が使われた」という観点では、小規模であっても大規模であっても、本質は変わらないはずである。使われるか否かが境界線になる。たとえ小規模な核使用だったとしても断固とした対応をとるべきだという主張の背景には、一線を越えた以上は、厳しい対応をとる必要があるとの強い信念が存在する。核兵器使用に対して核兵器で報復しなければ「非道徳的(immoral)」だという議論も、米国には存在する。

しかし、おそらくそれは原則論なのだろう。ロシアが核兵器を使用する現実の可能性が認識されるなかで、米国から聞こえてくる声には変化がみられる。ロシアの核兵器使用への対応として、核兵器による報復が否定されることが増えたのである。とはいえ、ロシアによる核兵器使用への米国の対応オプションから、どれだけ蓋然性や優先順位が低くても、核兵器の使用が予め除外されているわけではないだろう。

米国の選択肢として通常兵器の使用を強調する声に対して、そうした対応は「非道徳的」なのではなかったかという批判も可能である。核兵器による報復の選択肢を早々に否定してしまっては、抑止の観点でもマイナスだというのである。抑止論としてはそのとおりだ。

ただし、米露間での核の応酬というエスカレーションを防ぐ必要性は厳然として存在するし、米国は、核兵器に頼らずとも、通常兵器でかなりの攻撃をおこなうことができる。現実問題として、核兵器による報復の準備、そしてそれを支持する政府内外の基盤がないとすれば、核による報復という警告の信憑性を確保することは難しくなる。そうすれば、ロシアに対する米国による抑止メッセージの根幹が揺らいでしまう。

これは、二〇二一年一二月に、バイデン大統領が早々に米軍がウクライナでロシアと戦うことを明確に否定したことの是非をめぐる論争と構図が似ている。「(米軍派兵を含む)すべての選択肢がテーブルのうえにある」と口でいえばロシアは抑止されたのか。実際におこなう意思のないものに言及しても、それはロシアに見破られ、抑止力にはならないとの見方も成立する。核抑止に関しても、米国による警告の信憑性を確保することが何より重要である。

すでに踏み込んだ警告がはじまっている

米国政府がロシア政府に対して、どこまで具体的な警告をおこなっているかは不明だが、かなり具体的に踏み込んでいたようである。[45] 最も可能性が高いのが通常兵器による報復だとして、まず想定されるのはウクライナ領内のロシア軍への徹底的な攻撃であり、これにはクリミアを拠点とする黒海艦隊も含まれるといわれる。[46] 第一段階としてはロシア領（国際的に認められたロシアの国境内）への攻撃は含まれないだろう。この点は、バイデン大統領が以前から強調しているように、体制転換を目指すわけではないという説明――ロシアに対する安心付与――と符合する。[47]

軍事作戦には、米国に加え、英国など一部のＮＡＴＯ諸国も参加することが想定されているようだ。米軍の航空機や艦艇は欧州、およびその周辺地域にすでに多数が展開しており、大統領の命令があれば軍事作戦を実施する準備は整っているはずだ。それについてもロシア側に伝えているると考えるのが自然である。

ただし、抑止の成否を決するのは軍事能力とともに、あるいはそれ以上に政治面での認識や計算である。米国とＮＡＴＯによるロシアに対する警告の信憑性に影響を及ぼす要素の一つは、戦争のエスカレーションに対するＮＡＴＯ諸国の側での懸念と、それに基づく、強い対応への反対論・消極論だ。これが強まれば強まるほど、ロシアにとっては、核兵器を使用した際の報復リスクが、少なくとも政治的な計算としては低下することになる。

そうなれば、「核兵器を使えば戦争を有利に進められる、ないし勝利できる」という計算が成立してしまう。核兵器使用で期待されるロシアにとっての利益が、リスクやコストを上回るということだ。これを徹底的に避けるのが米国とＮＡＴＯによる抑止であり、真価が問われている。

【初出】「ロシアの核兵器使用をいかに抑止するか――問われる米国とＮＡＴＯの真価」『フォーサイト』（二〇二二年一〇月一三日）

一般のロシア国民に「戦争の責任」はあるのか

今回の戦争は「プーチンの戦争」と呼ばれることが多いが、それは何を意味しているのか。一般のロシア人に対してEUがビザの制限を導入し、さらに動員逃れのロシア人への対応が問題になるなかで、一般国民に戦争の責任があるのかについて、あらためて整理する必要が生じることになった。

ロシアによるウクライナ侵攻は、「プーチンの戦争」と呼ばれることが多い。侵攻を決定したのがプーチン大統領であることは明確だ。その背後には、もし大統領がプーチンでなければ、このような形での侵攻はおこなわれなかったはずだという理解も存在する。いずれにしても、悪いのは大統領、そしてそうした大統領が率いるロシア政府であって、一般のロシア国民ではないというのである。こうした言説は、戦争においてはよく使われる。「あなた方市民は敵ではない」として、人心の掌握を目指すのである。一般国民は被害者だという考え方にもつながる。

今回、ロシアに対する米欧日などによる制裁も、基本的にこうした理解に沿っておこなわれてきた。しかし、ここにきて一般のロシア国民をどのように扱うべきかという議論を避けてとおれなくなってきた。最大のきっかけは、二〇二二年九月二一日にロシアで発表された三〇万人規模の動員である。これによって、一般のロシア人にとって、ウクライナでの戦争が急に自分の問題になり、動員の対象になることを恐れる成人男性の大規模な国外脱出がはじまった。そうした「動員逃れ」のロシア人をどのように扱うかという問題が発生したのである。

ただし、ロシア人の旅行者をどのように扱うかという問題は、その少し前の八月上旬から中旬にかけてすでにＥＵ内で論争になっていた。結果としてＥＵは、ロシア人に対するビザの発給制限を決定した。その後、動員を逃れようとするロシア人が加わり、一般のロシア国民に戦争の責任はあるのかという、より大きな問題が提起されることになったのである。それは、この戦争が「プーチンの戦争」なのか「ロシアの戦争」なのかという問いでもある。

「プーチンの戦争」か「ロシアの戦争」か

今回の戦争を「プーチンの戦争」と呼ぶときの含意は冒頭のとおりである。戦争の責任がプーチンにあるということは、一般国民の責任は（基本的に）問わないということにつながる。米国の国際政治学者であったウォルツ（Kenneth Waltz）は、国際政治の見方として、三つのイメージを提示した。[48] 第一イメージは、人に焦点をあてたものであり、国際政治を決するのは人だという認識である。第二イメージは焦点が国家に移る。国家が国際政治を規定するという考え方である。第三イメージは、国際システムが軸になる。国際システム、なかでも特に力の分布が国際政治を規定するという考え方である。このことは、逆にいえば、人や国家に選択の余地はないことが多いということであり、国際システム上の制約が、人や国家の選択を左右する。

「プーチンの戦争」というのであれば、基本的にそれは第一イメージに基づく理解である。それに対して、「ロシアの戦争」を前面に出すのであれば第二イメージであり、大統領が交替して別の人物になっても、ロシアはロシアだという主張につながる。ウォルツ自身は第三イメージを唱え、それは構造的リアリズムと呼ばれるようになる。この観点では、ウォルツの流れをくむミアシャイマー（John Mearsheimer）が主張するように、今回の戦争が起きたのは、米欧とロシアの狭間に位置するウクライナが本質的に緩衝国家だったにもかかわらず、そこにＮＡＴＯが拡大しようとした結果、国際システムの均衡が崩れたからだ、という説明になる。[49]この議論に従えば、戦争を終わらせるには、均衡を回復しなければならない。

ここでは、この第三イメージの議論についてはこれ以上扱わないものの、「プーチンの戦争」と「ロシアの戦争」の違いが、国際政治をいかに理解するかという本質的な相違に基づく点については確認しておく必要がある。現象面でいえば、ウクライナ侵攻におけるロシアの行為が、プーチンに特殊な性質のものなのか、第二次世界大戦などでも繰り返された「ロシア的」なものなのかが境界線になる。[50]

一般国民への制裁へ

米欧日を中心とする国際社会は、「プーチンの戦争」という前提で、対露制裁を実施してきた。侵攻開始を受けて同日（二〇二二年二月二四日）に発表されたＧ７首脳声明は「プーチン大統領は、欧州大陸に再び戦争を持ち込んだ。同大統領は、自らを歴史の誤った側に置いた」[51]としてプーチンの行動を非難した。同年一〇月一一日のＧ７首脳声明でも、「我々は、プーチン大統領とその他の責任者の責任を追及していく」[52]として、「プーチンの戦争」だという線を維持している。

実際、個人制裁の対象はプーチン大統領を筆頭とする政府関係者や政権と近い人物だった。もちろん、分野別制裁や輸出管理は個人を対象としたものではないし、金融制裁の影響は、クレジットカードが使えなくなるなど、一般国民にも広がっている。また、ロシア経済が全体として落ち込めば一般国民への影響も大きくなる。ただし、制裁の直接の標的は常に政府や（政府に近いことの多い）大企業であった。

しかしＥＵは、この方針から一歩踏み出すことになった。二〇二二年九月にロシアとの間のビザ円滑化協定を完全に停止する決定をおこなったのである。[53] これはビザの発給停止ではないが、ビザ申請にあたって、手数料が引き上げられ、発給までの審査時間が延長され、必要書類も増えることになった。手数料の引き上げだけをみれば、従来の三五ユーロが八〇ユーロになったのみであり、この状況でＥＵに旅行に出かけるロシア人がいずれにしても富裕層であることに鑑みれば、必ずしも大きな変更とはいえない。ただし、一般国民を明確に標的にした措置であり、従来の対象を絞った制裁とは基本的性格が異なる。

ＥＵによるこうした決定、さらには政権への制裁から一般国民を含む制裁への対象の変化・拡大には二つの理由が存在した。第一は、ロシアがウクライナで国土の破壊と人々の虐殺行為を続ける最中に、何事もなかったかのようにロシア人旅行者がＥＵ諸国で休暇を楽しんでいるのはおかしい、という道徳的な反発・問題意識だった。ロシア人旅行者を受け入れ続けることへの疑問が生じたのは不思議ではないだろう。

安全保障問題としてのロシア人

しかし、それだけでは単なる「ロシア嫌い（Russophobia）」になりかねない。そこで見落としてはならないのが、第二に、特にロシアと地上国境を接するEU諸国にとって、これが安全保障問題でもあった点である。EUの場合、域内国境管理撤廃の枠組みであるシェンゲンの参加国間であれば、いずれの国からビザの発給を受けても、他のシェンゲン参加国に入国できるという事情がある。しかも制裁によって、ロシアとEU諸国の間の直行の航空便はすべて停止している。そのため、多くのロシア人が、国境を接するフィンランドやバルト三国（エストニア、ラトヴィア、リトアニア）に陸路で入国し、その後、EU内の航空便を使って目的国に向かうという流れが開戦後に定着していた。

結果としてそれら諸国では、ロシア人の入国者数が急増することになった。これが安全保障上の脅威とされたのである。バルト三国とポーランドは九月七日、ロシアからの入国者がそれら諸国の安全を脅かしているとして、短期滞在ビザでの入国を原則として禁止することで合意した[54]。対象は主として旅行者であり、居住者や家族訪問、その他人道的理由のある者などは禁止措置の対象外とされた。同措置は九月一九日に予定通り導入されたが、これが九月二一日の動員発表直前になったのは偶然である。そのため、動員逃れのロシア人は、居住ビザなどを保持している一部を除き、同四カ国には入国できなかった。

フィンランドは当初、ロシア人旅行者の入国を一律に禁止するには法的根拠が不十分だとして、四カ国の合意には加わらなかった[55]。しかし、ロシアとの陸上国境を有する他国が入国を禁止したこと、および動員の開始によって、フィンランドへの入国者がさらに増加するに至り、安全保障、および国際関係への影響を理由に、九月三〇日から入国を禁止することになった[56]。なお、シェンゲンの制度上、各国が勝手に入国制限を実施するわけにはいかず、個別の制限措置を導入するには、安全保障を理由にする必要があったという背景もある。

安全保障上のリスクの具体的な全容は明らかではないものの、例えば前述四カ国による声明は、それら諸国の安全保障を損なう目的で入国する人がいることや、入国者が増加するなかで、すべての人について安全保障を脅かさないか見極めることが難しい点を指摘している。

こうした問題は、人数からも明らかであろう。例えばエストニアの人口は約一三〇万人であり、そのうち約四分の一がロシア語話者である。そうした国で、当時、一日に約五〇〇〇名ものロシア人の出入国があった。ロシアからの脱出が本格化する前で、仮に入国・出国が同数だとすれば、毎日二五〇〇名もの入国があったことになる。これを日本の人口に当てはめれば、毎日二五万人近いロシア人が入国するような状況である。数だけを考えても、安全保障上の懸念が生じることを否定するのは難しいだろう。

他方で米バイデン政権は、一般のロシア国民を対象にした広範な入国禁止措置には反対の立場だった。[57] バイデン大統領が三月にワルシャワでの演説でロシア人に呼び掛けたように、「あなた方ロシア人は我々の敵ではない」[58]からである。この問題に関する米欧間の立場の相違は、今後さらに拡大する場合には懸念すべきだが、当面は地理的条件の違いで説明できる部分も大きい。それはEU内での立場の相違にもあてはまる。国境を接する国々は、ロシア人入国者の増加という直接的影響を受けていたのに対して、ギリシャなどのように観光業の問題として、ロシア人旅行者を維持したい国もあれば、ドイツやフランスのように、人道的理由を前面に出して、ロシア人を受け入れるべきだと主張する国もあった。[59]

「集団責任」を問うのか

加えて持ち上がったのが、動員逃れのロシア人の受け入れ問題である。九月二一日に動員開始が発表された直後から、成人男性のロシア脱出が急増することになった。ただし、その段階ではすでに、前述のとおり、ＥＵ加盟国への入国は大幅に制限されていた。

そのうえでさらに議論になったのが、動員逃れのロシア人を、原則論として受け入れるべきかという問題だった。受け入れるべきだという議論の背景には、動員が集まりにくくなれば、ロシア軍の増強を防ぐことができるという説明もあったが、ロシアの全体の人口を考えれば、これはあまり説得力のあるものとはいえなかった。国外に逃れたロシア人の正確な数の算出は難しいが、数十万人規模とされる。[60]これによって、人口一億四〇〇〇万以上を擁するロシアで、三〇万人とされた動員が不可能になるとは現実問題として考えにくかったからである。

そこでより前面に出されたのは、彼らをプーチン政権や戦争に反対する人々として保護すべきだという政治的・人道的な見地からの議論である。従来の反体制派への支援に加えて、「良心的兵役拒否」の議論の援用ともいえた。

ここで問題となるのは、動員逃れのロシア人の多くも、自らの問題になる前は戦争に賛成していた人が多いだろうという事実である。各種調査で、戦争やプーチン政権への支持率は、開戦後も七割から八割で推移していた。支持していた人の多くは戦争を「他人事」とみていたのであろう。それが、動員によって突然に自らの問題になったのである。彼らは、個人の問題としての動員反対ではあっても、戦争反対であるとは限らない。そうした彼らを受け入れることのリスクや、道徳的妥当性が問われることになった。しかも、入国にあたって、戦争反対かどうかを問いただすことは、そもそも実効性が疑わしいうえに、是非の観点でも問題があるだろう。

リトアニアのランズベルギス（Gabrielius Landsbergis）外相は、「リトアニアは単に責任逃れをするだけの人々に庇護は与えない。ロシア人は国に残って戦うべきである。プーチンに対してだ」とツイートした[61]。背後には、今回の戦争においてロシア人の「集団責任」を問うべきかという論点が存在する[62]。これは、戦争責任論では極めて困難なテーマとして長年論争の的になってきたが、ランズベルギスの議論は、突き詰めれば、集団責任を追及しているように聞こえる。

これは一つの考え方である。しかし、具体的な戦争犯罪に関わる戦犯としてプーチン大統領などの個人の責任を問うことと、集団としてのロシア人の責任を問うこととの間には大きな断絶がある。加えて、後者の姿勢は、従来の米欧日の対露姿勢とは本質的に違う点については自覚的である必要があろう。

より実態面としては、欧州がビザ制限や庇護の否定を強調した場合に、ロシア国民が反発し、結束を強めてしまうとの懸念もある。だとすれば逆効果になってしまう。「ロシア人は敵ではない」として人心掌握を目指す方向とは異なる。

他方、プーチン政権が最も気にかけているのはモスクワ市民であり、なかでも富裕層の離反は、政権が最も恐れていることである。戦争の最中にも欧州への旅行ができるような層は、それが不自由になったときに、不満をどこにぶつけるのだろうか。これが政権批判に向かうとすれば、EUの措置は有効だったということになる。

さらにいえば、動員逃れで国外脱出ができるのも、さまざまな意味で恵まれた層である。家族や親族が国外に居住しているなどの恵まれた条件がない限り、短期的な避難は可能でも、中長期的に滞在するのは難しいだろう。ウクライナでの戦争で犠牲になったロシア軍兵士における、地方や少数民族出身者の比率は極めて高いとされる。そうした部分に、ロシアの歪みがすでに示されている。その観点では、EUがロシア人の入国を認めるか否かという問題は、実は必ずしも「一般国民」の問題ではなく、ごく一部の富裕層の問題だと整理することも可能なのかもしれない。広い意味で政権を支えてきた人々とも重なる。

それでも、今回の戦争に関して、一般のロシア国民の責任という問題に向き合うことは、ロシアとの陸上国境を有する諸国のみならず、対露制裁を科している諸国にとっては、もはや避けられなくなりつつある。すでに各国に在留しているロシア人が政治的理由で在留期間延長などを求めた場合の対応など、日々対処しなければならない問題とも結びついている。議論の整理があらためて必要だ。

【初出】「一般のロシア国民に『戦争の責任』はあるのか――EUによるビザ発給制限の背景と余波」『フォーサイト』(二〇二二年一一月七日)

欧州は結束しているのか

今回の戦争にあたって、欧州が完全に一枚岩でないことは事実だが、対露制裁に関しても、対ウクライナ支援に関しても、その結束度合いは当初想定されていたレベルを大きく上回っている。その背景に何が存在するのか、そして欧州諸国間の相違はいかなる性質のものなのか。

ロシアによるウクライナ侵攻がはじまって以来、欧州の結束が問われ続けている。「欧州は結束しているのか？」、「欧州の足並みは揃っているのか？」という問いへの答えは、期待値によって変わる。欧州は完全に結束すべきだしそれが可能だという出発点に立てば、現実の欧州は足並みの乱ればかりが目につく。他方、欧州には複雑な利害の相違があり、足並みはいつも乱れているという出発点であれば、現実の欧州の結束度合いは画期的ですらある。

この問いを考える際は、まず自らの前提・出発点について意識的になる必要がある。そうしないと議論は噛み合わない。

そのうえで、欧州諸国の結束の実態を読み解いていきたい。まずはEUにおける対露制裁、対ウクライナ支援における結束の意味と背景を考え、支援額の格差における地理的要因、そして、今回の戦争で何を追求するのかに関する相違を検証したい。

結束を続けるEU

まず確認すべきは、EUに関する限り、対露制裁については、すべて全会一致で採択されてきたということだ。制裁パッケージが特定国の反対（拒否権）で否決されたことはない。ただし、意思決定にいたる過程で、さまざまな加盟国が自国の利益に基づく要望を出すことは当然であり、また、制裁対象の限定や履行の猶予を求めるようなことも通例である。そうした過程の結果が、EUの制裁措置である。

例えば、二〇二二年六月に合意された第六次制裁パッケージでは、原油・石油製品の輸入禁止（禁輸）が合意されたが、ハンガリー、チェコ、スロヴァキアなどの強い要求によって、パイプライン経由の原油輸入が禁輸対象から除外された。[63] それら内陸国は、パイプライン以外の輸入に切り替えるのが容易ではない。ハンガリーについては、オルバン（Orbán Viktor）首相の「親露」的姿勢が指摘されることが多く、それも事実だが、内陸国が抱える問題はチェコやスロヴァキアにも共通していた。両国はハンガリーの陰に隠れて広範な禁輸に抵抗していたのである。

こうしたEU内での妥協は、それ自体が足並みの乱れであり、結束していない証ともいえる。EUの足並みの乱れが指摘される際は、このプロセスを指すことが多い。他方でEUは、そうした立場の相違を乗り越えて全加盟国の合意を実現してきたことも事実である。結果として、当初の案が薄められることもしばしばだが、それでも、例えばプーチン大統領への個人制裁にハンガリーも同意したことなど、合意を積み重ねてきた事実は見逃せない。ウクライナに対する支援についても同様である。

ハンガリーにとっても、他の二六カ国を敵にまわしてロシアを擁護することは、なかなか国益にならず、現実的対応を迫られてきたといえる。その結果、EUによるロシアに対する個人制裁と金融制裁を含む分野別制裁や輸出管理の強化は、前例のない規模になった。

ハンガリーは、二〇二二年一一月には、対露制裁ではなく対ウクライナ支援に関して、拒否権を行使する姿勢を示した。欧州委員会は一一月九日に、毎月一五億ユーロ（約二一八〇億円）の借款を柱とする、二〇二三年分のみで一八〇億ユーロにのぼるウクライナ政府・経済に対する支援パッケージを提案した。[64] EUが起債することで資金を調達し、借款を提供する。これに対してオルバン首相は、自国の利益よりもウクライナの利益を優先するわけにはいかないとして反対を表明したのである。[65]

ただし、これも「親露」的姿勢の結果というよりは、法の支配に関するハンガリーのEU規範からの逸脱を理由に、新型コロナウイルス感染症からの復興のためのEUからの資金が凍結されようとしていることへの抗議という側面が大きかったようだ。EU復興基金の自国分を受け取るための交渉のカードに、対ウクライナ支援が使われてしまった構図である。[66] 対露姿勢のみでものごとが動くわけではない。実際、この対ウクライナ支援は後に承認されている。

結束を支える「情」と「理」

EUによる対露制裁を含む、今回の戦争に対する欧州の結束を支えているのは、「情」と「理」だといえる。

まず、ロシアがウクライナで繰り返す殺戮や破壊に憤り、道徳的にもウクライナを支援しないわけにはいかないという感情論が存在する。このような古典的な戦争が欧州大陸で起きてしまったことへの焦燥感もあるだろう。キーウ郊外のブチャでの大量殺戮に代表されるように、ロシア軍の新たな蛮行が明らかになるたびに、ロシアへの憤慨の念が強まる。これが「情」の部分だ。ストルテンベルグNATO事務総長は、「これは道徳的な問題だ」といい、これを放置して行動しないことは、ウクライナの「まともな隣人や友人とはどうあるべきかという理解に反する」[67]と述べている。

それに対して「理」は、ロシアによる侵略に抵抗し、それを食い止めることができなければ、次はEUやNATOの加盟国が侵略の対象になりかねないため、ウクライナ支援は欧州諸国の利益のためでもあるというロジックである。これは、ウクライナが守ろうとしているのは自国の自由や独立のみではなく、欧州全体、さらには世界の自由がかかっているという議論につながる。これらのことを、最もよくいい表しているのは、ストルテンベルグが二〇二二年七月に欧州議会に出席した際に述べた次の言葉である。

(ロシアの侵略を止めなければ)我々はみな、より危険になる。したがって、たとえあなたがウクライナ支援に関する道徳的側面に関心がなくても、自らの安全保障利益には注目すべきだ。だからコストを負担しなければならない。支援のコスト、人道援助のコスト、経済制裁のコストなどだ。さもなければ、我々は後になってより大きなコストを払わなければならなくなるだろう。そして、もう一点、我々はコストを負担し、EUとしてNATOとしてのコストは金額であらわされ、お金の問題だが、ウクライナ人にとってのコストは、日々、人命で支払われていることを忘れてはならない。したがって我々は、支援の負担に関する文句をすぐにやめ、支援を強化すべきだ。それ以上の議論はいらない。[68]

欧州議会議員を前にして、政治家としての思いの丈をぶつけたのだろう。こうした発信ができるのがストルテンベルグの強みである。

「対GDP比」で浮かび上がる「地理的条件による格差」

そのうえで、欧州諸国間の相違についてである。前述の石油禁輸に際しての内陸国の立場に象徴されるように、対露制裁や対ウクライナ支援に関する各国の立場は、地理的要因によって規定される部分が大きい。

最も顕著にあらわれるのが、ロシアとの地理的関係である。ロシアとの陸上国境を有する欧州諸国（EUないしNATOの加盟国）は、北から順に、バルト海に面したロシアの飛び地であるカリーニングラードとの国境を含めれば、ノルウェー、フィンランド、エストニア、ラトヴィア、リトアニア、ポーランドである。国境を接している諸国ほど、ロシアに対する警戒が強く、その結果としてウクライナへの支援が大きくなるであろうことは想像に難くない。

独キール世界経済研究所による各国のウクライナ支援のデータである「ウクライナ支援トラッカー（Ukraine Support Tracker）」は、そうした傾向を明確に裏付けている（二〇二二年一二月七日版）[69]。支援を金額で比較すれば、米国を筆頭に、EU、英国、ドイツといった、人口・経済規模の大き

各国政府による対ウクライナ支援（GDP比）

二国間支援、およびEU加盟国については、EUによる支援をEU予算への各国分担比率に応じて足したもの（2022年1月24日から同年11月20日までの表明分）。
出典：キール世界経済研究所 “Ukraine Support Tracker”（2022 年12月7日）

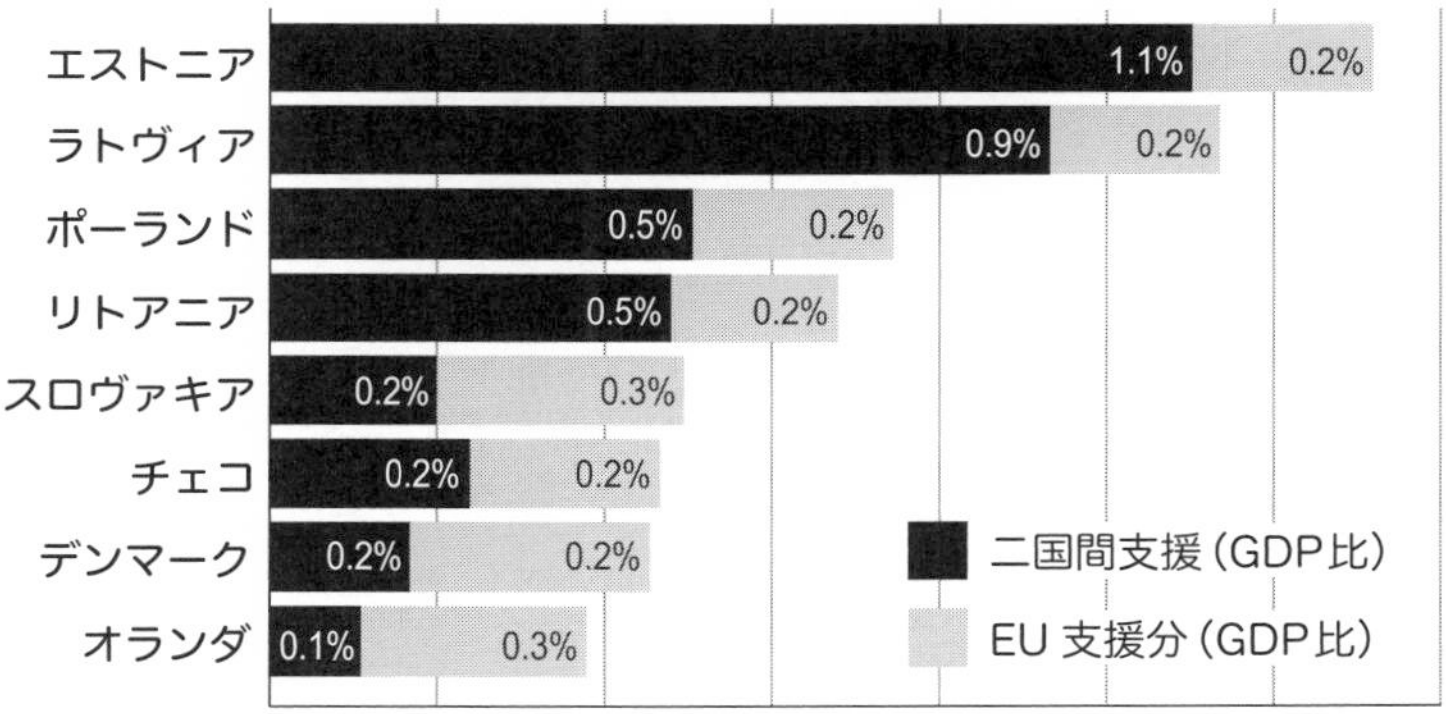

なアクターが上位を占める。

同じデータをGDP（国内総生産）比率にすれば、一位から順に、エストニア、ラトヴィア、ポーランド、リトアニア、スロヴァキア、チェコ、デンマーク、オランダと並ぶ。上位には、バルト三国を含む、ロシアと陸上国境を接する諸国が並ぶ（図）。

これらは各国政府からウクライナ政府への支援（二国間支援）であり、例えば各国が受け入れたウクライナ避難民に関するコストは含まれていない。これをどのように算出するかは難しい問題だが、概算として、受け入れ一人あたり毎月五〇〇ユーロで計算した場合、二国間支援との合計のGDP比で、一位から順に、エストニア、ポーランド、ラトヴィア、チェコ、リトアニア、ブルガリア、スロヴァキア、ノルウェーと並ぶ。

「正義派」「和平派」とは何だったのか？

欧州外交問題評議会（ECFR）が二〇二二年六月に発表した報告書は、今回の戦争の終着点に関して、「正義派（justice camp）」と「和平派（peace camp）」という分類をおこない、日本でも新聞やテレビで繰り返し取り上げられた。[70]

正義派とは、ロシアとの妥協を拒否し、あくまでも正義の実現を追求するイメージであり、和平派は、停戦や和平の実現のためにはある程度の妥協もやむを得ないというイメージだった。そして、そうした違いが各国の間に存在しているであろうことは、多くの人が本能的に感じていたために、それに沿った調査結果として重宝されたのだろう。

しかし、ECFRの世論調査における設問には注意が必要である。「和平派」に分類されるのは、「領土の一部をロシアに譲歩しても戦争終結が最重要」という選択肢に賛成した人であり、これは、ウクライナでは支持を集めない立場ではあっても、譲歩による和平達成という考え方自体は特異ではまったくない。他方で、ECFRのいう「正義派」は、「より多くのウクライナ人が殺されたり住む場所を追われたりしても、ロシアを罰するのが最重要」という立場である。これは極めて過激な立場だといえる。単にロシアに譲歩すべきではないという立場とは異なる。そもそも、「和平派」の選択肢との対にもなっていない。

そのため、「正義派」の比率は全体として低くとどまった。「和平派」は多い順に、イタリア（五二％）を筆頭に、ドイツ（四九％）、ルーマニア（四二％）、フランス（四一％）と続いた。それに対して「正義派」は、ポーランド（四一％）が目立つ他は、ほとんど横並びなのが実態だった。

次に高いのはフィンランド（二五％）、ルーマニア（二三％）、スウェーデン（二二％）で、最低はスペイン（一五％）だったがポーランド以外は一〇ポイント差の範囲に収まっている。それでは正義派の割合の大小はあまり議論できない。

さらにいえば、「ロシアを罰するのが最重要」は戦争の目的としておかしい。ウクライナの領土の一部を譲歩するのが「和平派」なのであれば、その対になるのは「すべての領土回復が最重要」であるはずだ。そうした選択肢だったら、より多くの人が選んでいた可能性もあったのではないか。それでも、ポーランドの厳しい姿勢があらためて明らかになったことは注目すべきだ。ただし、エストニアやリトアニアが調査の対象になっていれば、ポーランドと似たような結果が出たかもしれない。

ECFRの調査のいう「正義派」が極端な立場だったとしても、「ロシアを勝たせない」と「ロシアを負けさせる」の間には大きな相違が存在し、「ウクライナを勝たせる」と「ウクライナを負けさせない」についても同様である。いずれも、参戦していない欧州諸国がウクライナに押し付けるべきことではないが、「どこまで何を求めるか」は容易に一致できない困難な問題である。

その根底に存在しているのは、ロシアとの歴史的関係や欧州秩序におけるロシアの役割についての考え方の相違だが、同時に、この戦争の勃発の責任がロシアとウクライナのどちらにあるかに関する判断の違いも重要だ。ECFRの調査では、ロシアに責任があるとの回答は、高い順にフィンランドが九〇％、英国とポーランドが八三％と続く。最も低いのはイタリアの五六％であり、逆にイタリアは、調査国中で最多となる二七％がウクライナないしEU、米国に責任があると回答している。

ロシアとの間でEU加盟国として最長となる一三〇〇キロを超える陸上国境を有するフィンランドは、キール世界経済研究所のデータでは目立たないが、今回の戦争を受けて長年の「軍事的非同盟」を放棄し、NATOへの加盟申請という大きな決定をしている。さらなる検証が必要だが、国民世論の動向とそれぞれの政府の対露制裁や対ウクライナ支援へのコミットメントのレベルの間には、当然のことながら関連性がある。

影の薄いドイツとフランス

キール世界経済研究所のデータとECFRの報告書を合わせた際に浮かび上がるもう一つの実態は、ドイツやフランスといった欧州の中心的な諸国が目立たないことである。開戦にあたってドイツのショルツ首相は「時代の転換点（Zeitenwende）」だと訴えた[71]。そして、EUの対露制裁に関して当初は主導的役割を果たしたものの、その後は、特にウクライナに対する武器供与において慎重姿勢が目立っている。

その背景には、この戦争がドイツに及ぼす影響に関する切迫感の低下があるとも指摘される。つまり、当初は、戦争が拡大しドイツが直接に巻き込まれることへの危機感も強かったものの、そうした懸念が後退するなかで、対露制裁や対ウクライナ支援、そして自らの防衛態勢強化に関しても、より落ち着いた対処に移行した。その結果、「時代の転換点」というイメージは後退し、実務的にエネルギー問題に対処するようなアプローチが広がったといえそうだ。

ただし、ドイツによる実際の支援額は、キール研究所のデータからも明らかなように、絶対額としては決して少なくない。そのため、「ドイツが役割を果たしていない」との批判は公正さを欠く[72]。しかし、ウクライナ支援を牽引しているとはいい難いし、発信が効果的でなかったことは否定できない。加えて、ドイツからは、「ロシアとの将来の関係も重要だ」といった発言がしばしば聞かれ、論争を巻き起こしてきた[73]。

フランスについても同様である。武器の供与に関しては重要な役割を果たしているものの、EU随一の軍事大国でありながら、やはり今回の戦争に関しては影が薄い。さらには、マクロン(Emmanuel Macron)大統領がプーチン大統領との対話にこだわるような姿勢も、ロシアと何らかの裏取引をしようとしているのではないかとの疑念を主に中東欧諸国で生じさせる結果になっている。マクロン大統領は二〇二二年六月には「ロシアを辱めてはいけない」と述べてウクライナや中東欧諸国の反発を買ったこともあった[74]。

これらの結果としてドイツとフランスは、バルト三国やポーランドを中心とする中東欧の信頼を大きく損なうことになった。この失われた信頼を取り戻すことは、両国にとって大きな課題になる[75]。欧州の結束のゆくえも、独仏とポーランドやバルト三国がいかなる着地点を見出すことができるかにかかっている部分が大きい。

一致点を見出すのが結束力

とはいえ、やはり結論として指摘すべきは、地理的要因を含めた各国の事情が異なる以上、対ロシアでも対ウクライナでも、欧州諸国が完全に一致した立場をとることは想定できない現実である。そのうえで、いかに対露制裁や対ウクライナ支援で合意し、共同歩調をとることができるかが問われる。放っておいても結束することが重要なのではなく、交渉を通じて一致点を見出す力こそが、欧州の真価なのである。このことは今後も変わらない。

【初出】「ロシア・ウクライナ戦争――『欧州の結束』の実態を読み解く」『フォーサイト』（二〇二二年一一月二四日）

欧州エネルギー危機の構図

今回の戦争をはじめた当事国であるロシアの特徴は、今回の戦争に影を落としている。その第一はロシアが核兵器保有国であるということであり、これは、この戦争が核戦争にエスカレートする懸念をもたらした。第二に、ロシアが世界有数のエネルギー輸出国であることから、エネルギー市場の不安定化が発生した。最も影響を受けたのが欧州であり、特にロシアからの天然ガスの供給削減・停止は、欧州にエネルギー危機をもたらすことになった。

ロシアによるウクライナ侵攻が、ロシア、ウクライナ両国を越えて最も大きな影響を及ぼしているのはエネルギーの分野である。もっとも、国際的なエネルギー価格が戦争以前から上昇基調だったことは事実であるし、原油や天然ガスの市場価格は、需給バランスとともに世界経済の景気観測などに大きく規定されるとも指摘されている。その観点で、二〇二二年二月の開戦以降のエネルギー価格高騰の原因をすべてウクライナ侵攻に帰するわけにはいかない。それでも、特に欧州に関する限り、ロシア・ウクライナ戦争がエネルギー危機を深刻化させている最大の原因であることは明白だ。

ただし、このエネルギー危機をいかに捉えるかは、容易な問題ではない。まず、焦点の一つは天然ガスだが、それはまだEUを含め、米欧日などの対露制裁の対象になっていない。輸出の削減や停止をおこなっているのはロシア側だ。

今回のエネルギー危機の根底に存在するのは、エネルギー分野における欧州の対露依存である。

そのため、構図としてはロシアが圧倒的に強い立場にいるようにみえる。しかし、欧州がエネルギーを欲しているとすれば、ロシアはそれを輸出して得られる収入を欲している。つまり、欧州とロシアの間の力関係は一方通行ではない。

加えて欧州は化石燃料における「脱ロシア」化を進めている。これが今回の戦争の終結後も続くとすれば、ロシアにとって、エネルギーの対欧州輸出によって収入を確保するという経済モデルは転換を余儀なくされる。あるいは、そのモデルはすでに崩壊したといってよい。影響は中長期的なものとなる。

こうしたエネルギー危機の構図を、政治・安全保障の観点からみていこう。

石炭から石油へ

今回のエネルギー危機を考える際に、まず踏まえるべきは、何が制裁対象であり、何が対象外かである。G7での政治的な合意を受けてEUを含めた各国がとっているエネルギー関連の輸入禁止（禁輸）措置としては、まず石炭が対象となり、EUでは二〇二二年四月に採択された第五次制裁パッケージに含まれ、同八月に発効した。[76]

その後、同六月に採択された第六次制裁パッケージで石油が対象に含まれた。[77] 禁輸措置発効まで、原油については六カ月、石油製品については八カ月の猶予期間が設けられた他、前項で触れたように、パイプラインでの輸入分は、代替供給源を確保するのに時間を要することから、ハンガリーやチェコなどの求めに応じて除外されることになった。これは、EUとしては大規模な例外措置だが、これがあったために合意が可能になったのも事実だった。ＥＵによる海上輸送分の石油禁輸は、予定通り二〇二二年一二月五日に発効した。逆にいえば、それまでは禁輸の対象ではなかったのである。

米バイデン政権は、開戦後二週間足らずの二〇二二年三月の段階ですでにロシアからの石炭、石油、天然ガスの輸入禁止を大統領令で決定していた。[78]国内にエネルギー資源をかかえ、ロシアへの依存度が低いがゆえに可能だった措置である。欧州が追従することは困難だと考えられていたが、ほとんど直後に、石炭、そして石油についてＥＵも対露制裁に踏み切ったのである。

当時、最も重要なのは天然ガスで、それを制裁対象にするのは困難だとみられていたが、石炭や石油の制裁に踏み切ることが可能とすら、開戦前は考えられていなかったのが現実である。

なお、Ｇ７は二〇二二年五月の首脳会合ですでにロシア産石油のフェーズアウト（段階的な輸入停止、依存脱却）にコミットしている。[79]この方針は日本を含めてその後も繰り返し確認されてきた。[80]

「制裁でない」制裁

こうした当局による正式な制裁――ＥＵ用語では「制限措置（restrictive measures）」――の動向が重要なのは当然だが、今回の戦争を受けた経済面での影響としては、制裁対象になっていない分野において、企業の判断によるロシアとの取引停止やロシア市場からの撤退が大きな特徴になっている。コーヒーチェーンのスターバックスや、ファストフードのマクドナルド、スポーツ用品のナイキなどのロシア撤退は象徴的だった。これらの分野が制裁対象になったことはない。ただ、規模としてより大きく、また侵略開始から一週間のうちに相次いだのが、ＢＰ、シェル、エクソンモービルなど、大手エネルギー企業によるロシア事業からの撤退の決定だった。[81] しかもそれら企業が撤退表明にあたり、侵略戦争への批判に加え、価値の重要性やウクライナの主権と領土の一体性への支持などを表明したことも特徴的だった。

制裁発動を待たずにロシア事業からの撤退を決めた企業は、第一に、戦争によってウクライナで多くの命が奪われ、国土が破壊されるなかで、ロシア事業を継続することが、レピュテーション（評判上の）・リスクになったり、特に米欧市場において不買運動の対象になったりすることを恐れたといえる。

第二に、それに関連するが、ＥＳＧ投資——環境・社会・ガバナンスの要素を考慮した投資——の世界的広がりを受け、ロシア事業の継続が、投資の引き揚げにつながることや、新たな資金集めに影響を及ぼすことも懸念された。

さらに第三に、各国当局による対露制裁の範囲が日々拡大されるなかで、法的にも不確実性が高まり、事業の安定的継続が困難になったという事情もある。そうしたものが重なり合った結果、制裁対象になっていない分野においてもロシア事業の撤退が相次ぎ、ロシアにとっても大きな打撃になった。

各国の制裁に抵触することを恐れた企業側がロシア企業との取引を自粛する事例も多発した。ロシアの主要銀行が国際送金網であるＳＷＩＦＴ（スウィフト）から排除されたことの影響も大きかった。送金ができなければ、安定的な商取引は不可能だ。ちなみに、ＳＷＩＦＴからのロシア（の一部銀行）の排除も、当初は最終兵器という意味で「核（兵器）オプション」[82]と呼ばれ、影響が大きすぎるとして制裁メニューからは排除されたとみられていた。しかし、それも開戦直後に発動されたのである。[83]

「エネルギー武器化」

欧州とロシアの間のエネルギーをめぐる関係は、「我慢比べ」と評されることがある。ロシアはエネルギーを持ち、欧州はそれを必要としているものの、ロシアもエネルギー輸出で得られる収入を必要としているからである。

ロシアは二〇二二年四月以降、国ごとにパイプラインによる天然ガス輸出の大幅削減や完全な停止に踏み切ってきた。まずは四月にポーランドとブルガリアが標的になり、[84]六月にはドイツやフランス、イタリアが標的になった。[85]エネルギーの「武器化（weaponisation）」である。

欧州にとって、ロシアからの天然ガス輸入が滞ることは悪夢のようなものだった。[86]供給削減・停止は欧州に対する大きな圧力になり、欧州がそれに耐え切れなくなり、対露制裁の緩和や対ウクライナ支援削減につながることをロシアは期待したのだろう。あるいは、より短期的には、各国で物価高への国民の不満が上昇し、それによって各国の政権が不安定化すること、さらには欧州諸国間で対立が生じることを狙ったのかもしれない。

実際、六月から七月にかけて、ロシアからの天然ガス供給が細るにつれて、欧州側の懸念は一気に高まった。冬に向けて天然ガスが不足し、強制的な需要削減、さらには配給制の導入などが真剣に議論されていた。[87] EUが冬の間のガス消費一五%削減を求める決定をおこなったのも、この文脈だった。[88]

その後、欧州が必死で液化天然ガス（LNG）を世界中から買い集め、各国が在庫（貯蔵）を増やしたために、二〇二二〜二三年の冬はどうにか乗り切ることができる見通しになった。[89] この間の懸念の度合いの変動はかなり大きなものだった。

各国の受け入れ能力が限界に達しているため、LNGを満載したタンカーが沖合に列をなしているほどである。ドイツは二〇二二年一二月に、臨時のLNG受け入れターミナルの供用開始にこぎつけた。[90] 危機は少なくとも表面的には沈静化したのである。価格の上昇や人々の懸念の増大が一時的にではあっても高まったのは、ロシアにとっては狙いどおりになったが、その効果は長続きしなかったということだ。

欧州の天然ガス輸入量の推移をみると、LNGの輸入増加の結果、大幅減にはならずに、全体としてはどうにか二〇二一年よりも若干少ない量で推移していることがわかる。[91] なお、ロシアからの天然ガス輸入がゼロになっているわけではない。LNGの輸入は増加しているし、ノルドストリーム以外のパイプライン経由の輸入も、数量は減っているものの一部継続している。[92] ただし、綱渡りであることには変わりない。ロシア以外の国のLNG輸出施設や欧州側の受け入れ施設でなんらかのトラブルが発生するだけで危機的な状況に押し戻されるリスクは常に存在している。

なお、エネルギー輸出によるロシアの収入については、輸出の数量は減っても単価の上昇によって、なかなか減らない状況が続いた。それどころか、ロシアの収入は開戦後、大幅に上昇したのである。そうした状況では、ロシアの継戦能力を削ぐという当初の目的はまったく達成されないことになる。

二〇二二年一〇月になってようやく、化石燃料輸出による収入は開戦時を下回ったと試算されている。[93] EU向けの輸出が八月以降、大幅に減少しはじめたこと、および価格の高騰が一段落し、一部に下落もみられたことによる。海上輸送の石油禁輸措置発効を受けて、欧州への輸出額はさらに減少する見通しだ。

二〇二二〜二三年の冬については、少なくとも必要量を確保するという観点では、乗り切る見通しが立ったものの、在庫がゼロに近くなるまで使ってしまえば、次の冬に向けて、再び在庫を満杯にまで戻すことができるかが疑問視されている。一度在庫を満たしたところで、エネルギー危機は終わらないのである。

欧州にとってのエネルギー危機には、①必要量を確保することの困難と、②価格上昇という二つの側面が存在する。加えて、③重要エネルギーインフラをいかに防護するかという問題も発生しており、これについては後述する。このうち、供給の確保は、世界中でスポット市場からLNGを買い集めることで対処したわけだが、それが可能だったのは、ドイツを中心に、やはり欧州が先進国の集まりであり、「高くても買える」からだった。「乗り切る見通し」というのは、あくまでもこうしたマクロ的な話であり、各国レベル、さらには全欧州レベルで天然ガスが不足して大規模な停電が発生したり、凍死者が多数出たりするような事態は回避される、という意味である。

他方、家計レベルでは、高騰した電気・ガス代を支払うのが苦しくなる事態がすでに広範に発生している。そのため各国政府は家計への支援、給付金などの予算化に奔走することになった。しかも、これは単にコスト負担の問題ではない。冬季は夏季よりも死亡率が高いのは多くの国においてみられる現象であり、さらに、光熱費の水準と死亡率の間にも相関があるといわれる。これは、暖房を節約しようとすることで、健康リスクが高まるためと考えられている。英『エコノミスト』誌は、光熱費が現行水準で気温が平年並みだとすれば、欧州の冬の間の死者が平年よりも一四万七〇〇〇名増加すると試算した[94]。こうした部分を含めてエネルギー危機であり、エネルギー武器化の影響だといえる。

「武器化」の背後で

二〇二二年四月頃以降のエネルギー武器化によって、ロシアが失ったのは、欧州という重要な輸出市場や、収入の一部以上に、「信頼できるエネルギー供給者」という立場である。

なお、ロシアはエネルギーを頻繁に武器化しているかのようにみられることも多いが、現実のロシアは「信頼できるエネルギー供給者」であり、これは数十年にわたって築いてきた立場だった。西欧諸国によるロシアの石油・天然ガスの輸入は冷戦時代から続いているが、政治的思惑によってそれが供給停止などの対象になったことは、これまでにはなかったのである。ウクライナは以前にもそうした措置の対象になってきたが、少なくとも西欧との関係において、武器化は今回がはじめてだったといえる。

さらに、エネルギー武器化が「脅し」である以上、ひとたび使ってしまうと、効果を失うという現実も存在する。供給削減・停止の脅しをかけることで、実際には脅しを実行に移さずに目的を達成するのが、ロシアにとっては最善のシナリオだったはずだ。少なくとも、供給削減であれば、後続の追加的措置が可能だが、いっきに供給停止に踏み切った場合、それ以上の措置をとることができなくなる。ロシアはさらなる脅しのツールを失うのである。

それでも、早い段階で実際の行使（供給削減・停止）に踏み切った背景には、短期決戦での「我慢比べ」に勝負を賭けたという側面もあるだろうし、のちに述べるように、欧州におけるエネルギーの「脱ロシア」の動きが強まっていたこともあったと思われる。欧州への輸出に依存した収益モデルがいずれにしても崩壊するのであれば、ツールは使えるうちに使ってしまおうというのである。これに関するプーチン政権内の意思決定については、いずれ検証される必要がある。

ドイツなどでも、天然ガスを禁輸すべきか否かについては、意見が割れていた。当然である。エネルギー価格が上昇し、一般市民の生活への影響が深刻化するなかで、さらなる価格上昇につながりかねない禁輸は、論争的なテーマだった。

端的にいって、ＥＵ側が自ら禁輸に踏み切るには、ハードルが高かったのである。しかし、実際に起きたことは、ロシアによる一方的な供給削減・停止だった。このこと自体は、欧州にとっても衝撃だったものの、禁輸措置を導入すべきか否かという、論争的かつ分裂的なテーマを避けられたことも意味した。

好むと好まざるとにかかわらず、石炭と石油に続き、天然ガスに関しても、強制的に脱ロシアが進められることになり、その是非をめぐるＥＵ内の分裂的論争は回避されたのである。そして批判の矛先は当面ロシアに向かうことになった。

「武器化」の果てに

欧州に対しエネルギー（特に天然ガス）の武器化に踏み切ったロシアは、欧州におけるガス不足の懸念をまえに、有利な立場にいるようにみえるが、実際には、ロシアのエネルギー産業は大きな転換点に立たされることになった。

第一の難題は輸出先の確保である。しかも、単に輸出できればよいのではない。長期契約によって安定的に収入を確保する必要がある。ロシアには、欧州に代わる「優良顧客」が必要なのである。開戦後、インドを中心とするアジアへの輸出は、特に石油に関して増加している[95]。しかし、それら諸国はロシアの足元をみているともいわれる。他に売れない石油やガスを買いたたいているのだとすれば、優良顧客とはいえない。

また、石油と比べて新たな市場に輸出しにくいのが天然ガスである。大量に送るにはパイプラインが効率的だが、新たなパイプラインの敷設には時間がかかるし、ＬＮＧによる輸出能力には限界がある。端的にいって、欧州に代わる優良市場を確保することは、少なくとも短期的には極めて難しいのである。

第二に、生産継続のための技術の問題だ。ロシアの油田・ガス田の多くは自然環境が厳しい場所にあることに加え、原油やガスの質に関しても、ペルシャ湾岸などに比べて劣っているケースが多い。そのため、安定的な操業には高度な技術が必要であり、それらを提供してきたのが米欧の大手エネルギー企業だった。

前述のように、シェル、エクソンモービル、ＢＰなどはロシア事業からの撤退を表明、ないしすでに撤退しており、従来の水準での生産を維持することは、いずれ難しくなるといわれている。大規模設備の整備や交換が必要になる時期もいずれやってくる。この点でも中国への依存拡大が考えられるが、ロシアとしても本来は避けたいシナリオだろう。

このように、ロシアによるエネルギーの武器化は、欧州を動揺させるという一時的な効果や、欧州のコスト負担を増加させるという効果はあったものの、中長期的展望は完全に欠くものだったと評価するほかない。

実態として進む欧州の「脱ロシア」

前述のとおり、ＥＵはロシアからの石炭・石油に加えて天然ガスの禁輸に関する決断を迫られる前に、ロシアが輸出を大幅に削減してきたため、結果として、強制的に脱ロシアをほぼ実現してしまったというのが実態である。

ただし、その前の段階から、ドイツはロシアへのエネルギー依存を軽減する方針を進めていた。独経済・気候保護省は、二〇二二年五月一日に発表した進捗報告で、対露依存は、二〇二一年比で石油は三五%から一二%に、石炭は五〇%から八%に、天然ガスは五五%から三五%に、すでに低下したと明らかにしていた。[96] そして、諸条件が整えば、石油の完全脱却は二〇二二年の夏の終わりまでに、天然ガスも二〇二四年夏までに対露依存脱却が可能との見通しを示していた。

ショルツ政権は、二〇二二年三月の時点では、石油・天然ガスの禁輸を明示的に否定していた。[97] しかしその後、脱ロシアの道筋を着実に定めていたということだろう。結果として、天然ガスに関する脱ロシア化は前倒しを迫られたわけだが、春以降の路線の延長線上のことだったともいえる。ショルツのいう「時代の転換点」については、安全保障、軍事面が注目されることが多いものの、国内の経済、社会へのインパクトという点では、エネルギーにおける脱ロシアの方が影響が大きく、真の意味での転換点だといえる。

そして、脱ロシアがすでにほぼ実現してしまった以上、「脱ロシアすべきか」、あるいは「脱ロシアは可能か」といった問いは、もはや無意味である。いま問われるべきは、すでに実現した脱ロシアを今後も続けるにあたっての課題であろう。というのも、現在の脱ロシア化は、結果としてそうなりつつあるというだけのものであり、それを安定的に続ける態勢が整っているわけではないからである。

「脱ロシア」のトリレンマ

欧州にとっての脱ロシアは、他の目標との関係のなかで捉える必要がある。最も重要なのは、気候変動対策の観点での「脱炭素」、つまり再生可能エネルギーへの転換だ。これをさらに分解すれば、「脱石炭」と「脱原発」が存在する。原子力発電は、温室効果ガスの排出量が少ないために、脱炭素の一環でもあるが、ドイツではすでに脱原発が決められていた。そのため、今回のエネルギー危機を受けて、その方針を維持することの是非が争点になったのである。

結論からいえば、欧州は何よりも脱ロシアを優先した。その過程でドイツでは原子力発電所の操業延長が決まるなど、脱原発が部分的に修正された。[98] さらに、従来は気候変動対策上の悪の象徴とまでされた石炭火力発電も比率が上昇に転じ、二〇二二年九月の時点で、ドイツでは総発電量の三分の一近くを石炭が占めるまでになった。[99] 脱ロシアのために、脱石炭も軌道修正を迫られたのである。天然ガスによる発電よりも温室効果ガスの排出量の多い石炭への回帰は、気候変動対策の点では大きな後退である。

同時にLNG受け入れ能力——LNGの一時的貯蔵およびLNGを気体に戻す再ガス化設備——への投資が進んでいるが、これ自体のコストもさることながら、このことがLNG依存を固定化し、将来の再生可能エネルギーへのシフトの障害になる懸念も指摘されている。LNG施設は、将来、水素施設に転換可能だとも主張されるが、それがどこまで可能であるかについては懐疑的な声も少なくない。[100]

脱ロシアは、こうして、気候変動対策の点では短期的にマイナス要因となっている。脱ロシア、脱石炭、脱原発を同時に追求することはできない。これはトリレンマの構図にある。ドイツの場合、三つのうちの一つどころか当面は二つを断念することになった。

脱炭素と脱ロシアの共鳴――武器化の抑止へ

しかし、より大きな視点で考えれば、脱ロシアと脱炭素は方向性が完全に一致している。というのも、ロシア依存とはロシアの化石燃料への依存であり、化石燃料への依存を縮小できるのであれば、ロシアに依存する必要性も低下するからである。逆にいえば、脱ロシアの最も確実な手段は脱炭素なのである。

そして脱炭素は、特に新型コロナウイルス感染症危機からの復興において、EUでは特に重視されてきた分野である。それ以前からEUでは、欧州委員会が二〇一九年に発表した政策指針「グリーン・ディール」のもとで低炭素化・脱炭素化を目指していた。それにデジタル化も加わり、欧州の新たな経済・社会モデル構築の柱になっている。

国際エネルギー機関（IEA）も二〇二二年版の年次報告書「世界エネルギー見通し（World Energy Outlook 2022）」で、今回のエネルギー危機は、短期的には石炭回帰の現象をもたらしているものの、中長期的には、脱炭素への動きを加速させることになると分析している。[101] EUにおける動きがこれを引っ張る構図になる。

脱ロシアと脱炭素が相互に補強しあう関係にあることが、脱ロシアへの欧州の決意の固さにつながっているといえる。そして、これは欧州にとってのエネルギー安全保障でもある。

日本の場合は、中東への依存軽減の手段としてロシアからのエネルギー輸入を増やしてきた経緯があり、いわばロシアへの依存がエネルギー安全保障だった。これに対して、欧州にとってのエネルギー安全保障は、ロシア依存の軽減である。

ただし、これはロシアとの関係を断ち切ることを意味するわけでは必ずしもない。今回の戦争が終わった後に、どのようなロシアが存在しているかはまだ予測できないが、今後、ロシアをめぐるいかなる危機が発生した場合でも、エネルギーの武器化に翻弄される事態を避けることが、欧州にとっての脱ロシアの目的である。ロシアによるエネルギー武器化への耐性を高めるという考え方である。

つまり、ロシアからの輸入をゼロにすること自体が目的なのではない。他の輸入先や、原発や再生可能エネルギーといった他のエネルギー源が確保されている限り、ロシアからの輸入が一定程度継続しても、武器化に影響されずにすむ。

「供給を止めるぞ」とのロシアの脅しに対して、「それでもうちは困らない」と返すことができれば、脅しの目的は達成されない。ロシアにとっても武器化のメリットが低下する。相手が困らないのであれば、新たな要求を飲ませることもできず、そうであれば、これまで通りに売り続ける方が利益になる。これが武器化に対する抑止力であり、エネルギー安全保障である。

脱ロシアの結果としての中国依存へ？

ただし、再生可能エネルギーへのシフトにおいて、太陽光発電の比重が高まる場合、太陽光パネルの中国依存の高さという別の問題が浮上する。エネルギーのような戦略物資を、「価値観を共有していない国」に依存することのリスクが露呈したのが今回のエネルギー危機だとすれば、中東への依存も同様のリスクを抱えていることは明らかだし、太陽光パネルの対中依存も同様である。最終的な脱炭素に向けたいわば中間的な選択肢としての水素エネルギーの使用拡大にあたって、NATOの同盟国であるカナダへの期待が高まっている背景には、そうした事情もある。[102]

脱ロシア後の欧州のエネルギー政策全体については、本書の範囲を超えるが、エネルギーコストが高止まりする場合に、家計への支援の継続にも限界が生じるし、さらなる問題は産業競争力の低下である。この問題が最も深刻に捉えられているのはドイツだろう。ロシアからの安価で安定的なエネルギー供給を前提に、ドイツの産業は成立していたといって過言ではない。

特に電力を多く消費する製造業がドイツで成立し得たのは、安価なエネルギーが確保できたからである。そのため、化学産業を筆頭にドイツの産業界では、製造拠点を欧州外に移す動きが顕在化しつつある。その結果、二〇二二年のドイツの対中国投資は史上最高を記録することが確実視されている。[103] 化学企業の独BASFは、一社のみで一〇〇億ユーロという巨額の対中投資をおこなう計画である。これ自体は、ウクライナ侵攻前からの計画ではあるが、欧州におけるエネルギー価格の高止まりは、産業競争力の低下、さらには投資・産業拠点の欧州外への流出をさらに促す可能性が高い。

こうした動きは、経済安全保障の観点で中国への依存を見直すという、過去数年の欧州におけるトレンドと逆行する。エネルギー危機の帰結としては、頭の痛い新たな問題である。

ノルドストリーム破壊の余波

二〇二二年九月下旬、バルト海を通り、ロシアとドイツを結ぶ天然ガスの海底パイプライン

「ノルドストリーム」が爆破による損傷を受けた。誰がそれをおこなったかについては明らかになっていないものの、NATOは九月二九日の北大西洋理事会声明において、これを「意図的で無謀、無責任な破壊行為」[104]であるとした。

今回の事件は、背景が何であったとしても、それまでの欧州エネルギー危機の構図に新たな側面を加えることになった。従来は、前述のように供給不安と価格高騰がエネルギー危機の主たる要素だったが、この爆破によって、重要エネルギーインフラの物理的脆弱性の問題がクローズアップされた。例えばノルウェーは軍を投入してエネルギー施設の防護をはじめた[105]。バルト海が一気に緊張したのである[106]。

ロシアが関係しているとすれば、欧州に対するさらなる揺さぶりということだろう。実際、この爆破事件の前後には、欧州各国でインフラに対する物理的妨害やサイバー攻撃が相次いだ。例えば一〇月にはドイツ鉄道で通信ケーブルが切断される事件が発生し、列車の運行に影響がでた[107]。

ノルドストリームというロシアと欧州を結ぶ主要な天然ガスパイプラインが使用不能になったことは、別の結果ももたらした。それは、たとえ欧州側がロシアの要求に応じて対露制裁を一部緩和・解除するようなことがあっても、ロシアからの天然ガス供給が回復する可能性がなくなったということである。欧州にとっては、エネルギー確保のためにロシアに宥和的姿勢をとる意味がなくなったということでもある。

このことは、極めて大きな意味を持つ。欧州の一部では、エネルギー価格高騰を受けて、ウクライナ支援を見直すべきとの声が上がっているからである。しかし、ロシアにおもねっても、エネルギー事情が改善しないのだとすれば、そうした声は対露制裁の緩和要求に向かうのではなく、各国政府による家計支援の拡大要求に落ち着く可能性が高まる。

もっとも、対露制裁の緩和がエネルギー事情の改善につながらないとしても、物価高への対策を求めるにあたっては、「ウクライナ支援よりもまずは国内の自国民支援」という要求は成立する。チェコでは二〇二二年九月や一〇月に「チェコ・ファースト」をうったえるデモがおこなわれたし、[108]ハンガリーのオルバン首相も、自国よりもウクライナを優先するつもりはないと述べている。[109]それ自体は否定するのが難しい議論だろう。

そして、英国やフランス、イタリアといった主要国を含めて、多くの諸国が物価高に苦しみ、指導者は難しい政権運営を迫られている。二〇二二年秋に相次いだイタリアや英国における政権交代は、直接的にロシアとの関係や物価高に起因するものではないが、政権をみる世論の眼が厳しくなっている傾向は否定できないし、ポピュリスト的勢力が国民の不満を代弁するかのような傾向は、今後さらに強まる可能性があるだろう。

ただし現在までのところ、そうした動きが制御不能なほどに広がり、各国が不安定化しているということではない。それでも、物価高への批判がウクライナ支援への反対論に本格的に転化するか否かは、今後とも注視する必要がある。

世界へのインパクト①——G20のメッセージ

最後に、今回の欧州エネルギー危機の他地域への影響についてである。ロシアからの供給不安自体が国際的なエネルギー価格に影響を及ぼしていることは事実だが、それに加え、欧州諸国が世界中の市場で石油とLNGを文字通り買いあさった影響も無視できないのである。それにより価格が上昇し、途上国の一部が買えなくなってしまった側面は否定できない。

特にLNGについては、国際的な「奪い合い」になってしまい、長期契約分についても、転売が可能な契約になっている部分は、業者の判断によって欧州への売却がおこなわれ、差額を稼ぐようなことが横行している。より高値がつく市場で売るということ自体は、商取引である以上（そして契約に違反しない以上）阻止することはできないが、これが特に途上国に影響を及ぼしている事態を、欧州としても放置するわけにはいかなくなった。

二〇二二年一一月にインドネシアのバリで開かれたG20首脳会合は、首脳宣言で「ほとんどのG20メンバーは、ウクライナにおける戦争を強く非難[110]」したとの文言が入ったことが内外で注目されたが、この根底には、この戦争が「世界経済における既存の脆弱性を悪化させている」との認識があった。端的にいえば、経済面で悪影響を被っているがゆえに、戦争を非難するという図式である。

その根底に存在しているのが、食糧とエネルギーの不安である。そしてそれこそ、議長国インドネシアが、各国の一致点を見出す観点で強調した側面でもあった[111]。それだけ影響が広がっているのである。その意味で、今回の戦争は欧州の戦争であると同時に、「グローバルな戦争」という側面をも有するのである。

世界へのインパクト②――原油「価格上限」の試み

また、石油に関して、特に途上国を念頭に、国際市場への影響を緩和するために導入されたのが、G7による「価格上限（price cap）」である。これは、二〇二二年六月に採択されたEUの第六次制裁パッケージが、海上輸送分のロシア産石油（原油および石油製品）の輸入を禁止すると同時に、輸送に対する保険・再保険を提供しないという保険制裁を導入したことに端を発する。

保険制裁自体は、EUと英国が合意したうえで決定され、その対象は、世界全体とされた。海運の保険・再保険市場は、EUと英国で世界の九割以上を占めるとされ、これが発効すれば、ロシア産石油の海上輸送の多くが停止するほどの影響があるとみられた。これは、石油輸出からの収入を絶つ点では極めて効果的だが、効果がありすぎるのが難点とされた。国際市場への影響が大きすぎるのである。

これを主に懸念したのは、自らもガソリン価格などの上昇に苦しむ米国だった。そこで、一定価格以下の石油であれば、引き続き保険サービスを提供することができるというスキームが考案された。これが「価格上限」である。

価格上限の具体的な額を決めるにあたっては、①ロシアの収入を減少させることと、②ロシアからの供給を維持して、国際価格の上昇を防ぐこと、という二つを同時に満たす必要があった。ロシアからの供給が減れば価格が上昇してしまい、それは輸入国にとってのコスト増になってしまう。他方で、ロシアに対して輸出の継続を促すためには、一定水準以上の価格を確保する必要があるが、それではロシアの収入減少が小幅にとどまるというジレンマである。

価格上限の額については、EU内で厳しい交渉がおこなわれた。ポーランドやリトアニアなどは、一バレル三〇ドルから四〇ドルという極めて低い額を主張した[112]。金額は低ければ低いほど、ロシアに対しては厳しい条件になるが、ロシアが反発して供給量が減少するリスクが上昇する。一二月五日にEUの石油制裁・保険制裁が発効することを見据え、ぎりぎりの交渉がおこなわれた結果、EUが一バレル六〇ドルで妥協が成立し、それをG7とオーストラリアが承認し、ロシア産原油の価格上限制度が正式にスタートすることになった。しかし、中国やインドといった、ロシアからの石油輸入の多い諸国がこの制度に参加する見通しは立っていない。

それでも、この制度において興味深いのは、ひとたびG7が上限価格を設定すれば、米財務長官声明が述べるように、「価格上限制度に入っても入らなくても、この制度の存在でさらなる値引きを獲得できるようになる[113]」かもしれない、という点である。実際に、各国はすでにロシアからかなり値引きされた価格で石油を輸入しているといわれている。ただし、新たな制度がどこまで狙ったとおりの結果をもたらすかについては、懐疑的な見方が根強い。

いずれにしても上限価格の導入は、石油輸出によるロシアの収入を抑制しつつ、国際的なエネルギー供給を確保することで価格の高騰を防ぐという、ぎりぎりの均衡点を追求する試みなのである。

このように、欧州エネルギー危機にはさまざまな側面があり、ロシアと欧州の関係が多面的であるのみならず、国際的な影響も複雑に関係している。エネルギー価格の高騰は、欧州諸国に対して極めて大きな負担になっており、各国で政治問題になっているものの、対露制裁や対ウクライナ支援をやめれば問題が解決するわけでもない。そのため、欧州としては脱ロシアを進めることで、エネルギー安全保障と、そのさらに先にある脱炭素を同時に追求することが、戦略的な選択になったのである。

それが茨の道であることは否定できないものの、他により容易な道が存在しないことで、欧州の選択は定まったのだろう。

【初出】「欧州が脱ロシアから追求するエネルギーの『戦略的選択』(上)――『武器化』をめぐるロシアとの攻防」『フォーサイト』(二〇二二年一二月五日)
「欧州が脱ロシアから追求するエネルギーの『戦略的選択』(下)――エネルギー安全保障と、そのさらに先にある脱炭素」『フォーサイト』(二〇二二年一二月六日)

第三章　結束するNATO

NATOのマドリード首脳会合に参加するゼレンスキー・ウクライナ大統領（画面）、バイデン米大統領（下左）、ストルテンベルグNATO事務総長（下右）（2022年6月29日撮影、NATO photo）

NATOの冷戦後は何だったのか

NATOの冷戦後は、新たな同盟像と冷戦後の欧州秩序をともに模索する時期であった。ただし、NATO自身が独自の青写真を有していたわけではない。状況の推移のなかで、それに対応してきたのがNATOだった。「受け身」の姿勢は、防衛同盟としてのNATOにとっては、宿命だったのかもしれない。

欧州における冷戦終結から三〇年あまりが経過した。冷戦、およびその終結が大きな出来事であったため、その後の時代は「冷戦後」と呼ばれてきた。二〇二二年二月二四日にはじまったロシアによるウクライナへのさらなる侵攻を受け、冷戦後が終焉を迎えたとの議論がある。では、欧州の国際関係、特に安全保障秩序において冷戦後とは何だったのか。

欧州の安全保障で中心的な役割を果たしてきたのは、米欧間の同盟としてのNATOである。ロシアによるウクライナ侵攻をめぐっても、NATOの役割への注目が高まっている。米欧の安全保障が今後もNATOを軸に推移することは確実だろう。では、冷戦後と呼ばれた時期にNATOの役割はいかに変遷してきたのか。欧州の安全保障秩序はどのように形成され、同時にどのような問題を抱えてきたのか。

全体として浮かび上がるのは、加盟国の安全保障の確保という目的に沿って、自らの役割と活動を柔軟に変化させてきたNATOの姿である。そして、欧州の一部として存在しながら異質な要素を強く有するロシアを、欧州秩序にいかに取り込むのかという課題に答えをみつけられないままだったのも、冷戦後の重要な一側面だった。

冷戦後の存続

ＮＡＴＯが東西冷戦を戦うための西側の軍事同盟だったとすれば、それが冷戦後においても維持されることは必然ではなかったのかもしれない。実際、冷戦終結直後には、役割の終わった同盟は解消すべきといった議論や、不可避的に崩壊するといった予測が盛んに語られた。[1]

しかし、冷戦が終結した時点で、ＮＡＴＯが生き残ることはすでに既定路線になっていたといってよい。そもそもＮＡＴＯはソ連の軍事的脅威に対処することのみを目的とした組織ではなく、価値を共有する米欧が結束することを謳った価値の共同体でもあり、ＮＡＴＯは自らを「政治軍事同盟」と呼んできた。単なる軍事同盟ではなく、「政治」が入っているところに重点がある。

さらにドイツ統一が、最終的な冷戦終結の帰趨が決せられる前の一九九〇年一〇月に、統一ドイツのＮＡＴＯ帰属という方法によって実現したことは、その後の欧州秩序におけるＮＡＴＯの中心性を方向づけた。欧州秩序が未曾有の変革を経験するなかで、ＮＡＴＯは安定性と予測可能性を維持するための砦のような存在になったのである。[2]この点は、ロシアの主張するＮＡＴＯ不拡大「約束」に関連して第一章でも触れたとおりだ。

加えて、ソ連は崩壊したものの、その継承国家であるロシアが、米国と並ぶ大量の核兵器を保有する大国として欧州大陸に存在し続けたとの現実も存在する。このことは、欧州周辺地域における紛争などの不安定化とともに安全保障上のリスクとして認識されることになった。そうである以上、ＮＡＴＯの即時解体は、欧州諸国にとって現実的選択肢にならなかったのも驚きではない。実際、世間の議論としてではなく、政府レベルにおいて、ＮＡＴＯの解消が現実的課題として検討された形跡はない。

結局、米欧間や欧州諸国間の協力を継続する必要性、ロシアや地域紛争に関するリスクへの対処、他の信頼できる代替策がなかったことなどから、ＮＡＴＯは継続することになる。冷戦終結を好機として汎欧州的な秩序を模索すべきだったと批判するのは簡単である。しかし、安全保障の確保は各国政府にとって重い責任であり、将来が不透明ななかで、すでに確立され成功してきたものを捨て去るべきだったと軽々にいうことはできない。

集団防衛から遠征任務へ

そうして出発地点に立ったＮＡＴＯの冷戦後は、同盟の目的の変化を経験することになる。ソ連という明白な脅威が去り、一九九〇年の戦略概念でＮＡＴＯは多面的なリスクへの対処に舵を切ったが、すぐに当初の想定を超える変化に直面することになった。

旧ユーゴスラヴィアでの危機管理（平和維持）任務である。一九九五年に成立したボスニア和平の履行のための部隊派遣にはじまり、コソヴォに関連してはセルビアへの空爆を実施するなど、「行動する同盟」に変化を遂げた。冷戦時代を抑止主体の「存在する同盟」で過ごしたＮＡＴＯにとっては新たな経験だったが、多国間での計画や作戦実施こそ、ＮＡＴＯが冷戦期から備えてきたものであり、ＮＡＴＯは持てる能力を発揮することになった。

ただしそれはまだ、欧州大西洋地域に制約された話であった。しかも、旧ユーゴでさえ「域外(out of area)」とみなされ、同盟としてどこまで関与すべきかが当時は議論されていたのである。

この状況に変更を迫ったのが、二〇〇一年九月一一日の米国に対する連続テロ攻撃だった。NATOは集団防衛を規定する北大西洋条約第五条を史上はじめて発動し、さまざまなかたちで米国を支援することになった。アフガニスタンのタリバン政権に対する攻撃に実際に直接参加したのは英国など少数にとどまったが、二〇〇三年八月からは、国連安保理決議に基づく国際治安支援部隊(ISAF)の指揮をNATOがとることになった。それを通じてNATOはアフガニスタンに全面的に関与することになり、同盟の活動範囲は、欧州大西洋地域を大きく越えたのである。

九・一一を受けてNATOは、「必要であればどこへでも(wherever needed)[3]」という原則を新たに打ち立て、実践していった。ただし、二〇〇三年のイラク戦争への対応においては、米国を支持する英国や中東欧諸国と、米国を強く批判したドイツやフランスなどとの間で、NATOは深刻な内部分裂を経験した。

それでもNATO全体として、新たな時代における軍隊の役割が、もはや領域防衛ではなく、旧ユーゴやアフガニスタンのような危機管理、そして遠征任務になることに関しては、おおまかなコンセンサスが存在していたといえる。一九九〇年代から二〇〇〇年代半ばまではそのような時代だった。集団防衛は後景に退いていた。別のいい方をすれば、ロシアに対する抑止・防衛の優先順位は低い状態が続いていたのである。

そして遠征任務から再び集団防衛へ

そうした前提に再考を迫ったのが二〇〇八年八月のロシア・ジョージア戦争である。同戦争でロシアはジョージアに侵攻し、南オセチア、アブハジアという二つの地方を一方的に独立させた。ジョージアはNATO加盟国ではないが、各国において領土防衛の必要性があらためて認識される結果になった。二〇一〇年のNATO戦略概念が、集団防衛を第一の柱として再び強調することになったのもその流れの一環だった。[4]

その後も、二〇一四年のロシアによるウクライナのクリミアの違法な併合、ドンバスへの介入など、ロシアによる攻撃的姿勢がより明らかになってゆく。その結果、NATOとしても、ロシアを従来のようにパートナーとして扱い続けるわけにはいかなくなり、抑止・防衛の対象として位置付けなおすことになった。

二〇一六年七月のワルシャワ首脳会合で決定されたバルト三国やポーランドへのNATO部隊のローテーションでの展開（「強化された前方プレゼンス〔eFP〕」）や、二〇一八年七月のブリュッセル首脳会合で示された「四つの三〇」——有事の際には戦闘艦艇三〇隻、三〇個機動大隊、三〇個戦闘飛行中隊を三〇日以内に確保するとの計画——は、当然のことながらいずれもロシアを念頭においた措置である。

クリミア併合直後はNATOにおいても、軍事力の行使にいたらない情報戦やサイバー攻撃などを駆使した「ハイブリッド戦争」に焦点が当てられていたが、その後NATOは、軍事的にはハイエンドで、大規模な有事への備えに重心を移している。

ただし、軍事的に正面からロシアに対峙することはNATOにとっても負担が大きい。そのため、こうした対露抑止・防衛態勢強化は一直線に進んだわけではない。やらなくて済むのであればそれにこしたことはない、というのが本音である。そのため、「ロシアもさすがにこれ以上の行動には出ないだろう」という希望的観測を持ち続け、いわば小出しに対応を進めてきたのがNATOの実態だった。

しかし、その行き着く先は二〇二二年二月のロシアによるウクライナ侵略だった。NATOにとっては加盟国防衛のためにも、集団防衛の強化以外の選択肢がなくなった。

NATO拡大とは何だったのか

このようなNATOの変遷と同時に起きていたのは加盟国の拡大である。そしてそれこそが、冷戦後の欧州秩序を形づくってきた。冷戦終結時に一六カ国であったNATO加盟国は、今日三〇に増大している。フィンランド、スウェーデンの加盟が実現すれば、三二になる。

NATO拡大をもたらしたのは、端的にいって、NATOへの加盟を希望する諸国の存在だった。入りたい国があったためにNATOは対応した。さらにいえば、NATOは新規加盟国の受け入れに当初はまったく前向きではなかった。

NATOが拡大に消極的だった理由は、第一に、ロシアとの関係への配慮である。NATO拡大にロシアが反対するなかで、ロシアとの関係悪化というコストと、NATO拡大による利益を天秤にかけざるを得なかったのである。第二に、NATOへの新規加盟国の受け入れは、新たな諸国への安全保障コミットメントの拡大を意味する。NATOにおける集団防衛を最終的に担保しているのは、現実として米国であり、米国にとってのNATO拡大は負担の増大という側面を有する。

それでも、ポーランドやハンガリー、チェコを筆頭に、NATO加盟を求める声は強くなる一方であり、NATOとしてもそれに抗い切れなくなったというのが実情だった。それら諸国は、ロシアを念頭においた安全保障の確保と同時に、「欧州への回帰（return to Europe）」の象徴としてNATO加盟を求めたのである。

この両義性は重要である。安全保障の確保は重要であり、その観点からすればNATO加盟とは米国の保証を受けることと同義だった。他方で、それら中東欧諸国のロシアに対する脅威認識が一九九〇年代を通じて高かったとはいい難い。というのも、結局NATOは新規加盟国に関する公式の非常事態対処計画の策定を見送ることになり、ポーランドなどからは不満が漏れたものの、それら諸国自身も、ロシアを念頭においた有事への備えを進めたわけではなかったからである。安全保障面で切迫感がない以上、欧州への回帰という政治的側面の比重が増すのは当然の帰結だった。

「ロシア問題」への対処

冷戦後のNATOの主要な拡大は二回あり、最初の一九九九年にチェコ、ハンガリー、ポーランドが加盟し、二〇〇四年にバルト三国、ブルガリア、ルーマニア、スロヴァキア、スロヴェニアが加盟した。NATO拡大にロシアが反対してきたことを踏まえ、いずれの拡大においても、事前にロシアとの間で「手打ち」がなされた。

一九九九年の拡大の前には、一九九七年五月にNATO・ロシア基本議定書が合意され、NATO側は、新規加盟国の防衛は「実質的な戦闘部隊の追加的常駐」によらず、増派等によって対処するとの意図を表明した。また、二〇〇四年の拡大の前には二〇〇二年五月にローマ宣言に合意し、NATO・ロシア理事会（NRC）が創設された。第一章でも述べたとおりだ。

ロシアとしても、NATOの決定に拒否権を有さない以上、反対し続けるだけでは利益にならないことを認識し、条件闘争に持ち込んだのだろう。NATO拡大に賛成せずとも、折り合いをつけてきた歴史である。しかも二〇〇二年の時点ではすでにプーチンが大統領だった。

それでも、ロシアにしてみれば、NATOや米国との力のバランスとしては弱い立場にあったため、NATO拡大をやむを得ず受け入れるほかなかったという側面もあろう。そうであれば、国力が増せば、NATOとの関係、さらには欧州秩序の転換を求めるということになる。

そしてこの点は、冷戦の終結の仕方とあいまって、米国やNATOの側にとっても課題であり続けてきた。というのも、欧州秩序をめぐる二つの主要問題のうち、「ドイツ問題」は、統一ドイツをNATOとEUに取り込むことによって最終的な決着をみたのだが、もう一つの、欧州秩序にロシアをいかに位置付けるかという「ロシア問題」には、明確な答えがなかったからである。ドイツと同様、あるいはそれ以上に、欧州に位置付けるには存在が大きすぎ、対応を誤れば欧州秩序を破壊しかねないのがロシアだった。

冷戦後のロシアに対しては、民主化と市場経済化が進み、欧州的な近代国家に生まれ変わることへの期待が、米国や西欧で高まった。それに基づき、さまざまな支援がおこなわれたものの、結局のところ「つかず離れず」という関係が続くことになった。ロシアの側からすれば結局、米欧はロシアを排除しようとしてきたということになるが、米欧にとってはロシアが自ら離れていったのである。

それでも冷戦期の対立に比べればましだったのかもしれないが、ロシアとの間で安定的な秩序が築かれることはなかった。さらにいえば、ウクライナに対しても、二〇〇八年のNATO首脳会合で将来の加盟国になるとの決定はしたものの、その後、加盟プロセスの前進はなく、宙ぶらりんの状況が続くことになった。このあたりは、NATOによる秩序形成の限界だったといわざるを得ない。

ウクライナ国境に一〇万を超える兵力を結集させた状況のなかでロシアは、二〇二一年一二月、第一章で触れたように、NATOの兵力態勢を一九九七年五月の状態に戻すことを求め、さらなるNATO拡大を禁止する内容を含む条約案をNATOと米国に提示した。これは、冷戦後にNATOを中心に形成された欧州安全保障秩序への根本的な異議申し立てであり、「冷戦後」をなかったことにする試みであった。

ウクライナ侵略を受け、NATOでは対露抑止・防衛態勢の強化が進められている。新たなNATOの時代のようにみえる一方で、それはロシアの当面の脅威に対処するための対症療法に過ぎない。冷戦期のような状況に戻って、ソ連に対峙していたときと同様にロシアに対峙していくことへのNATOの決意が固まったとはまだいい切れない。それはNATO側にとってもコストが高過ぎるからである。そうしたなかで、当面、最重要課題として対処しなければならないのが、ロシアによるウクライナ侵攻だという構図である。

NATOの任務は加盟国防衛

ロシア・ウクライナ戦争の重要な特徴の一つは、米国を含むNATOが、地上部隊を派遣するという意味での直接の戦闘行為には参加していない一方で、それ以外の考え得るほとんどすべてといってよいほどの支援をおこなっていることである。同時に、ウクライナへの武器支援が注目されがちだが、NATOの役割という観点で、同盟にとってより本質的なのは、NATO諸国の防衛である。そしてNATOはこの点で大きな役割を果たしている。

二〇二一年の秋以降、ウクライナ国境へのロシア軍の結集がさらに進むなかで、NATOに最初に持ち上がったのは、NATO加盟国の安全をいかに確保するかという問題だった。NATOが防衛同盟である以上、これが最優先課題になるのは当然だろう。ウクライナと国境を接するポーランドとルーマニアを中心に、東部方面（Eastern flank）の防衛を強化するために、米国のみならず、英国やフランス、ドイツなどの主要国を含む各国が陸上部隊や航空部隊を展開することになった。

ウクライナには派兵しないと繰り返し強調していたバイデン政権も、二〇二二年一月下旬になると、NATO諸国の防衛強化のためとして八五〇〇名の部隊の展開準備を表明するなど、NA

TOへのコミットメントを強調するようになった。[5]その後も、ポーランドやルーマニアといった最前線のNATO加盟国の防衛支援、および同盟国に対する安心供与の目的を含めて、共同訓練実施のために、増派を重ねていった。その結果、ウクライナ侵攻以前には約六万名だった在欧米軍は、一〇万名規模に膨れ上がったのである。[6]ウクライナへの直接の介入がないなかで、ここまで増派されていることは注目される。

詳細は公表されていないが、ロシアによるウクライナ侵攻を受けてNATOは、個別国・地域に関する防衛計画、危機対応措置(crisis response measures)を発動している。これにはNATO即応部隊(NRF)の使用も含まれる。[7]NRFを抑止・防衛といういわば本来任務で使用するのははじめてである。四万二〇〇〇名の部隊がすでに展開し、東方地域での陸上部隊は、ウォルタース(Tod Wolters)NATO司令官(欧州連合軍最高司令官:SACEUR)(当時)によれば、二〇二二年五月時点で「一〇倍以上」[8]になっていた。東方の防衛としては、二〇一四年のクリミア併合などを受けて、バルト三国とポーランドに「強化された前方プレゼンス(eFP)」の枠組みにおいて、大隊規模のNATO部隊がローテーションで配備されていた。二〇二二年三月の首脳会合は、ハンガリー、スロヴァキア、ルーマニア、ブルガリアへの展開を新たに決定した。[9]ウクライナとの国境地帯にはパトリオットなどのミサイル防衛・防空システムも配備され、不測の事態に備えることになった。

さらに進むNATOの中心性

ロシア・ウクライナ戦争が進むなかで、NATOを取り巻く環境、さらにはNATO自体も変わることになった。その過程で、はからずもNATO加盟の意味が可視化されることになった。米国もNATOも、ロシアによるウクライナ侵攻は抑止できなかった。主として経済制裁の警告によってロシアの行動を阻止しようとした目論見は失敗したのである。しかし、NATO加盟国に対しては、これまでもみてきたように、ロシアからの威嚇・警告は繰り返されつつ、ロシア側からNATO加盟国に対して、本格的な軍事的挑発はおこなわれていない。これは、ロシアに対するNATOの抑止が機能している結果だと考えることができる。もちろん、ロシアはそもそも戦線の拡大を望んでいないということもできるが、そうだとしても、その原因の一部には、NATOの参戦を避けたい意思があることは否定できないだろう。

つまり、NATOの「内」と「外」の境遇の差が明らかになったのである。ウクライナにとっては厳しい現実だったが、加盟国にとってはNATOに入っていることの価値が確認された。次にみるフィンランドとスウェーデンのNATO加盟申請も、この文脈での出来事である。

【初出】「NATOの冷戦後――秩序形成の模索と残された課題」『三田評論』(二〇二二年七月号)
「ロシア・ウクライナ戦争とNATO」『安全保障研究』(鹿島平和研究所・安全保障外交政策研究会)第四巻第二号(二〇二二年六月)

たとえ外交的口実であったとしても、ウクライナのNATO加盟阻止はロシアによる侵攻の大きな目的の一つとされた。しかし、ウクライナのNATO加盟問題はまったく進展していなかったのみならず、今回の侵攻は、フィンランドとスウェーデンのNATO加盟への流れをもたらすことになった。皮肉というほかなく、まさに「オウンゴール」である。

北欧に拡大するNATO――フィンランドとスウェーデンの選択

フィンランドとスウェーデンといえば、北欧の中立国として知られてきた。より正確にいえば、NATOに加盟しないという意味での「軍事的非同盟」である。いずれにしても重要なのは、第二次世界大戦終結、そしてNATO創設から七〇年以上にわたってNATO非加盟を貫いてきたことであり、結果として北欧にはNATO非加盟地帯が存在し、それは欧州秩序の特徴の一つでもあった。それがいま変わろうとしている。

フィンランドとスウェーデンは、二〇二二年五月一八日に揃ってNATOへの加盟申請をおこなった。この直接の背景としては、当然、二月二四日からのロシアによるウクライナ侵攻が大きく存在するが、それだけではない。ここでは三つの段階に分けて考えたい。第一はこれまでのNATOとの関係強化の蓄積であり、第二は、NATOのさらなる不拡大を求めた二〇二一年一二月のロシアによる条約提案への反発、そして第三がウクライナ侵攻である。

そのうえで、北欧におけるNATO拡大は何をもたらすのか。以下では、NATO加盟に関して主導権をとってきたフィンランドを軸に検討していこう。

「軍事的非同盟」路線と先進的な軍隊

まずはこれまでの経緯を確認しておきたい。冒頭で指摘したとおり、ＮＡＴＯに関するフィンランド、スウェーデンの方針は「軍事的非同盟」である。特に冷戦終結後は、「中立」という用語は基本的に使っていない。国際条約に基づく（永世）中立国であるスイスやオーストリアと異なり、フィンランドとスウェーデンは、中立を憲法で定めているわけでもなく、外交・安全保障政策における選択としてＮＡＴＯに加盟してこなかったのである。

さらにいえば、それも望んだ選択ではなかった。ソ連の圧力のもとで、現実的なぎりぎりの選択をせざるをえなかったのである。それでも、冷戦期においては東西対立のなかでの中立という意味合いがあったものの、国内の政治体制や自由、民主主義、人権といった基本的価値に関して中立だったわけではない。フィンランド、スウェーデン両国ともに、価値に関しては一貫して完全に西側だった。

もっとも、フィンランドとスウェーデンの間にも重要な相違が存在する。フィンランドにとっての第二次世界大戦後の非同盟は、ソ連と隣国であるという現実に則した選択であったのに対して、スウェーデンのそれはより歴史が長く、アイデンティティ、さらにはＤＮＡの一部だともいわれる。今回、フィンランドの方がＮＡＴＯ加盟に素早く舵を切ることになった背景にも、そうした違いが存在するといえる。[10]

そして冷戦後の一九九五年、両国はオーストリアとともにＥＵに加盟する。それからすでに二五年以上が経ち、フィンランドとスウェーデンは、EU諸国にとってはあらゆる意味で「我々」の一部になっている。これは重要な点である。

というのも、EU条約（リスボン条約）には、第四二条七項という、少なくとも文言上は集団防衛だと解釈可能な、軍事侵略の際の相互支援を定めた条項が存在するからである[11]。NATOに加盟しない両国に対して、これが軍事的にどこまで実効性を有するかについては懐疑的な見方が強いものの、特にフィンランドはこの条項に強い関心を示してきた経緯がある。ロシアによるウクライナ侵攻前の二月三日にフィンランドを訪問したフォン・デア・ライエン欧州委員会委員長は、有事の際のフィンランドとの完全な連帯を強調し、さらに第四二条七項に明示的に触れたのである[12]。

NATOとの関係においても、協力関係を発展させてきたのが両国である。二〇〇〇年代半ば以降、両国はNATOが指揮するアフガニスタンでのISAFに部隊を派遣し、これがNATOとの関係の質的変化につながった。ISAFへの参加を通じて両国は、軍事面でのNATOとの相互運用性を高めたと同時に、NATOにおける政策形成への参画を深めていった。

NATOはその後、アフガニスタンでの協力を通じて相互運用性を高めた諸国を主たる対象として、「高次機会パートナー（enhanced opportunities partners）」[13]という新たな枠組みを創設した。協力のための機会がさらに多数用意されているという意味である。長年価値を共有し、先進的な軍隊を擁するフィンランドとスウェーデンがその中心的メンバーになったのは当然である。

つまり、両国は「中立」という一般的イメージとは異なり、冷戦期から、実際には価値において常に西側であり、一九九五年の加盟以降は安全保障協力を含めてEUにコミットするとともに、特に二〇〇〇年代以降はNATOとの関係を強化してきた。その結果、両国は、NATOとの関係においても数あるパートナー国の一部としてではなく、端的にいってウクライナとは異なる特別な位置付けを得てきた。まずはこの点を確認する必要がある。

最終的なNATO加盟申請がウクライナ侵略によってもたらされたものだったとしても、わずか数週間での決断が可能になった背景には、それまでのNATOとの協力の積み重ねが存在したのである。これが第一段階だったといえる。

「同盟選択権」問題に反応した両国

そうしたなかで深刻化したのが、国境付近でのロシア軍の集結によるウクライナへの圧力行使であり、ロシアとNATOとの間の関係の緊張だった。特に、二〇二一年一二月にロシアが米国とNATOに対して新たな条約案を提示し、そのなかにNATOのさらなる拡大の停止が含まれていたことは、フィンランドとスウェーデンの懸念を増幅させることになった。

これが、両国をNATO加盟に向かわせた第二段階である。フィンランドのニーニスト（Sauli Niinistö）大統領は、同国メディアとのインタビューで、これが「転換点」になったと指摘している。[14] ロシアの条約提案は、フィンランド（およびスウェーデン）が非同盟であることが地域の安定に貢献しているという前提理解を否定するものだったからである。

なお、ロシアによる条約案のNATO不拡大に関する条項については、米国に対するものとN

ATOとのものの間に相違がある。米国相手の条約案（第四条）では、旧ソ連諸国へのNATO拡大を禁止しているが、NATO相手の条約案（第六条）では、「ウクライナや他の諸国を含む、いかなるNATO拡大も慎む」としている。[15] 文言通りに解釈すれば、米国との条約案ではフィンランド、スウェーデンへの拡大は許容されるが、NATOとの条約案では両国の加盟もできなくなる。

この相違が意図的であったか否かは不明である。それでも、「さらなるNATO拡大」を禁止するような議論が提起されたことに、フィンランドとスウェーデンは強く反応した。もちろん、米国を含むNATO側はロシアの要求を一蹴したわけだが、それでも、両国にとっては、みずからの同盟選択権に直接関わる問題であり看過できなかったのである。ロシア提案の直後には、スウェーデンのリンデ（Ann Linde）外相が、そうした議論自体を「固く拒否する」[16] と述べている。

さらに、二〇二二年の年頭演説でフィンランドのニーニスト大統領は、行動の余地と選択の自由の重要性を強調し、「それにはNATOへの加盟申請も含まれる」[17] と明言したのである。マリン（Sanna Marin）首相も年末メッセージで、「行動の余地を無くすわけにはいかない」[18] と述べていた。この時点でフィンランドがNATO加盟申請を考えていたわけではない。しかし、自国を取り巻く安全保障環境が悪化するなかで、選択肢を残しておく必要があるとの思いが強くなったと考えられる。

別のいい方をすれば、入る必要があるときには入れると考えるからこそ、「いまはまだ入らない」という決定ができるのであり、入りたいときに入れないのだとしたら、入れるうちに入っておきたいということになる。軍事的非同盟という政策判断と、各国が自由に同盟を選択することができるという同盟選択権は、本質のところで結びついていたのである。後者に疑問が生じたために、前者を維持できなくなった。

しかも、この同盟選択権は、冷戦時代の一九七五年に東西両ブロックの間で合意されたCSCE（欧州安全保障協力会議）がフィンランドの首都ヘルシンキでの首脳会合で採択し、同都市名を冠した「ヘルシンキ最終議定書」で確認された原則である。それが損なわれることは、フィンランドにとっては象徴的意味もあったのだろう。

最後の一押しとしてのウクライナ侵攻

そして二月二四日にはじまったロシアによるウクライナ侵攻である。これが第三段階だ。ロシアが隣国を軍事侵攻するという事態に、同じくロシアの隣国であり、一三〇〇キロ以上の陸上国境を有するフィンランドが衝撃を受けたことは想像にかたくない。有事に備えたNATOとの協力が模索されることになった。三月四日のNATO外相会合は、フィンランドおよびスウェーデンとの調整と情報共有の強化を決定し、ロシア・ウクライナ戦争に関連してNATOでおこなわれるすべての協議に両国が参加することになった。[19]NATOと両国はさらに接近したのである。

ウクライナ侵攻の開始を受けて、NATO諸国との外交を真っ先に活発化させたのはフィンランドだった。三月四日にワシントンを訪れたニーニスト大統領はバイデン米大統領と会談し、米国側発表によれば、両首脳は「北欧において強固な防衛と抑止を確保する」[20]ことについて議論した。同盟国ではない関係において「抑止」を議論するのは異例だ。このあたりから、フィンランドはNATO加盟申請を視野に入れて外交攻勢をかけていたと考えられる。ロシアによるウクライナ侵攻から、まだ一〇日も経っていなかった。

そうした政府の素早い動きを支えたのは、フィンランド（およびスウェーデン）の世論におけるNATO加盟支持の上昇である。従来、NATO加盟支持は一〇%台から二〇%程度で推移していたが、ロシアによるウクライナ侵略を受けて急上昇し、三月の調査ではフィンランドで支持が六二%に達していた。反対がわずか一六%というのも注目に値する。さらに五月には支持が七六%に達した。反対は一二%だった。[21]

ニーニスト大統領は三月中旬の英フィナンシャル・タイムズとのインタビューで、NATO加盟にはリスクがあるとしつつ、「現状を続ける以外のことが必要」[22]と明言し、NATO加盟と米国およびスウェーデンとの防衛協力強化という二つの選択肢があると述べていた。現状を続けるわけにはいかないとの認識が前面に出たことは重要である。

そして四月一三日にストックホルムを訪れたマリン首相は、スウェーデンのアンデション(Magdalena Andersson) 首相（当時）との会談後の会見で、NATO加盟申請について「数週間以内に」[23]結論を出すと述べることになる。同日、フィンランド政府は「変化する安全保障環境に関する政府報告書」を提出し、NATO加盟申請にあたっての論点整理と、加盟申請を決定した場合に想定される手続きの見通しを明らかにした。同報告書はNATO加盟申請の是非を示すものではなかったが、すでに周到な準備がおこなわれてきたことを示唆する内容だった。[24]

フィンランドにとってもスウェーデンにとっても、単独での加盟は当初から想定されていなかったはずである。というのも、どちらか一方のみが加盟すれば、他方が地域で唯一のNATO非加盟国になってしまい、ロシアによる挑発の対象になりかねないからである。従来はスウェーデンの方がNATO加盟に積極的であり、フィンランドが決断できるのかという議論が多かった。しかし今回の展開は逆だった。

ロシアとの国境をかかえるフィンランドの方が今回は決断を迫られたといえる。そして、フィンランドは、自らが主導権をとることで、スウェーデンの動きを促す狙いがあったのだろう。さらにいえばフィンランドには、スウェーデンを最終的に動かすことができるという確信があったのではないか。

NATOへの貢献が期待されるフィンランド、スウェーデン

ウクライナのNATO加盟は長年にわたってほとんど進展がないままである一方、フィンランドとスウェーデンのNATO加盟は急速に進む様子に、ウクライナは複雑な感情を抱かざるをえないかもしれない。しかし、前述のように北欧の両国は、長年西側の一員であり、出発点が大きく異なっていたのである。

加えて、フィンランドとスウェーデンの先進的な軍隊と、地政学的位置は、ロシアを念頭に置いた場合のNATOの抑止・防衛態勢に大きく貢献する。次節でみるように、今日のNATOにとっての最大の課題の一つはバルト三国をいかに防衛するかである。バルト海を挟んでそれら諸

国の対岸に位置するのがフィンランドとスウェーデンであり、両国のＮＡＴＯ加盟は、同地域でのＮＡＴＯの作戦の大きな支えになる。それゆえ、バルト三国は早くから北欧の両国のＮＡＴＯ加盟を強く支持していたのである。[25]

ＮＡＴＯ加盟申請直後の両国首脳をホワイト・ハウスに招いたバイデン米大統領は、会談後の会見で、「最も基本的なことは、単純で論理明快であり、フィンランドとスウェーデンがＮＡＴＯをより強くするということである。それは彼らの［軍事的］能力のみならず、彼らが力強い民主主義であることによる」[26]と述べている。やはりこの点においても、両国は特別だったのだ。

しかし、フィンランドとスウェーデンによる加盟申請を受けて、トルコのエルドアン（Recep Tayyip Erdoğan）大統領は、両国のＮＡＴＯ加盟への反対姿勢を表明することになった。両国が、テロ組織認定されているものを含め、クルド系の組織やその構成員に甘い対応を取り続けてきたことへの不満が原因であった。トルコは、ＮＡＴＯ拡大への次の段階であるＮＡＴＯによる両国への加盟招請の決定に拒否権を発動する姿勢を示したのである。加盟招請の決定には同盟内のコンセンサスが必要であり、トルコが反対する限り、実現しないことになった。

この経緯についてはさまざまな議論があるが、フィンランド側は一定の根回しをトルコに対してもおこなっていたようであり、その過程で異論は提起されなかったという。[27]それが事実だとすれば、第一に考えられるのは、ＮＡＴＯへの加盟申請の準備ではフィンランドより遅れていたスウェーデンによる根回しが不足していたことである。フィンランドの周到な準備に比べて、スウェーデンが出遅れたことは否めず、しかもクルドの問題は、フィンランドよりもスウェーデンの問題であった。第二に、外相レベルまでであれば特に問題がなかったが、クルドの問題に関してはエルドアン大統領が個人的に特に強い立場をとっており、最後の段階で大統領主導で反対論が掲げられたという側面もあったのだろう。

二〇二二年五月下旬から六月にかけては、この問題の解決には時間を要するとの見方が強く、六月末のマドリード首脳会合までに決着することには悲観的見方が広がっていた。しかし、首脳会合前夜の六月二八日、トルコ、フィンランド、スウェーデン首脳にＮＡＴＯ事務総長を交えた会談で妥協が成立し、三カ国による覚書が署名された。[28] その中身は、必ずしも新しくはなく、フィンランドとスウェーデンは、クルド系テロ組織の取り締まり強化やトルコによる送還要求の迅速な審査などを約束した。トルコは、クルド問題での譲歩に加えて、米国からＦ16戦闘機の購入に関する前向きな姿勢を引き出したようで、これが急転直下の合意を可能にした重要な原因だったとみられている。[29]

加えて、ロシアによるウクライナ侵攻への対応という、ＮＡＴＯにとって最大級の非常事態に直面するなかで、「一対二九」に近い構図で両国の加盟に反対を続けることの政治・外交的コストも増大していたのだろう。米国は、当初は当事国同士で解決すべきだとの立場だったが、実際には水面下でさまざまに動いたようだ。

加盟実現までの安全をいかに確保するか

フィンランドとスウェーデンのＮＡＴＯ加盟にあたって懸念されたのは、加盟申請から加盟実現までの間の安全をいかに確保するかという問題だった。その期間が、ロシアによる挑発を最も招きやすいとされたのである。実際、ロシア側は、例えば前大統領でもあるメドヴェージェフ（Dmitry Medvedev）安全保障会議副議長が、バルト地域への核兵器の配備に言及するなど、反発を強めた。[30] フィンランドとスウェーデンがNATOに接近することまではロシアも予測していたのだろうが、加盟申請にまで踏み切ることはない、それは脅しで阻止できるとたかを括っていたのではないか。ロシアにとっては大きな誤算であった。

四月五日の記者会見でストルテンベルグNATO事務総長は、フィンランドとスウェーデンが加盟申請する場合にはNATO諸国は歓迎するだろうとしたうえで、加盟申請から加盟実現までの時期の懸念に対処する姿勢を示した。他方で、北大西洋条約第五条の「集団防衛の保証は加盟国、そう加盟国のみに適用される」[31] とも述べていた。

原則論としては事務総長のいうとおりだった。ただしその後、フィンランドやスウェーデンとNATOとの間では、この期間のロシアからの挑発への対処として、NATO部隊による演習を実施することや、バルト海にNATO艦艇のプレゼンスを確保することなどが議論されていると報じられた。[32] これに沿うようなかたちで、四月二八日の記者会見ではストルテンベルグ事務総長も、加盟申請から加盟実現までの期間に関する措置が可能だと信じていると発言している。[33]

これに関して最も目立った動きをしたのはジョンソン（Boris Johnson）首相（当時）率いる英国だった。五月一一日にフィンランドとスウェーデンを相次いで訪問したジョンソンは、それぞれとの間で声明を発表した。それぞれの国のNATO加盟を支持し、例えばスウェーデンとの間では「いずれかの国が災害や攻撃の被害を受けた際、英国とスウェーデンは、被害を受けた側からの要請に基づき様々な方法で互いに助け合い、それには軍事的手段が含まれ得る」[34]とした。フィンランドとの間の宣言にもほぼ同一の文言が含まれている。[35]これは、集団防衛に限りなく近いコミットメントである。両国は、米国との間でもこれに類似する内容の議論をおこなっていたとみられるが、英国の場合とは異なり、公の文書として公表はされていない。

加盟実現の日まで第五条が適用されないのは、過去のNATO拡大でもそうだったが、少なくとも公には特別な措置がとられることはなかった。今回それが必要とされているのは、それだけ安全保障環境が厳しい証しである。この問題に対処する最も効果的な方法は、加盟申請から加盟実現までの期間を短くすることである。そこで今回は、二〇二二年六月末の首脳会合で招請が決定して、七月四日に加入のための交渉をおこない、翌七月五日には加入議定書が署名されるという段取りになった。交渉が一日で終了するのは確かに異例だったが、それは、両国が異例なほどに準備の整っていた加盟招請国だったからである。メディアでは「ファスト・トラック」だとの説明が多かったが、何かの手続きが省かれたわけではない。

第五条が正式に適用されるには、加盟実現を待つ必要があるが、加入議定書の署名を終えた国は、「招請国(invitees)」として、NATOのすべての会合に参加することになる。「ほぼ加盟国」という状況が既成事実化されるようなものである。そうした状況を受けて、ストルテンベルグNATO事務総長も一〇月の会見では、「スウェーデンやフィンランドが何らかの圧力にさらされたとき、同盟国［NATO加盟国］が行動しないことは考えられない。また、多くの同盟国が両国への安全の供与（security assurances）をおこなっている」[36]と述べるに至っている。

トルコによる加入議定書の批准が遅れることで、加盟実現にも時間を要しているものの、ただ手をこまねいて待っているわけではないという、他の加盟国、そして同盟としての意思表示なのであろう。「すべての加盟国が拒否権を持っている」という制度論のみでは理解できないNATOのダイナミズムだといえる。

変わる欧州秩序の形

フィンランド、スウェーデンのNATO加盟は何をもたらすのか。第一にこれは、第二次世界大戦後の欧州国際秩序の大転換である。北欧にNATO非加盟国地帯——冷戦時代は東西間の中立国——が存在することは、戦後欧州秩序の大きな特徴の一つだった。それが消滅することになる。冷戦構造崩壊の最終章になるのかもしれない。

それは第二に、ロシアが北欧においてNATO加盟国に完全に包囲されることを意味する。サンクトペテルブルクや、リトアニアとポーランドの間に存在しバルト海に面した飛び地であるカリーニングラードを、NATO諸国が監視する態勢が強化される。NATO加盟国であるバルト三国にとっては、安全保障の確保に大きなプラスになる。それだけにロシアにとっては望ましくない事態である。

ロシアにとっては大きな挑戦になるが、こうした事態を招いたのは二〇一四年のクリミア併合以降のロシアの行動であり、最終的には二〇二二年二月以降のウクライナ侵略である。これらがなければ、フィンランドもスウェーデンも、ＮＡＴＯ加盟に動く必要はまったくなかったはずだ。だからこそ、これはロシアにとってのオウンゴールというほかないのである。

マリン首相は、ＮＡＴＯ加盟にともなうリスクを指摘しつつ、「加盟申請をしてもしなくてもリスクは存在する」[37]と述べていた。それほどまでにロシアへの信頼は失われており、そうである以上は一日でも早く加盟すべきだという結論になる。

なお、こうした情勢の変化は、日本において伝統的に維持されてきた「北欧ブランド」といういい方に代表されるような、中立や平和に引き寄せられた北欧イメージにも転換を迫るのではないか。すべてがＮＡＴＯ加盟国となったとき、それはやはり新しい北欧になる。

【初出】「フィンランドとスウェーデンをＮＡＴＯ加盟に向かわせた危機――ロシアの『オウンゴール』を検証する」『フォーサイト』（二〇二二年五月二一日）

新たな「戦略概念」で態勢固めをするNATO

ロシアによるウクライナ侵攻から四カ月あまりが経った二〇二二年六月末、NATOは首脳会合を開催し、対露抑止・防衛態勢の強化を進めることになった。首脳会合自体は以前から予定されていたものだったが、同盟としての強い意思を示す機会になった。NATOは新たな時代に踏み出したのであるが、これが中長期的な到達点になるかはまだ分からない。

二〇二二年六月二九―三〇日にスペインの首都マドリードで開催されたNATO首脳会合は、新たな「戦略概念（Strategic Concept）」を採択した。[38] これはNATOとして最高位の戦略文書であり、二〇一〇年以来の改訂となった。ロシアを「最も重大かつ直接の脅威（the most significant and direct threat）」と位置づけ、対露抑止・防衛態勢の抜本的強化を打ち出した。

今回の首脳会合と戦略概念に関しては、二〇二二年二月から続くロシア・ウクライナ戦争を受けてのウクライナ支援や、戦略概念での中国への言及が注目された。しかし、NATOにとっての最も重要な任務は加盟国の防衛であり、その強化策が今回の目玉だった。この点はあらかじめ強調しておきたい。

具体的には、バルト三国やポーランドなどの東部方面に展開するNATO部隊の増強と、NATO全体としての即応態勢の強化が大きなテーマとなった。ウクライナにおけるロシアの破壊や殺戮を受け、NATOは自らの防衛計画の再検討が必要になったのである。以下ではまず、NATOの対ロシア認識を確認し、ロシアによる占領を阻止することが必須になった状況を受けた

「前方防衛」への転換に焦点を当てる。そのうえで、それを支える即応態勢について検討し、ロシアの先にある中国という挑戦について考えたい。

なお、前述のとおり、首脳会合直前の会談でトルコがフィンランドとスウェーデンのNATO加盟に対する反対を取り下げ、これもNATO首脳会合開催にあたっての重要な出来事になった。この問題が解決されないままに長引いていれば、NATOの分裂というイメージが強まっていたであろうことは想像にかたくなかった。NATO関係者が安堵したゆえんである。

脅威としてのロシアへ

今回の戦略概念において顕著なのは、ロシアに対する認識の変化である。二〇一四年のロシアによるクリミアの一方的併合よりもさらに前に採択された二〇一〇年の戦略概念は、ロシアとの「真の戦略的パートナーシップを目指す（第三三パラグラフ）」とし、「欧州大西洋地域は平和である（第七パラグラフ）」という認識を示していた。[39]

それに対して二〇二二年戦略概念は、冒頭で触れたように、ロシアを「最も重大かつ直接の脅威（第八パラグラフ）」と明言し、「強要、転覆、侵略、併合などの直接的手段で勢力圏をつくろうとしている（同）」と非難した。

全体の認識としては、二〇一〇年の文言と対になるかたちで、「欧州大西洋地域は平和ではない（第六パラグラフ）」とした。そして、「同盟国［NATO加盟国］の主権と領土の一体性への攻撃を排除することはできない（同）」とも述べて警戒感を示している。

NATOは、二〇一四年以降ロシアに対する認識を変え、対露抑止・防衛態勢の強化に舵を切りつつあったが、そのプロセスは今回の戦略概念で当面の到達点をみることになった。

バルト三国の焦燥感――既存の防衛計画への懸念の高まり

NATOによる対露抑止・防衛態勢を考えるうえで焦点となるのはバルト三国の防衛である。ロシアと国境を接するほか、面積自体が小さいために、端的にいって防衛が極めて困難である。ロシア軍が地上侵攻すれば数日で占領されるとの分析が以前から存在してきた。[40]

NATOの防衛計画は公開されていないため詳細は不明だが、バルト三国に関しては、ロシアによる占領を一旦許したうえで再上陸して解放を目指す想定だったといわれる。事実だとすれば、最善の策ではなくても、それ以外に方法がないというなかでの現実的選択だったのだろう。

しかし、ロシアによるウクライナでの破壊・殺戮をみせつけられるなかで、一旦退去したうえで解放を目指すという想定への懸念が高まることになった。特に、四月初旬にキーウ近郊のブチャで明らかになった大量殺戮はNATOに対して発想の転換を迫ることになった。

エストニアのカラス（Kaja Kallas）首相は、四月の時点ですでに、「師団規模の部隊を持つべきだ。すぐ押し戻すための戦闘能力が必要。（占領された）後で解放ではダメだ。後での解放が何を意味するかウクライナが示した[41]」と述べていた。さらに、解放まで一八〇日もかけていたら、エストニアは破壊し尽くされ、地図から「完全に消えてしまう[42]」と、警戒感をあらわにした。

この「一八〇日」という数字の根拠は不明であるものの、NATOの防衛計画を指していると考えられる。エストニアへのローテーション配備のNATO部隊を主導する英国のウォレス国防相は、カラス発言と相前後して、「エストニアに戦車を届けるのに六〇日もかけられない。ロシアがウクライナでおこなったことを考えれば、それまでにエストニアは無くなっている」[43]と述べている。

「六〇日」も唐突な発言だったが、六〇日で戦車が到着し、一八〇日で解放という想定だと考えれば、両者の発言は合致する。現行の計画にどこまで厳密に沿った発言だったかは不明だが、概ねそのようなものなのだろう。

さらにエストニアをはじめとするバルト三国の懸念を深めるのは、ウクライナからロシアへの市民の連行である。ウクライナからロシアに連れ去られた人数については、いまだに確定的な数字は不明だが、ウクライナ側は一〇〇万人以上と推定し、米国は九〇万から一六〇万人と推定していた[44]。エストニアの人口は約一三〇万である。国が「完全に消えてしまう」との懸念はリアルなのである。

ちなみに、ロシアが二〇二二年六月末時点で占領下に置いていたウクライナの面積は約一二万六〇〇〇平方キロメートルであり、エストニア（約四万五〇〇〇平方キロ）とラトヴィア（約六万五〇〇〇平方キロ）の合計より大きかった。

「前方防衛」への転換――「懲罰的抑止」から「拒否的抑止」へ

ロシアに占領されたら終わりであるとの認識がバルト三国において最も強いのは当然だが、同盟内でも支持が広がることになった。ストルテンベルグNATO事務総長も、冷戦時代の西ベルリンを引き合いに、ロシアにエストニアの首都タリンを陥落させないようにするとの決意を示した。[45]

一旦退却するのではなく、前方で対処することを「前方防衛（forward defence）」という。二〇一六年以降にバルト三国やポーランドにNATOの「強化された前方プレゼンス（eFP）」の枠組みで展開されていたNATO部隊（NATO battlegroups）は、「仕掛け線（tripwire）」であると位置付けられてきた。同部隊がロシア軍を撃退することは能力的にも期待できなかったからである。一〇〇〇名から二〇〇〇名の大隊規模では戦闘能力が限られる。あくまでも、他のNATO加盟国を巻き込む仕掛けをつくることで、北大西洋条約第五条の集団防衛が確実に発動されることを担保することが目的だった。それが抑止だということでもあった。

しかしそれでは、現実問題として一旦占領を許すことになってしまう。それから脱却するためには、前方展開されている部隊を抜本的に増強する必要があり、これが今回の首脳会合、戦略概念改訂における焦点になったのである。

抑止論でいえば、事後的な報復――この場合は、事後的な解放作戦――に依拠する「懲罰的抑止」から、侵略自体を食い止めることで敵による侵略目的の達成自体を阻止する「拒否的抑止」へのシフトということでもある。[46]

採択された戦略概念は、この点に関連して以下のように述べた。

我々は、配備（in-place）された強靭でマルチドメイン（多次元）で戦闘態勢の整った部隊、強化された指揮命令系統、事前に前方で貯蔵された武器・弾薬、緊急の増派受け入れのための改善された能力・インフラによって、抑止と前方防衛をおこなう。我々は、同盟の抑止と防衛のための能力を強化するために、配備された部隊と増派とのバランスを調整する。（第二一パラグラフ）

前方防衛が盛り込まれたほか、そのための前方展開部隊の増強が示された。最後の文の「バランスの調整」は、従来は増派に依存する部分が大きかったが、それを変更するという意味であり、バルト三国などに配備される部隊の比重を増やすことを示している。また、戦略概念は、「一インチ残らずすべての領土を守る（第二〇パラグラフ）」とも述べている。僅かであっても領土に手出しをさせないということであり、これも前方防衛へのコミットメントだといえる。

部隊なき前方展開？——実効性確保には疑問も

ただし、戦略概念でいう、前方へのＮＡＴＯ部隊の配備が、実際にどこまで増強されるかについては不透明な部分が多い。実際、戦略概念とは別に発出されたマドリード首脳会合宣言では、「部隊や師団レベルのものを含む指揮命令系統の強化におけるＮＡＴＯ部隊枠組み国と受け入れ国との間の協力を歓迎する（第九パラグラフ）」として、具体的調整は、ＮＡＴＯとして統一的に進めるのではなく、個別国間でおこなわれることが想定されている。エストニアであれば英国、ラトヴィアはカナダ、リトアニアはドイツ、ポーランドは米国との協議ということになる。

いずれの既存のｅＦＰ部隊主導国（枠組み国）も部隊増強の意思を示しているものの、例えばドイツは、ショルツ首相が旅団レベルへの引き上げを表明しつつ、実際には、司令部機能のみがリトアニアに常駐し、部隊については「必要な時」にドイツから緊急展開するというモデルが想定されている。[47]「部隊なき前方展開」ともいえる形式だ。

これを、即応性を活用した革新的なモデルだということもできる。ただ、仕掛け線から拒否的抑止への転換の必要性が指摘されるなかで、どこまで実効性が確保できるかについては疑問もある。

他方で、三〇〇〇名から五〇〇〇名とされる旅団規模の常駐を実現するためには、受け入れ国の側でもインフラの整備が必要になり、一朝一夕にできるわけではない。というのも、単なる部隊や装備の受け入れのみならず、常駐の場合には家族を帯同しての赴任も想定されるために、住居の確保や子女教育のための学校などの整備も必要になる。コストと時間がかかるのである。中長期的なプロセスだ。これらの点は、受け入れ国の側も認識している。

今回示された方向は、それらを踏まえた妥協案だといえる。それでも、特定の旅団規模の部隊を特定地域での任務にあらかじめ割り当て、定期的に現地で受け入れ国部隊とともに共同訓練をおこなうことで、その土地への理解を深め、また、輸送に時間のかかる装備をあらかじめ現地に配備しておくことができれば、軍事的には大きな前進になる。

こうした、有事を想定して特定の国の部隊に特定地域での任務を割り当てる方式は、（当時は基本的に常駐による前方展開だったものの）冷戦時代にＮＡＴＯが実践していたやり方とも共通性がある。

即応態勢の強化・拡大——時間を要するプロセスは「中長期のコミットメントの証」

バルト三国やポーランドといった同盟の東部方面へのNATO部隊の増強が対露抑止・防衛態勢強化の目玉だが、それを支えるのはNATO全体としての即応能力である。というのも、いくら前方展開を強化したところで、ロシア軍の侵攻といった大規模有事においては、NATO各国からの増派が必要になるからである。

マドリード首脳会合でNATOは、最大四万名とされてきた従来のNATO即応部隊（NRF）を抜本的に改編し、新たな「NATOフォースモデル（NATO Force Model）」を示した。[48] それによると基本的な兵力は三〇万名で、そのうち一〇万名を一〇日で展開可能な即応態勢に、残り二〇万名を一〇日から三〇日以内の即応態勢に置くという。さらに、五〇万名を三〇日から一八〇日での展開が可能な状態に置くことが想定されている。ストルテンベルグ事務総長は、二〇二三年にもこの態勢を開始すると述べている。[49]

首脳会合前にこの三〇万名という数字が最初に報じられた際は、NRFが四万名から三〇万名に七・五倍に増強されるというイメージだったため、現実的ではないのではないかとの懐疑的見方が強かった。ただし、実際に発表されたものは現行のNRFを大幅拡大するというよりは、新たなコンセプトのもとに整理し直すということである。欧州のNATO加盟国は合計で二五〇万名以上の兵力を有していることを考えれば、そのうちの一〇万名ないし三〇万名を前記のような即応態勢に置くこと自体は、まったく不可能なことではないはずだ。

ただし、課題となるのはいかに即応態勢を高め、その水準をＮＡＴＯとして保証できるかである。その側面では、ＮＲＦの実践のなかで築いてきたＮＡＴＯの訓練プログラムや認証プロセスが使われるのだろう。ＮＲＦは、実戦任務での投入経験はほとんどなかったものの、訓練と認証を確立したことで、各国軍の変革を進める重要なきっかけとなった点は評価されている。今後はそれをより大規模に進めるということになる。

これはある程度の時間を要するプロセスだ。これを「すぐには実現しないもの」だということもできるが、「中長期のコミットメントの証」だと捉えることもできる。どちらの要素も否定できないが、ロシアとの対峙が短期的に片付くものではないことへの認識はＮＡＴＯ内で確実に高まっている。

米軍のさらなるコミットメント――「インド太平洋重視派」からは疑問も

そうしたＮＡＴＯにおける努力を強力に支えることになるのが、米軍の新たな欧州配備である。マドリード首脳会合に合わせてバイデン政権は六月二九日、以下の部隊・装備を欧州に新たに展開すると発表した。[50]

・米陸軍第五軍団司令部の常設前方指揮所をポーランドに設置

・旅団戦闘団（ＢＣＴ）を新たにルーマニアにローテーション配備し、ＮＡＴＯの東方各国で

訓練等を実施
・バルト地域における展開を強化（航空、防空、特殊作戦部隊等を含む）
・スペインのロタ海軍基地配備の米海軍駆逐艦を四隻から六隻に増強
・F35の二個飛行隊を英国に展開
・防空関連システムをドイツとイタリアに追加駐留

米国は、ロシア・ウクライナ戦争がはじまってからすでに二万名以上の米軍を欧州に増派している。その結果、在欧米軍の数は一〇万名を超える水準になっている。そのうえでさらにこれらの追加が発表されたのである。それぞれの展開期間は明らかになっていない――ないし、現時点では決められていない――ものの、一定期間以上、継続的に展開することが想定されているようだ。

特にポーランドに設置される指揮所は名称からも「常設」だが、それ以上に注目されるのは、第五世代のステルス戦闘機であるF35や、世界的にも数に余裕があるとはいえない駆逐艦の追加配備が含まれていることである。

そのため、米国の「インド太平洋重視派」からは、今回の決定への疑問が呈されている。こうした新たなコミットメントによって、中国を念頭においたインド太平洋での米軍の態勢が影響を受けるというのである。実際、バイデン政権内では、「欧州重視派」と「インド太平洋重視派」の間で厳しい綱引きがあったのだろう。当面、欧州派が優勢になっていることが窺われる。

なお、これらの米軍の展開は、NATO即応部隊への参加ではなく、また、前述の新たな即応態勢強化にもカウントされないとみられる。以前から米軍は一部の例外を除き、NATO即応部隊には参加してこなかった。NATOにおけるそうした枠組みは、現実の有事における展開のためである以上に、各国軍隊の即応能力を高めるという目的を有していたからである。

欧州や世界各地に展開する米軍部隊にそれは必要ない。実際、今回のロシア・ウクライナ戦争を受けた展開を含めて、欧州に派遣されている多くの米軍部隊にとって、欧州展開中の最重要任務は、NATO各国の部隊と共同訓練を繰り返し、訓練相手国部隊の能力を引き上げることである。今回ルーマニアに新たに展開するBCTは、特に中東欧諸国においてそうした役割を担う中核になる。

次なる課題としての中国

これまで議論してきたように、今日のNATOにとっては、対露抑止・防衛態勢の強化が圧倒的な最優先課題である。しかし、ロシアによるウクライナ侵略がなければ、今回の戦略概念においては、中国への言及がより中心的な関心になるはずであった。

NATOは中国自体とも相互訪問などを通じて対話を実施してきたし——ただしNATO事務総長が中国を訪問したことはない——日本との間では頻繁に中国を含む東アジア情勢を議論してきた。そのため、NATOにとってのアジェンダとしての中国は必ずしも新しいものではない。それでも、NATOが首脳会合文書で中国に言及したのは、二〇一九年一二月がはじめてだった。

当時の米国はトランプ政権であり、中国との戦略的競争を進めるうえで欧州の取り込みを図っていた。特に積極的だったのはポンペオ（Michael Pompeo）国務長官だったといわれる。[51] NATOの側としても、同盟へのコミットメントに不安が残るトランプ政権に対して、NATOの価値をアピールする観点で、中国問題への関与は有効なカードだった。それ以降、NATOの場で中国に関する議論をおこなうことは当たり前の光景になったのである。

二〇二二年戦略概念は、「中華人民共和国の示す野心や強要的政策は我々の利益、安全保障、価値に挑戦している（第一三パラグラフ）」と述べ、技術や重要インフラ、戦略物資、サプライチェーンの支配、さらにはロシアとの関係の深まりに懸念を示した。

他方で、建設的関与の可能性を示しているものの、中国による「欧州大西洋の安全保障への体制上の挑戦に対処し、同盟国の防衛と安全を保証するNATOの能力を確保（第一四パラグラフ）」し、「我々の共有する価値と航行の自由を含むルールに基づく国際秩序のために立ち上がる（同）」とした。加えて、中国は「透明性の向上や軍備管理、リスク低減への関与なしに核兵器を急速に増強し、より洗練された運搬システムの開発を進めている（第一八パラグラフ）」として警戒感を示している。

以前は、例えば二〇一九年一二月のロンドンNATO首脳宣言のように、中国は「機会と挑戦」をもたらしていると、挑戦とともに機会に触れていたが、今回は、挑戦のみに舵を切ったことが特徴だ。

二〇二二年戦略概念での文言は、文書全体がそれほど長くなかったこともあり、単語数として特に多かったわけではないが、ＮＡＴＯとしての認識は十分に示したといえる。特に欧州における対中認識は過去数年で急速に悪化しており、そうしたトレンドを反映した文言になっている。

また、当面はＮＡＴＯとしてロシアへの対応に傾注しなければならないが、中長期的には中国がより大きな課題になることについて、欧州でも安全保障専門家の間ではコンセンサスができつつある。そうした認識をどれだけ広げていくことができるかが、今後の課題であろう。

ただし、戦略概念における中国への言及は、ＮＡＴＯが東アジアに部隊を派遣することを意味するものではない。過大な期待は禁物だ。それでも、英国やフランスといったＮＡＴＯの個別の加盟国は艦艇派遣などを含め、インド太平洋の安全保障への関与を増大させており、そうした全体像のなかで、ＮＡＴＯにおける中国やインド太平洋への関心の高まりを捉える必要がある。マドリード首脳会合で、豪州、日本、ニュージーランド、韓国という四つのパートナー諸国の首脳が参加するセッションがおこなわれたのも、新たなＮＡＴＯを示す象徴的な出来事になった。[52]

ＮＡＴＯはどこへゆくのか――対ロシアの戦略は過渡期にある

対露抑止・防衛態勢の強化を進め、そのさらに先に存在する挑戦としての中国を視野に入れたＮＡＴＯだが、大国間の大競争時代への準備が万端だとはいいがたい。

ロシア・ウクライナ戦争に直面し、国防予算の増額は多くの国において既定路線ではあるものの、新型コロナウイルス感染症の影響からの脱却、さらには今回の戦争に起因するエネルギー価格をはじめとする物価高への対策で、各国財政に余裕がある状況ではない。今後、国防予算の水準についても、各国の国内で議論になる可能性が高い。そうした場合に、即応態勢の強化を含む今回のNATOでの合意事項の履行は覚束なくなる。

さらに、ロシア・ウクライナ戦争がどのような形で終結するとしても、欧州秩序の長期的安定を考えるのであれば、欧州大陸の同居人としてのロシアを排除し続けることが最適解にならないであろうことも明らかである。今後何十年にもおよぶロシアとの新たな冷戦を戦う覚悟が現段階で示されているわけでもない。欧州の負担も大きすぎるからである。

そうである以上、今回の新たな戦略概念で示された方向は、抑止・防衛態勢の強化という観点では、即応態勢の向上など、一定以上の時間を要するものに踏み込んでいるが、基本的には過渡期的性格を有していると捉えるべきだろう。

【初出】「NATO戦略概念を読む（上）――『前方防衛』への転換」『フォーサイト』（二〇二二年七月二〇日）
「NATO戦略概念を読む（下）――即応態勢の強化と、その先にある中国の『挑戦』」『フォーサイト』（二〇二二年七月二一日）

NATO・ロシア基本議定書の亡霊――三つの論点

冷戦後のNATOにとって、ロシアとの関係をいかに保つかは最も重要かつ困難な課題の一つであった。一九九七年五月に署名されたNATO・ロシア基本議定書は、両者の関係の基礎を提供したものの、その文言と有効性をめぐってはNATO内でも議論が続き、対立の火種にもなってきた。それでも、この文書が存続しつづけた事実に、冷戦後のNATOにおける対露関係をめぐる対立と妥協の本質が見出せる。

ウクライナを侵略したロシアと、ウクライナへの武器供与などの支援を続けるNATOは、直接の戦闘状態にはなくても、敵対的な関係にあるのは当然だろう。二〇二二年六月末にマドリードで開催された首脳会合でNATOは新たな「戦略概念」を採択し、前述のとおり、ロシアを「最も重大かつ直接の脅威」と位置付けた。

しかし、冷戦後のNATOとロシアは、NATO拡大問題などでは対立しつつも、戦略的なパートナーシップの構築を目指してきた。あるいは、もう少し実態に照らしていえば、好むと好まざるとにかかわらず、欧州大陸の平和と安定を考えるうえでNATOとしてもロシアとの関係は無視できなかった。加えて、NATO拡大へのロシアの反対に対処するうえでも、同国との関係構築は不可欠だった。

その基礎を長年提供してきたのが一九九七年五月に署名された「NATO・ロシア基本議定書(Founding Act)」[53]である。それは、当時進められていたはじめての東方拡大を前に、ロシアの懸念を和らげるための、いわば「手打ち」を意図した文書だった。[54]

NATOとロシアの間のパートナーシップ構築を謳い、NATO拡大に関するロシアの具体的な懸念への対応として、核兵器と通常兵力（NATO部隊）の双方に関して新規加盟国への配備の制限を表明したのが同議定書である。これがNATO・ロシア関係の基礎になった。

現実には、特に通常兵力に関する規定は、NATOとロシアとの関係において常に争点になってきた。バルト三国やポーランドなどへのNATO部隊の配備を、ロシアは議定書違反だと主張し、NATOがそれを否定することが繰り返されてきた。新規加盟国へのNATO部隊配備に関する制約は、武力行使やその威嚇を慎むこと、他国の独立や領土的一体性の尊重など、同議定書が定めた原則を遵守してはじめて成立するものだが、ロシアはそれを相次いで破ってきた。二〇二二年二月からのロシアによるウクライナ侵略は、ロシアによるNATO・ロシア議定書違反の到達点のようなものである。

同議定書は無効になったのだろうか。結論を先取りすれば、無効になったようでいながら、亡霊のように登場するのがNATO・ロシア議定書の特徴である。

NATOによる一方的な意図表明

まずは文書全体の位置付けである。これは法的拘束力を有する条約ではなく、政治的な宣言にとどまる。そのうえで、新規加盟国へのNATO部隊の常駐問題については、文言上、NATOとロシアの間の「合意」になっていない点に着目する必要がある。それを規定しているのは下記のパラグラフである。

「NATOは、現在および予見し得る安全保障環境において、集団防衛およびその他の任務を、実質的な戦闘兵力（substantial combat forces）の追加的な常駐（additional permanent stationing）ではなく、必要な相互運用性、統合、増派能力の確保により遂行することを再度表明する。[55]」

主語はあくまでもNATOである。しかも「再度表明する」となっており、ロシアとの議定書における新たなコミットメントですらない。実際NATOは一九九七年三月にすでに同じ内容の意図表明を独自におこなっている。[56] この文言は、それを確認した格好である。

さらにいえばこれは——当時の政治的文脈としてはロシアへの説明なわけだが、文言としては——、部隊の常駐を「しない」ことに力点を置いたものではなく、新たな加盟国を防衛する方法を示すものだった。[57] それでも、自国の安全保障を空間で捉えるロシアは、NATOの基地が自国の国境に近づかないことを重視し、これをNATOによる譲歩と捉えて受け入れたのだろう。

ただし、繰り返しになるが、同文言はNATOによる一方的な意図表明である点が重要である。そのうえで具体的な論点をみていこう。三点存在する。

「現在および予見し得る安全保障環境」

第一は前掲パラグラフの冒頭にある「現在および予見し得る安全保障環境」である。一九九七年当時の状況が「現在の」であり、その時点で予見し得る安全保障環境下においてのみ、同パラグラフの規定する制限が有効だという構造になっている。

つまり、実際の安全保障環境がそこから逸脱すれば、この意図表明自体が無効になる。二〇〇八年八月のロシア・ジョージア戦争は、NATO内で集団防衛に対する認識が高まるきっかけにはなったものの、ロシアへの対応という観点で結果として大きな転換点にはならなかった。実際、翌二〇〇九年の一月に発足した米オバマ（Barack Obama）政権はロシアとの関係の「リセット」を試みることになった。その後、二〇一四年のロシアによるクリミアの一方的併合、東部ドンバス地域への介入を受け、NATOの対露観が厳しくなるなかで、NATO・ロシア議定書の破棄は同盟内でたびたび議論されてきた。

それでも、ロシアとの後戻りのできないような対立は避けるべきだとの考え方がドイツを中心に強かった他、実際、ロシアとの全面的な対峙をするにはコストも高かったため、同盟全体としては躊躇せざるを得なかったのが実態である。少なくとも、NATOの側からロシアとの対立を深めるような行動には出たくなかったのだろう。対立のエスカレーションの責任を負いたくないということでもあった。

「実質的な戦闘兵力」

そのうえで第二に、より具体的に問題になるのが「実質的な戦闘兵力」の意味である。NATO・ロシア議定書の同用語については公式の定義がないものの、その後も欧州通常兵器条約（CFE）の修正に関する交渉において関連する議論が続けられ、結局、「旅団」レベルが閾値になることがおおむね了解されている。[58] NATOの場合、旅団は三〇〇〇名から五〇〇〇名規模である。

ただしNATOは、部隊の規模にかかわらず、新規加盟国への部隊の配備を控えてきた。これは、NATO・ロシア議定書に沿った方針であったと同時に、前方展開が不可欠とされるような脅威認識自体が存在していなかったことによる。

NATOが新たな一歩を踏み出したのは、二〇一六年七月のワルシャワでの首脳会合であり、バルト三国およびポーランドに「強化された前方プレゼンス（eFP）」としてNATO部隊を配備する決定をおこなった。[59] 一五〇〇名程度の大隊（battalion）規模の部隊のローテーション配備がその中身である。それら諸国への、実質的にはじめてとなるNATO部隊の展開だった。

これは旅団規模にはいたらないために、議定書の範囲内という理解になる。範囲内だという説明は、NATOとしては議定書が有効であると考えていたことの証にもなる。なお、当初から議定書の規定は常駐の一律的な禁止ではなく、上限までの規模の部隊であれば常駐も可能だという意味である。ロシアは、eFP部隊がNATO・ロシア議定書に違反すると度々主張してきたが、NATO側は明確にそれを否定してきたという経緯がある。

ロシアによるウクライナ侵略を受けて、二〇二二年六月のマドリードNATO首脳会合は、対露抑止・防衛態勢の強化の一環として、「前方防衛」への転換を打ち出し、これには、バルト三国およびポーランドなどに配備されるNATO部隊の増強が含まれた。前述のとおり、この具体的内容は、今後、それぞれのホスト国とeFP部隊の主導国（枠組み国）との間の個別の協議によって詰められることになる。

そうしたなかで、旅団レベルの部隊展開が言及されるようになっているが、例えばドイツは、旅団の司令部はリトアニアに置きつつ、実際の部隊はドイツ国内にとどまり、有事の際に迅速に展開するモデルを検討していると伝えられている。二〇二二年九月には、ドイツの司令部要員として常駐する一〇〇名がリトアニアに入った。[60] 米国も、ポーランドに常設の司令部を設置しつつ、部隊(旅団戦闘団:brigade combat team)はローテーション配備という位置付けになっている。

旅団規模の場合、NATO・ロシア議定書で許容される上限に到達するが、それを超えない限り本来は文書に抵触しない。しかしNATO側は、今日においても議定書の文言に相当の配慮をしているようにみえる。実際、米国防総省のウォランダー(Celeste Wallander)次官補は、常駐は司令部にとどまるために米国による今回の決定が議定書に抵触しない点を記者ブリーフで強調している。[61] これまでのNATOとロシアの間の議論では、実質的な戦闘兵力に該当するのは陸海空の部隊のみであり、司令部機能などは含まれないとされてきた。同次官補の発言はそれを踏まえたものだったのだろう。

「追加的な常駐」

第三に問題になるのが、「常駐」の意味である。二〇一六年にはじまったeFPが常駐ではなくローテーション配備だとされる最大かつおそらく唯一の理由は、この点での議定書への抵触の回避である。eFPにおいては、ローテーションとは呼びつつも、実際には隙間のない連続した展開であり、部隊は常に存在している。その意味で「ほとんど常駐」なのだが、NATO・ロシア議定書との整合性を確保するために、ローテーションと呼び続けるのである。

ただし前述のとおり、旅団レベルまでは常駐も認めているというのが、同議定書の本来の解釈である。つまり、大隊レベルの部隊について、常駐ではなくローテーションとしなければならない必然性は、実は存在しない。このことが示しているのは、NATO側の「自己抑制」の強さである。文言が求める以上の慎重さなのである。

ローテーション配備と常駐の実態面での最大の相違は、家族帯同の有無だといえる。兵士が家族とともに赴任するのが常駐部隊であり、その場合、家族用の住居や兵士の子女のための学校の整備なども必要になる。派遣国と受け入れ国双方でコストが増大する。

作戦面では、常駐部隊であれば、部隊として現地の地形などに通じ、ホスト国部隊との連携が強化されることの利点などが指摘される。ただし、ローテーションではあっても、特定の部隊が繰り返し派遣される場合には、同様の効果を期待できる。加えて、常駐部隊ではあっても、個々の兵士は異動するのであり、個人がローテーションするか、部隊がローテーションするかの違いだともいえる。

核兵器に関する「三つのノー」

NATO・ロシア議定書に関してもう一つの重要なNATOによる意図表明は、核兵器に関するものである。同議定書は、「NATO加盟国は、新規加盟国領土に核兵器を配備する意図も計画も理由もなく、NATOの核態勢や核政策のいかなる側面についても変更するいかなる必要性もなく、それらを将来変更するいかなる必要性も予期していないことを再度表明する」[62]と述べている。

通常戦力に関する前述文言の主語がＮＡＴＯであるのに対して、核兵器に関しては「ＮＡＴＯ加盟国」になっているのは、核兵器に関する判断をする最終的主体が核兵器保有国である現実を反映したものである。また、ここでも「再度表明」となっているのは、同じ内容がすでに一九九六年一二月のＮＡＴＯ外相会合で表明されているからである。[63]内容的にはこれを繰り返したに過ぎない。

この文言は、核兵器に関する「三つのノー（no intention, no plan and no reason）」と呼ばれており、ロシアの安全保障上の懸念に応える観点では重要な役割を果たした。ただし、その後、ＮＡＴＯの新規加盟国に核兵器を配備する議論は、現実には存在しないため、通常戦力に関する文言ほどには争点になってこなかった。それでも、例えばフィンランドやスウェーデンのＮＡＴＯ加盟にあたって、この文言によって、それら諸国への核兵器配備への懸念が生じないのであれば、それなりに役割を果たし続けているのかもしれない。

なお、同文言を厳密にみれば、通常戦力に関して言及されている「現在および予見し得る安全保障環境」という条件が、核兵器に関しては付されていない点に気付かされる。しかも、「将来変更するいかなる必要性も予期していない」とかなり強い文言を用いている。この背景には、やはり一九九〇年代後半というＮＡＴＯ・ロシア議定書が合意された時点において、核兵器――この文脈では、米国の非戦略（戦術）核――の前方展開の価値自体が低くみられていたという事情もあったのだろう。

ロシアにとっては好都合な文書

ところで、NATO・ロシア議定書はロシアにとって都合がよい文書である。新規加盟国へのNATO部隊展開に関する件がNATO側の一方的意図表明に過ぎなかったとしても、それを根拠に、「国際的コミットメント」に従うようにと求め続けることができる。その観点で、ロシア側からこの文書を破棄する合理的動機はない。ただし、武力の不行使や他国の主権や領土的一体性の尊重などの同議定書の原則を破ってきたのはロシアの側である。この点は強調しておく必要があろう。

他方で、自国の国境近くにNATO部隊（特に米軍）の基地ができることを安全保障上の脅威とするロシアの安全保障観にも変化はなさそうである。フィンランドとスウェーデンのNATO加盟問題に関して、ロシアのプーチン大統領は、それら諸国にNATOの基地ができない限り、直接的脅威ではないと表明している。[64] これも、NATOの基地が自らの国境に接近することの阻止を何よりも重視している証であろう。[65]

また、ウクライナの国境地帯に大量の軍隊を展開して同国に圧力をかけていた最中の二〇二一年一二月にロシアが発表したNATOとの間の条約提案では、第一章で触れたように、NATO戦力の配備を一九九七年五月二七日以前の状況に戻すことを要求していた。この日付は、当然のことながらNATO・ロシア議定書の署名日である。

ここから窺われるのは、同文書がＮＡＴＯ拡大を許す根拠になってしまったという、ロシアが有するある種の後悔の念である。ロシアにとっては、無かったことにしたい歴史である。それでも、ＮＡＴＯ・ロシア議定書がＮＡＴＯの行動を抑制しているのであれば、それはロシアにとっては実質的利益であり、たとえ自らに都合のよい部分の「つまみ食い」であったとしても、ＮＡＴＯ側にはその遵守を求めるという構図である。

亡霊としてよみがえる基本議定書

ＮＡＴＯ・ロシア議定書の文言に関する議論を振り返ったときに、あらためて浮き彫りになるのは、それがＮＡＴＯ側によって、文言上禁止されていないはずのものも控えるという意味で拡大解釈され、極めて慎重な運用がなされてきた実態である。

そうしたなかで、二〇二二年二月からのロシアによるウクライナ侵攻を受け、同議定書を破棄すべきだとの議論が米国の一部やポーランドを中心に噴出したのは自然なことだった。ロシアを抑止し領土を防衛するために必要なＮＡＴＯ部隊の前方展開が同議定書によって妨げられているとすれば、その破棄や効力停止を求めるのは当然である[66]。

しかし、二〇二二年六月末のマドリードＮＡＴＯ首脳会合は、明示的な破棄を見送った。そのかわりに、新たに採択された戦略概念においても、首脳会合の結論文書においても、ＮＡＴＯ・ロシア基本議定書にまったく言及しなかった。いわば完全無視である。これが偶然や言及のし忘れであるとは考えられない。触れないことで、事実上効力を失っていることを示しつつ、明示的な破棄はしないという決定をしたのである。

この「事実上無効」と、「明確な破棄はせず」のどちらの色彩が強くなるかは、今後の状況次第だ。NATO部隊の増強を求めるバルト三国やポーランドは、NATO・ロシア議定書の規定、あるいはそれをさらに慎重に解釈したものに縛られ続けることを受け入れるわけにはいかない。

しかも、そうしたNATOの姿は、ロシアにとっては、NATO部隊が自由に常駐できる国と、そうでない国という、同盟に二つのカテゴリーが存在するようにみえるかもしれない。そのため、後者の方が安全保障のレベルが低い、つまり介入できるかもしれないというロシア側の計算を招き、不安定要因になりかねないという指摘もある。[67]

NATO・ロシア基本議定書の明確な破棄がない以上は、縛られていないといっても縛られているかもしれないし、実際、やはり縛られているという状況は続く可能性が高い。公式に言及されなくなればなるほど、亡霊としてよみがえるのかもしれない。

【初出】「NATO・ロシア基本議定書の亡霊――三つの論点」コメンタリー、日本国際フォーラム（二〇二二年八月一日）

第四章　米欧関係のジレンマ

アフガニスタンの首都カブールの米国大使館から退避する米軍ヘリコプター
（2021年8月15日撮影、©AP/アフロ）

トランプからバイデンへ

トランプ時代が終わってしばらく経つなかで、当時の空気のようなものも忘れられつつあるかもしれない。また、日米関係にとってのトランプ時代は良好だったという記憶が日本では強い。しかし欧州では状況が大きく異なっていた。そしてトランプ時代に持ち上がった「米国は信頼できるのか」という疑問は、その後の米欧関係にも影を落としている。バイデン政権はそうしたなかでのスタートだった。

二〇二一年一月の米バイデン政権の発足を、米国外で最も心待ちにしていたのは欧州だろう。トランプ時代の米欧関係は荒波続きだったからである。傷跡が深ければ深いほど、それを癒すことは容易ではない。また、「古き良き時代」が戻らないことも、さらにいえば、「古き良き時代」と思われているものが、実は対立と危機の歴史だったことも、米欧関係の現実である。米欧関係はこれまでも変動してきたし、これからも変動していく。

そこでまずはトランプ時代を振り返り、バイデン政権下での米欧関係修復の課題と道筋を考えることにしたい。ここではNATOとEUに着目する。それぞれについて、まずはトランプ時代における継続性と変化を抽出する。

トランプ政権下のNATO[1]

NATOに関するトランプ政権を経ての継続性として第一に挙げるべきは、NATOが存続した事実だろう。二〇一六年の大統領選挙戦中から、NATOは「時代遅れ」という批判を繰り返したトランプは、大統領就任後も、同盟の根幹である集団防衛を定めた北大西洋条約第五条へのコミットメントを意図的に明言しない姿勢をとったり、NATOからの脱退を幾度となく口にしたりと、NATOを大きく揺るがした。そのため、「トランプからNATOをいかに守るか」がNATOにとっては課題となる事態に陥った。結果として同盟が存続した裏には、トランプ大統領の下でNATOの重要性を理解し、同盟維持に尽力したマティス（James Mattis）国防長官（当時）などの存在があった。他方で、存続がいわば成果として捉えられること自体、いかに事態が深刻だったかを物語っている。

第二は、NATOにとっての最大の任務である対ロシアの抑止・防衛態勢強化の継続である。これは、二〇一四年のロシアによるウクライナのクリミア半島の違法且つ一方的な併合、そして同国東部ドンバスへの介入を受けたNATOの措置である。特に、オバマ政権末期の二〇一六年七月のワルシャワNATO首脳会合で決定された、バルト三国とポーランドへの「強化された前方プレゼンス（eFP）」と称されるNATO部隊派遣（ローテーションによる駐留）計画は、トランプ政権下でも維持された。この枠組みで、米軍はポーランドにおけるeFP部隊を主導した。加えて、米国独自の取り組みとして、「欧州抑止イニシアティブ（European Deterrence Initiative：EDI）」を展開した。

これは、オバマ時代の同種のプログラムを発展させたもので、予算規模も大幅に増額された。オバマ政権の政策のすべてを否定するかのようなトランプ政権は、これらを廃止・縮小する懸念もあったが、オバマ路線を維持したのである。背景には、対露抑止・防衛態勢の強化は、議会共和党を含めて超党派の支持があったという事情もあった。

第三は、欧州における防衛努力の継続である。欧州各国の国防支出については、トランプ大統領がGDP（国内総生産）比二％を求める姿が印象的だったかもしれない。しかし、GDP比二％という基準は以前からNATOにおいて用いられてきたものであり、ウクライナ危機を受けた二〇一四年九月の英ウェールズでのNATO首脳会合で、一〇年以内の達成に向けた努力が合意されていた。そして、ロシアに対する警戒の強まりや、リーマンショック後の緊縮財政が終焉を迎えたことなどを受けて、欧州各国における国防支出は、二〇一四年に底を打った後、トランプ政権発足前からすでに上昇傾向に転じていた。[2]

したがって、近年の欧州における国防支出増加が、すべてトランプによる働きかけの成果だというのは正しくない。それでも、ストルテンベルグNATO事務総長は、トランプとの関係を維持する観点から、「トランプ大統領の強力な指導力」を評価する発言を繰り返した。[3] 事実関係はともあれ、同盟全体のためにトランプ大統領との関係を維持するという、政治的には巧みな戦術だった。[4]

他方で、やはり変化の部分が見逃せない。第一は、同盟の盟主である米国への信頼の低下である。「米国に頼れなくなった」と繰り返し指摘したのはドイツのメルケル（Angela Merkel）首相（当時）だったが、同じ認識は、欧州において広く共有されるようになった。[5] EUにおいて外交・安全保障面の「戦略的自律（strategic autonomy）」が模索されるようになった最大の背景も、米国の信頼性への疑義だったといってよい。いわゆる「プランB」を模索しなければならないとの認識もこの文脈に位置付けられる。これこそが、トランプ政権がもたらした、NATOに対する本質的に最も深刻な影響だった。[6]

第二に、前記に関連するが、こうした状況を受けて、トランプ政権に接近を試みる諸国と、距離を置く諸国に欧州内が分裂することになった。「親トランプ」の筆頭は、自ら右派ポピュリストとしての共通の属性を有するドゥダ（Andrzej Duda）大統領のポーランドだった。例えば二〇一九年のピュー・リサーチ・センター（Pew Research Center）の世論調査で、トランプへの信頼が過半数に達した欧州の国はポーランド（五一％）のみだった。[7] そうしたなかでポーランドは、トランプ政権との良好な関係を梃子に、在ポーランド米軍の増加を獲得するための努力を重ねてきた。これは同盟の「二国間化（bilateralisation）」とも呼ばれるものである。

各国が米国との二国間関係重視にシフトすればNATOが形骸化しかねない危険があったし、各国が米国の歓心を買う競争をすればNATOの結束は損なわれることになる。これらが、トランプ時代のNATOの日常的光景だった。

トランプ政権下のEU

EUに関する継続性の第一は、関係の実務的部分である。米・EU関係は、通商面でも、トランプ政権によるいわゆる「関税戦争」のような、首脳が直接関与する高度に政治的な側面があるものの、主体は経済面での実務的関係であり、その多くは、トランプ政権下においても従来通りに進むことが少なくなかった。

第二に、普通の関係の維持という観点での継続性の確保における、ユンカー（Jean-Claude Juncker）欧州委員会委員長（当時）の功績は特記されるべきであろう。ユンカーは、ストルテンベルグNATO事務総長と並んで、トランプとの関係維持に最も成功した欧州の政治指導者だったといってよい。二〇一八年七月の、米EU間の関税戦争の「停戦」合意——米EU間の関税撤廃に向けた交渉の実施で合意し、「そのための交渉がおこなわれている間は、この合意の精神に反する行動をとらない」[8]とし、さらなる関税引き上げを回避したこと——は、ユンカーの戦術の成果だった。[9]

他方の変化は、第一に、やはり米国による多国間協定などからの離脱である。特に気候変動に関するパリ協定とイラン核合意（JCPOA）は、EUが深くコミットしてきたものであり、それらからの離脱は、EU外交にとって大きな衝撃であり、反発も極めて大きかった。

第二に、米国が欧州統合を支持しなくなったことは、第二次世界大戦後の米国の基本的立場の変更という、重大な意味を持つものだった。というのも、戦後欧州統合には、米国が出発時点から深く関与しており、むしろ、米国の圧力の下で統合を進めてきた側面すらあった。[10]しかし、トランプにとっての欧州統合は米国の利益に反するものであり、EUの貿易政策は「中国よりひどい」[11]と繰り返し言及した。英国のEU離脱を強く支持する姿勢を含め、欧州統合への米国の見方は、トランプ政権下で根本的に変化したのである。

バイデン政権下のNATO、EU

こうしたトランプ時代の米欧関係（NATO、米EU関係）を踏まえれば、独仏を中心とする欧州にとって、トランプ再選は悪夢のシナリオであり、バイデン政権への期待が高かったことに驚きはまったくない。実際、バイデン政権発足直後のピュー・リサーチ・センターの最新の世論調査では、トランプ時代に比べてバイデンへの信頼が各国でいっきに上昇した。トランプ政権末期の二〇二〇年夏とバイデン政権発足直後の二〇二一年一月の比較で、米大統領への信頼の数字が、ドイツでは一〇%から七九%に、フランスでは一一%から七二%に、英国では一九%から六五%に急上昇したのである。[12] バイデン政権が何の具体的成果も出していない段階での信頼の上昇は、政策以上に指導者のイメージが重視されていることの証でもあり、その是非も問われるべきだが、現実の一側面であることは否定できない。

実際、トランプ政権の一方的な行動は、欧州で強く批判された。パリ協定やイラン核合意からの離脱は好例である。しかし、次世代移動通信網5Gからの中国企業ファーウェイの排除では欧州の追従を強く要求したものの、他の多くのケースにおいてトランプ政権は、同盟国との協議なしに一方的行動をとりつつ、欧州が同様の行動をとることまでは要求しなかった。米国は独りで勝手に行動するという色彩が強かったのである。

それに対して、同盟国との協力を前面に打ち出すバイデン政権の基本方針は、オースティン（Lloyd Austin）国防長官がいみじくも述べたように、「ともに協議し、ともに決定し、ともに行動する」[13] である。これは、同盟国への配慮と期待であると同時に、（トランプ政権以上に）「ともに行動する」までを求める姿勢だともいえる。つまり、同盟国に求める役割と責任は拡大するのであり、欧州の覚悟はこれまで以上に問われることになる。

それでも、トランプ時代の不確実性が払拭されただけでも大きなことであり、米欧関係の全体的な雰囲気は確実に改善した。例えばバイデン大統領は、NATO事務総長との最初の電話会談で、北大西洋条約第五条へのコミットメントを言明した。[14] トランプ政権との違いの演出にもなった。NATOに関しては、欧州諸国の国防支出を含むバードン・シェアリング（負担分担）の強化は引き続き課題となるが、米欧間の結束の回復が謳われ、同盟の根幹である集団防衛（北大西洋条約第五条）へのコミットメントが確認されるという、本来当たり前の状況がまず戻ってきたなかで再出発できることの意味は大きかっただろう。

EUは、米国の政権交代に高い期待を寄せ、二〇二〇年一二月の外務理事会は、バイデン政権への「ラブレター」ともいえる新たな米・EU関係に向けた政策文書を採択した。[15] そこでは、米欧協力の再生が掲げられ、新型コロナウイルス対策、気候変動に加え、技術ガバナンス、データ流通、AI（人工知能）等の先端技術、WTO（世界貿易機関）改革などでの協力が言及され、EUと米国との間の貿易技術理事会（EU-US Trade and Technology Council：TTC）設立の提案などがなされた。

焦点となった対中政策での米EU協調に関して同文書は、「EUと米国は、たとえ最善の対処方法に関して常に一致しないとしても、開かれた民主的な社会と市場経済を有する諸国として、中国の国際社会における強硬姿勢の拡大がもたらす戦略的挑戦に関して合意している。中国に関する新たなＥＵ・米国対話は、我々の利益を増進させ相違を管理する重要なメカニズムになる」[16]と述べていた。

その後、ＴＴＣは米・ＥＵ間の協議枠組みとしてすでに定着しつつある。米欧間での対中戦略の調整は、今後も困難な課題であり続けるが、ロシアによるウクライナ侵攻における米欧協力の深化は、追い風になる可能性もある。

第一に米欧が結束することの必要性が平時以上に認識されている。第二に、米国が対中シフトをすれば、欧州の戦略的優先度が低下することを、欧州自身も認識しており、それが欧州自身のインド太平洋関与を拡大する方向に働いている。そして第三に、ロシアによる侵攻を非難しない中国への失望と苛立ち、さらには警戒感が、欧州で高まっている。

もっとも、最終的には、欧州の対中関係は、対米考慮やロシア・ウクライナ戦争に起因する要素のみで決まるわけではない。それでも、米欧関係の今後を考えるにあたっては、こうした地域を超えたさまざまな問題の間のリンケージにも注目していく必要がある。

【初出】「バイデン政権下における米欧関係の展望——ＮＡＴＯとＥＵを中心に」コメンタリー、日本国際フォーラム（二〇二一年二月二八日）

アフガニスタン撤退の試練

バイデン政権の発足は、前項でみたように、欧州にとっては安堵すべき部分が大きかった。しかし、「バイデン外交」が実践に移されれば、欧州との間で齟齬も生じるようになる。二〇二一年夏のカブール陥落、そしてアフガニスタンからの米国の撤退である。しかもこれは、米国の弱さや対外介入への慎重姿勢の象徴として、翌年のロシアによるウクライナ侵攻の伏線にもなってゆく。

二〇二一年八月一五日のカブール陥落とその後の混乱状況については、世界中でさまざまな議論がなされてきた。欧州という観点では、結果に憤りつつ、それでも状況を根本的には変えられないことへの無力感が特徴的だった。

憤っているのも、無力感にさいなまれるのも、その基礎にあるのは、二〇〇一年の米国への同時多発テロ（九・一一）以降の約二〇年にわたり、極めて深くアフガニスタンに関与してきた事実である。欧州各国軍のアフガニスタン作戦での犠牲者数は、最多の英国の四五五名を筆頭に、欧州全体で一〇〇〇名近くにのぼる。米軍の犠牲者数が二五〇〇名弱であることと比較しても、決して少なくない。[17] 二〇年間、米国とともに戦ってきたのがＮＡＴＯ加盟国を中心とする欧州諸国であり、バイデン政権による一方的な撤退は、欧州諸国にとって大きな衝撃だったのである。

欧州にとってのアフガニスタンは、「米国の戦争」でも「米国の敗北」でもなかった。欧州・ＮＡＴＯの戦争であり、突然にやってきた敗北だった。この感覚が、日本における一般的な受け止められ方と最も異なる部分だった。[18]

「NATOの戦争」だったアフガニスタン

すべてのはじまりは、二〇〇一年九月一一日の同時テロ事件に対する、NATOによる北大西洋条約第五条（集団防衛）の発動だった。これにより、米国への攻撃がNATO全体への攻撃であると宣言され、各国は、集団的自衛権に基づきさまざまな形で米国を支援することになった。[19]

タリバン政権打倒にはじまる米国主導の「不朽の自由作戦（Operation Enduring Freedom：OEF）」にもさまざまなNATO諸国が参加したが、二〇〇一年一二月の「ボン合意」を受けて、国連安保理決議に基づいて発足した国際治安支援部隊（ISAF）は、当初から欧州主体だった。ISAFは、発足当初は英国やドイツが半年交代で司令部を担当していたものの、継続性や効率性の観点から、二〇〇三年八月以降はNATOが指揮を担当することになった。ISAFが二〇一四年に終了した後も、NATOは「確固たる支援ミッション（Resolute Support Mission）」を二〇二一年まで継続してきた。

ISAFはもともと、首都カブールおよびその周辺地域のみで活動する限定的な存在だった。兵員もNATOが指揮を引き継いだ段階で約六〇〇〇名だった。しかしその後、各地での治安状況の悪化を受けて全土に展開することになった他、米国主導のOEFと大部分が一体化し、さらに二〇〇九年以降のオバマ政権下で米軍が増派された結果、最大時で一三万名を超える部隊になった。

その過程では、米国から欧州諸国に対して兵力貢献の拡大が繰り返し求められ、米欧間でも欧州諸国間でも、負担の不公平を巡る同盟内対立が続いた。作戦継続への国内の支持も各国で揺らぐなか、どうにか大枠での共同歩調を維持してきたのがNATOだった。その意味でアフガニスタンは、成功も失敗もすべて含めて、「NATOの戦争」だった。

それゆえ、二〇二一年一月のバイデン政権発足以降の、アフガニスタンからの米軍撤退に向けた急激な動きに対して、NATO内では激震が走ったのである。二〇二一年三月には対面での外相会合が開かれ、これがブリンケン米国務長官のデビューとなった。

その三週間後、今度は外相・国防相の合同会合が開催された。これは異例の展開だった。特に四月の会合の主要議題はアフガニスタンであり、米軍撤退方針とNATOミッション終了のすり合わせがおこなわれた。実際には極めて厳しいやりとりがあったのだろう。

アフガニスタンでの作戦は、NATOにとって重大であり、二〇〇〇年代半ばからの一〇年間、NATOの変革の原動力になったのはISAFだった。豪州や日本を含むパートナー諸国との関係が強化されたのもアフガニスタンがきっかけであったし、安全保障と開発のリンクに関連して「包括的アプローチ」が唱えられたのも、国連やEUとの協力が模索されたのも、すべてこの文脈だった。

アフガニスタンがなければ、NATOがここまで変革を遂げることもなかった。

一方的な米国に噴出する憤り

そうしたなかでの、米国による一方的な撤退方針の決定だったため、欧州諸国は憤ったのである。バイデン政権は、撤退に関するトランプ政権の決定事項を引き継いだのみという立場だった。しかし、同盟国軽視のトランプ政権とは異なり、バイデン政権の基本方針は前項でみたように、「ともに協議し、ともに決定し、ともに行動する」だったはずである。それと、アフガニスタン撤退のプロセスの相違は非常に大きい。

なかでも最も大きな衝撃を受けているのが、米国の最も緊密な同盟国を自任し、米国に次ぐ規模のアフガニスタン関与をおこなってきた英国である。八月一八日に休暇を中断して開かれた下院本会議では、野党のみならず、伝統的に米国との同盟関係を重視してきた与党保守党の議員からも、ジョンソン政権の対応に加え、米国に対する厳しい批判が渦巻くことになった。

例えばメイ（Theresa May）元首相は、「我々のインテリジェンスはそんなに貧弱だったのか？」、「我々のアフガン政府理解はそんなに不足していたのか？」、「米国に従う他なかったのか？」とジョンソン首相（当時）に迫った。さらに、今回の件は、「ＮＡＴＯをいかに運営するかの再検討を迫るものだ」とした。[20]

陸軍兵士としてアフガニスタンに派遣された経験を持つ下院外交委員長のトゥーゲンドハート（Tom Tugendhat）議員は、カブール陥落で「怒り、悲嘆、憤怒」の感情に包まれたとしたうえで、しかし「（我々がこのように）敗北する必要はなかった」と述べた。そして、一連の過程の教訓として、「我々は、たった一つの同盟国、たった一人の指導者の決定に依存しなくて済む新たなビジョン」を構想できるはずだ、と述べた。[21] 戦場で仲間を失った当事者としても、バイデン政権の一方的対応に振り回されたことへの怨嗟の念があらわれていた。

バイデン大統領が八月一六日の演説で、アフガニスタンでの作戦における同盟国の貢献にまったく触れなかったことも、欧州にとっては衝撃的だった。[22] バイデン政権としては、まずは国内の批判に応えることが、内政上不可欠だったのだろう。そうした事情は分からないでもない。しかし、アフガニスタン作戦は米国のみのものではなく、同盟国の貢献に謝意を示すのは、外交上最低限求められる姿勢だったのではないか。

そうした批判を考慮したのか、八月二〇日の演説と会見では、「アフガニスタンは二〇年にわたり、NATOの同盟国との共同の努力だった」[23] などと述べている。しかし、「後付け感」しか残らないというのが欧州の当事者にとっての偽らざる受け止め方であろう。

さらにバイデンは、「アフガニスタンにおける我々のミッションが国家建設であったことは一度もない」（八月一六日）と主張し、「アル・カイダがいなくなった現在、アフガニスタンにどのような我々の利益があるというのだ?」（八月二〇日）とまでいい切った。米国とともに戦い、アフガニスタンの国家建設にともに尽力してきた欧州にとっては、ほとんど侮辱とでもいってよい発言であろう。

米国がアフガニスタンの国家建設を目的にしたことがないとの主張に対して、ボレル（Josep Borrell）EU外交・安全保障政策上級代表は、欧州議会での審議で、「それは議論の余地がある。我々はアフガニスタンで国家を建設するために多くのことをやってきた。法の支配や基本的人権を遵守する国家を目指してきた」[24] と反論した。

国家建設など目指したことがないといわれてしまっては、我々の努力は何だったのかということとになってしまう。実際米国は、アフガニスタン国軍への装備と訓練の支援で主導的な役割を長年果たしてきた。新たな国家にとって、国軍建設はまさに国家建設の中核だったはずであり、米国も国軍の重要性を理解していたがゆえに支援してきたのである。

米国の「強さ」が招いた無力感

米国の一方的決定に振り回されることは、欧州にとって当然のことながら居心地のよいものではない。しかし、軍事面では米国のロジスティクスや戦闘能力に依存していたアフガニスタンの作戦を、米国抜きで存続させることは欧州にはできなかった。そうしたオプションが模索されたこともあったが、能力と意思の両面から早期に断念されたようである。

欧州の側も、アフガニスタンの作戦をさらに長期にわたって続けたかったわけではないという背景もあった。どこかの段階で撤退すべきことは分かっていたが、撤退の仕方があまりに一方的だったというのである。ただし、米国のそうした出方を欧州は予期できなかったのか。そうだとすれば、タリバンの攻勢のスピードのみならず、同盟国に関する欧州の分析力にも疑問が生じてしまう。

ここまでの議論を受けて指摘すべきは次の二点である。

第一に、今回のアフガン撤退に関して、例えば中国などは、米国の「弱さ」の露呈であると喧伝しているが、欧州にとっての問題は、米国の「強さ」だったといってよい。米国なしにはアフガニスタンの作戦を続けることができず、結局従わざるを得なかったわけであり、それは米国の

「弱さ」にぶつかったわけではない。「強さ」が壁となって立ちはだかったのである。

ドイツのメルケル首相（当時）も、アフガニスタンでのNATOの作戦に関する限り、「ドイツや欧州に独立した役割があるわけではない」、「基本的に米国政府の決定に依存しているのだ」と述べている。[25]

ここに見出せるのは、欧州の「無力感」だ。バイデンによる国家建設の否定にしても、撤退の仕方にしても、欧州にはいくらでも不満がある。しかし、それでも従う他ない。そうしたなかで、英国のみならず、ドイツやフランスが、航空機はもちろん特殊作戦部隊などを投入してまで大規模な退避作戦を実施しているのは、せめてもの抵抗であると同時に、アフガニスタンに対して負っている「義務」の履行だという意識も強かったのだろう。

欧州はどこに向かうのか

第二に、そうした「無力感」の克服に向けた動きが、今後さらに強まる可能性がある。前述のメイ元首相やトゥーゲンドハート委員長が述べた方向である。二〇一六年頃から盛んに議論されている欧州の「戦略的自律」の議論と軌を一にするものである。

バイデン政権の一方的姿勢、ユニラテラリズム（単独行動主義）がどのように推移するかは不明である。しかし、トランプ現象が尾を引く米国で、外交が国内考慮を中心に決定されていく可能性は極めて高いのだろう。バイデンのいう「ミドルクラスのための外交」[26]である。

さらに米国が、中国との戦略的競争に注力し、それ以外の国益をより狭く定義していくとすれば、欧州にとっては戦略的に無視できなくても、米国が関与しようとしない紛争が発生する可能性はさらに高まる。[27] 欧州近隣地域はもちろんのこと、中東やアフリカなどで起きることが考えられる。

そのような状況に備えるためには、独自に行動するための能力が必要になる。ただし、これはまったく新しくない議論である。一九九〇年代末以降、EUにおいて緊急展開能力の整備が進められたのは、欧州独自の危機管理活動能力の構築が目的だった。

問題は欧州の覚悟や能力にとどまらない。というのも、米欧間ないしNATOとEUとの間の役割分担も明確ではなく、欧州がどこまで米国から自律すべきか、そして米国の側も欧州の自律をどこまで受け入れる用意があるのかなど、容易には答えの出ない課題が少なくないからである。

一つの鍵となるのはフランスの動きである。今回の出来事に対しては、マクロン政権も慌ただしい対応を迫られているが、フランス政府は、二〇二一年五月の段階から、アフガニスタン人を含む関係者の国外退避を進めていたのである。[28] 米英などが本格的な退避を開始するかなり前の段階であり、これに対しては、アフガニスタンを早期に諦める「敗北主義」だとの批判もなされていた。

しかしフランスは、アフガニスタン情勢を独自に、そしてリアルに分析していたのだろう。このことについて、英首相の国家安全保障担当補佐官や駐仏大使を務めたリケッツ（Peter Ricketts）英上院議員は、「米国と調整する必要性を感じなかったからできたのだろう」と、米国との距離の違いを指摘した。[29] 逆にいえば、英国は、米国と一体化していた度合いが高かったがゆえに、独自の判断や行動ができなかったということだろうか。欧州の今後を考えるうえで、考えさせられるエピソードである。

しかし何よりもまず着手すべきは、二〇年におよぶアフガニスタン関与の総括だろう。各国が検証をおこなうことはもちろんだが、NATOを中心に米欧間でいかにこのプロセスを共有できるかが、今後の米欧関係にとっても重要である。

この作業が、ロシアによるウクライナ侵攻への対応で影響を受けているとすれば、NATOにとっても損失であろう。アフガニスタン撤退の顛末は、欧州にとっては米国に追従せざるを得ないという意味で米国の強さと欧州の無力さを晒したものの、それをみていたロシアや中国などにとっては、米国の弱さとして映ったことは明らかだ。それがロシアのウクライナ侵攻を直接的にもたらしたというほど現実は単純ではないが、「米国の反応」がロシアにとって大きな考慮要素だったことは否定できない。

あのような形でアフガニスタンから一方的に撤退した米国は、ウクライナへの直接的な関与はしないだろうとプーチン大統領が考えたとしても不思議ではない。この観点からも、二〇二一年夏のアフガニスタン撤退は、あらためて検証する必要がある。

【初出】「アフガン崩壊――米撤退でヨーロッパに広がる『憤り』と『無力感』」『フォーサイト』(二〇二一年八月二六日)

「戦略的自律」議論、ふたたび

アフガニスタン撤退を受けて欧州は、自らの将来像をあらためて探し求めることになった。そこで再び登場したのが「戦略的自律」である。これ自体はもはや新しくない。繰り返し、再三再四問われてきたテーマである。今回のみ一気に進展するという可能性は低くても、議論の構図を検証することにしよう。

欧州で「戦略的自律（strategic autonomy）」に関する議論がふたたび盛んだ。それが何であるかについて単一の定義は存在しないものの、本質的に意味されるのは、戦略的に重要な問題に関する選択を、自らの利益と価値に基づき、自ら下せる状態のことである。

その過程や結果において、「誰かから自立・独立していること（independence）」が目的なのではない。自律的に決定できることが重要であり、その選択の結果は、米国と同じになることもあれば、異なることもある。それを自ら決定するというプロセスが重要なのだといえる。今日の欧州で戦略的自律を最も強く推進しようとしているマクロン仏大統領は、その本質を、「我々のルールを我々自身で選択すること」[30]だと説明している。

理屈で説明しようとすればそのようになるが、しかし、現実の政治の世界ではそこまできれいに整理できるわけではない。欧州の政治・国際関係において、戦略的自律はかなり厄介な概念であるのが現実だ。米国からの自立が叫ばれることもある。それゆえ戦略的自律への異論・反論も白熱する。外交・安全保障面に焦点を当て、戦略的自律とは何か、なぜいま議論されているのかを分析することにしよう。

米国に依存しない「自律性」の模索

欧州の戦略的自律が問題になる背景には、当然ながら、これまでの欧州が「自律的」でなかったのでは、という問題意識がある。そのため、自律性の確立・獲得が必要だとの議論になる。特に安全保障・防衛の分野における米国への依存は長らく指摘されてきた。

そうした状況を改善するための方策の一つが「バードン・シェアリング」である。これは、自らの負担の軽減を目的とする、主として米国からの問題提起だったが、欧州にとっても重要な課題だった。米国への依存による欧州の自律性の低下は、欧州自身にとっても居心地のよいものではなかったからである。

そもそも、第二次世界大戦後の米欧同盟、つまりＮＡＴＯにおける米国と欧州（西欧）の関係が対等であったことはない。「対等なパートナーシップ」というレトリックは、いつの時代にも特に政治家には好まれてきたが、少なくとも軍事面において米欧が対等であるわけがない。本当に対等であれば、ソ連の脅威から西欧を防衛するために米国が支援するという枠組み自体が不要だったかもしれない。

一九八〇年代末から一九九〇年代はじめの冷戦終結は、新たな出発点になった。米ソ対立、東西分断が解消したことで、欧州は二つの超大国に挟まれた状態から解放され、より自律的な外交・安全保障政策の展開が可能になると思われたのである。国際社会において軍事力が果たす役割も低下したと考えられた。

しかし、冷戦後の実態は欧州にとってそう甘いものではなかった。新生ロシアをパートナーと位置付ける見方は広がったものの、大量の核兵器を持った大国であることには変わりなかったし、旧ユーゴスラヴィアの分裂に伴う武力紛争の勃発、さらには湾岸危機・湾岸戦争と、試練は続いた。米国の軍事力は、冷戦期以上に実戦で使用されるようになったのが冷戦後の現実だった。冷戦終結当初は、これからは「欧州の時代」だという楽観論もあったが、現実は違っていた。

欧州は挫折を経験することになるが、EUにおける防衛協力は、ゆっくりとではあっても、一九九〇年代末から着実に進められてきた。

ジレンマが凝縮されたオルブライト「三つのD」

EUにおいて一貫して目指されてきたのは、地域紛争や紛争後の平和維持（危機管理）のために独自の部隊を展開する能力の構築だった。目指す規模は、五万人規模の平和維持部隊が想定されるときもあれば、一五〇〇名規模の緊急展開部隊（EUバトルグループ）に焦点が移ることもあった。重要な点は、これらは域外での紛争への対応を想定していたことである。つまり、EU諸国自らの領土防衛をEUにおいて確保しようとしていたわけではない。

EUの多くを占めるNATO加盟国にとって、領土防衛はEUではなくNATOの役割であり、欧州防衛におけるNATOの中心性を損なわないことが求められたのである。これはEU側にとっても好都合だった。というのも、いきなり領域防衛までもEUが担うことは、能力的に不可能だったからである。

ＮＡＴＯの中心性維持は、米国にとっても重要だった。一九九〇年代のクリントン（Bill Clinton）政権で国務長官を務めたオルブライト（Madeleine Albright）は、有名な「三つのＤ」を唱えた。欧州独自の防衛協力は、「ＮＡＴＯと重複（Duplication）しない、ＥＵ非加盟国を差別（Discrimination）しない、ＥＵをＮＡＴＯから離別（Decoupling）させない」[31]との原則であり、これらを米国が支持する条件とした。米国としては、欧州において影響力を維持するためにそれらが不可欠だったのである。

米欧関係のジレンマはここに凝縮されていた。欧州側は、自律を唱えつつも自らの領土防衛まで単独で担う用意があったわけではない。他方で米国側は、バードン・シェアリングを要求しつつ、自らが盟主を務めるＮＡＴＯの中心性、つまり自国の影響力は維持したかったのである。

この構図が変化しない以上、欧州で自律の議論が盛り上がっても、米国によるバードン・シェアリング要求が強まっても、米欧間の一定の議論の後には、基本的に現状維持的な方向で着地することになる。結局のところ、欧州にとっての防衛協力強化は、米国から本気で独り立ちするためではなく、米国の不満をなだめ、欧州に対する安全保障コミットメントを継続させることの呼び水だったのである。ジェスチャーとしてのバードン・シェアリングともいえる。あるいは、筋書きも落としどころも決まっているなかで、様式美的な演技が展開するという意味で、「歌舞伎」のようなものでもある。

脱米国依存「プランB」としての戦略的自律

米欧双方にとって、相手を信頼して「歌舞伎」を演じていられるのであれば、それは幸せなのかもしれない。第二次世界大戦後の数十年の歴史は、まさにそうだったのだろう。しかし、二〇一六年一一月の米大統領選挙でのトランプ候補の当選は、そうした前提を大きく覆した。大統領選挙の半年近く前、二〇一六年六月にEUは、「EUグローバル戦略」と呼ばれる文書を発表した。そこで、EUの公式文書としてははじめて、「戦略的自律」という言葉が使われることになった。内容は以下のとおりである。

欧州人として我々は自らの安全保障により責任を果たさなければならない。外部の脅威を抑止し、それに対応し、自らを守る用意がなければならない。NATOは加盟国――そのほとんどは欧州である――を外部の脅威から守るために存在するが、欧州諸国はより装備を拡充し、訓練し、組織し、合同の努力に決定的に貢献するとともに、必要な際には自律的に行動しなければならない。適切なレベルの野心と戦略的自律性は、欧州の境界の内外で平和を推進し安全保障を守るために重要である。[32]

「必要な際には自律的に行動」という点が重要である。もちろん欧州としては、同盟国である米国と共に行動できることが望ましいものの、欧州と米国の利害は常に一致するわけではない。そのように考えると、戦略的自律は、米国と共に行動できないときのための保険のようなものだともいえる。そしてその必要性は、米欧が共に行動できない可能性が高まれば高まるほど、大きくなる。つまり、欧州側の対米認識の結果として変動するのである。

戦略的自律の旗振り役を自任してきたマクロン仏大統領は、「我々はアメリカ合衆国ではない」[33]と述べる。異なる地理的環境に置かれている以上、国益が完全に一致することはないとの認識である。類似の文脈において、メルケル独首相（当時）は、「米国に完全に頼り続けることはできなくなった」[34]と述べた。

マクロン大統領の、NATOは「脳死状態」[35]だという発言も同列であり、トランプ政権下の米国や米欧関係を踏まえた、欧州側の認識を示していた。米国の信頼度低下という事態を受けて、従来の、特に安全保障面での米国への依存（信頼）に代わる「プランB」が模索されたのである。

加えて、EUにおいては、外交・安全保障面以外にも、経済・貿易に関して「開かれた戦略的自律（open strategic autonomy）」という概念が確立されつつある。主たる課題の一つであるサプライチェーンの多角化は中国からの自律だが、「デジタル主権」といった方面の議論では、米国からの自律が主眼となる。[36]これが外交・安全保障面の「戦略的自律」といかに連動するのかも見逃せない。

カブール陥落の衝撃で「歌舞伎」は終わるのか

戦略的自律が対米認識の帰結として可変である以上、求められる戦略的自律の度合いやその最終的目的について、欧州内のコンセンサスを成立させることが不可能に近いこともまた自明である。

自律の必要性を強調するマクロン仏大統領に対しては、米国との関係やNATOを軽視すべきではないとの反論が必ず寄せられる。ロシアの脅威を念頭に、米国との協力への必要性の認識がとりわけ高いポーランドなどはもちろんのこと、ドイツからも慎重論が聞かれた[37]。皮肉なことだが、戦略的自律の議論は、フランスが主導すればするほど、米国と距離を置こうとしているのではないかとの疑念が欧州内から噴出し、結果として進まない。フランスにとっては、欧州が戦略的自律を必要としていることは自明であり、他国はそれを進める覚悟がないのだということになる。警戒と苛立ちが交錯するのである。

そのため、戦略的自律以外の言葉を使う動きもある。ボレルEU外交・安全保障政策上級代表は「戦略的責任（strategic responsibility）[38]」、二〇二一年一一月二四日に発表されたドイツの連立合意は「戦略的主権（strategische Souveränität）[39]」という言葉を使用した。意味するものに大きな相違はないが、戦略的自律という言葉が意識的に避けられたのだとすれば興味深い。

いかなる言葉を使ったとしても、基本的な構造や狙いに変化はない。「米国に振り回される欧州」という構図は決して新しいものではない。欧州にとってどれだけ居心地の悪いものであっても、それをある意味受け入れてきたのが欧州の戦後だった。依存によるベネフィットと翻弄されるコストとの間で折り合いをつけてきたのであり、その結果が「歌舞伎」だった。

問われるのは、トランプ政権の衝撃、さらにアフガニスタン撤退をめぐるバイデン政権への不信が、この「歌舞伎」を終わらせるほどに強いのか、である。その後に発生したロシアによるウクライナ侵攻を受け、二つの可能性が存在する。第一は、米欧関係の再生である。ウクライナ侵攻への対応にあたって、欧州からはバイデン政権への批判や不満はほとんど聞かれなかった。対ロシア制裁やウクライナ支援に関して、米欧間での協議を手厚くおこなったことも奏功したものと思われる。ロシアの脅威の増大で、戦略的自律どころではなくなったとの見方もできる。

第二に、今回の局面において新たな要素があるとすれば、それは米国の「中国シフト」である。米国にとって、欧州はもはや最も重要な地域ではなくなってしまったのである。このことは、米欧関係のあり方にも影響を及ぼさずにはいられない。ウクライナ侵攻の発生は、少なくとも短期的には米国の関心を欧州に引き戻す効果を有している。しかし、二〇二二年一〇月に発表されたバイデン政権の「国家安全保障戦略（NSS）[40]」は、ロシアよりも中国を重視する姿勢をあらためて強調することになった。

欧州がインド太平洋に目を向けはじめたのも、米国の戦略的重心の変化と無関係ではない。そして、米国にとっての欧州の相対的比重が低下するなかで、欧州が従来の枠を越え、安全保障面での自律性を拡大させていく必要性も高まるのである。

【初出】「もはや米国の『最も重要な地域』ではない欧州が目指す『戦略的自律』」『フォーサイト』（二〇二一年一一月二五日）

第五章　戦争のゆくえと日本に突きつけるもの

米国から供与され、ウクライナ軍が運用する高機動ロケット砲システムHIMARS。ウクライナ南部ヘルソン州にて（2022年11月5日撮影、©EPA＝時事）

ロシアのウクライナ侵攻をめぐる状況は、開始から一年が経つなかでも、日々変化し続けている。戦場で動きがあるのみならず、それを取り巻く政治や外交の情勢も変動する。

二〇二二年二月二四日の開戦以降の状況を追った第一章、二章、そしてその前段階のNATOおよび米欧関係を分析した第三章、四章を受け、本章では、あらためて今回の戦争を大きな視点から捉え直し、「欧州戦争」の本質を確認しながら、この戦争のゆくえを考える際に重要な点をいくつか取り上げたい。今回の戦争は、欧州の将来を決する戦いになった。

そのうえで本章後半では、この戦争が日本に突きつける問題を検討する。ロシアによるウクライナ侵攻によって、世界の分断やルールに基づく国際秩序の脆さが露呈したわけだが、それとともに日本にとって深刻なのは、自国の防衛、そしてそれを米国との同盟においていかに確保するかという課題である。それらは、今回の戦争でいかなる変化を迫られているのだろうか。

変わる目的と、変わらない目的

開戦から一年間のロシアの行動を振り返れば、戦争の目的に関して、変わる部分と変わらない部分が同居していることに気付かされる。

二〇二二年二月にウクライナ侵攻を開始したときの戦争――ロシアのいう「特別軍事作戦」

——の目的は、開戦にあたってのプーチン大統領の演説によれば、ドンバス二地域（ロシアが国家承認した二つの「人民共和国」）の人々の保護、ウクライナの非ナチ化・非武装化などだった。[1]住民保護に関しては、東部二州に限定された目的だといえたが、非ナチ化と非武装化は、ウクライナ全土に関わるものであり、そのためにはゼレンスキー政権の転覆が不可欠だったと思われる。ウクライナ全土の支配、属国化が想定されていたということだ。

同演説でプーチンは、ウクライナの領土を占領する計画はないと述べたが、占領なくして非武装化を実現するのだとしたら、傀儡政権樹立ということになる。ロシア人とウクライナ人が一つの民族で一体なのだという、二〇二一年七月の論文でプーチンが示した歴史観の基礎には、ウクライナは常にロシアに従うべきだという強い信念があった。[2]

ただし、戦争の現実は現場の戦闘で決まる。緒戦で首都キーウの包囲に失敗したロシアは、三月末にそれを事実上断念し、東部での占領地域拡大に勢力を傾ける方針を示した。実際、ドネツク、ルハンシクという東部二州の占領地域拡大を目指すことになった。しかし同時に、ヘルソンとザポリージャという南部二州の支配強化も進めた。

対するウクライナ側は、五月から六月にかけて、東部の戦線でロシア軍の圧倒的な火力のまえに苦戦を強いられたが、米国から供与されたＨＩＭＡＲＳなどの高性能兵器の威力に支えられ、徐々に劣勢を挽回することになった。その後、九月にはハルキウ州の奪還、一一月にはヘルソン州の州都ヘルソンを含む、ドニプロ川西岸の奪還に成功した。正面突破ではなく、ロシア軍の手薄な場所を狙うとともに、弾薬庫や補給路を周到に攻撃したうえで、敵に撤退や敗走を強いるアプローチだった[3]。長い戦線の多くの場所で、ウクライナ側が主導権を握ることになった。

ハルキウ州を失ったことで守勢に立たされたロシアは、九月には東部・南部四州において「住民投票なるもの」を強行し、最終的に一方的な併合に踏み切った。第二章でみたとおりである。ロシアの戦争目的が東部二州(ドンバス地域)に限定されていなかったことは明確であり、さらに一〇月以降はウクライナ全土への攻撃が再び強化された。発電所や変電所といった民生用インフラに対する攻撃によって、各地で停電が発生するなど、市民にとっては厳しい冬になった。

これらの経緯を考えると、ロシアの戦争目的は、状況に応じて伸縮自在であるようにみえる。しかし、実際にはそうした変化は表面上のことに過ぎず、根本の部分は変化していないということも可能である。実際の戦況次第で、個々の行動に関する直接の目的が変化するのは当然だ。東部二州における軍事作戦においては、同州の占領が目標になる。しかし、そのことは、ウクライナ全体をロシアの勢力圏にとどめるといった高レベルでの目的と矛盾するわけではない。実現までの時間軸が異なるのみで、両者は完全に併存可能なのである。

結局のところ、短期的な焦点は変わるが、中長期的な目的は変わらないと理解するのが現実に近そうだ。そして、中長期的目的に変化がないとすれば、たとえ今回の戦闘が何らかの形で停戦――ないし停戦のようなもの――に至ったとしても、ウクライナの全面降伏に終わらない限りは、全土の支配やウクライナの非武装化・非ナチ化はできず、ロシアにとっての今回の戦争の根源的理由は消滅しない。ロシアがそうした目的を放棄しない限り、停戦は、次なる侵攻のための時間稼ぎに過ぎないと考える必要がある。

停戦しても終わらない戦争

これが、今回の戦争の停戦議論を難しくする一因である。戦争における勝敗の意味を単純に考えれば、何らかの目的を掲げて戦争を仕掛けた方が敗れた場合、その目的は否定される。そして、二度と再び同じ目的を追求できなくなるような強制的な措置が講じられることもある。第二次世界大戦に敗北した日本はその好例だ。軍隊が解体されたのみならず、航空機産業など、将来の軍事力再建につながりかねないものも広範に制限された。しかし、今回の戦争に関する限り、たとえロシアが敗北しても、モスクワがウクライナに占領されることは考えられない。

ウクライナにとっての勝利、そしてロシアにとっての敗北とは、ウクライナ領内に展開しているロシア軍がすべてウクライナから追い出されることだと理解されている。しかし、ロシアにとってそれは、「家に帰る」ことに過ぎない。ウクライナの全土支配という目的が強制的に放棄させられるようなことにもならないのである。

G7は二〇二二年一二月一三日、ドイツ議長国の下で最後となる首脳会合（テレビ会議）を開催し、首脳声明で以下のように指摘した。

ロシアの侵略戦争は終わらなければならない。今日まで、我々は、ロシアが持続可能な平和に向けた取組にコミットしているという証拠を目にしていない。ロシアは、ウクライナに対する攻撃を中止し、ロシア軍をウクライナの領土から完全かつ無条件に撤退させることで、この戦争を即時に終わらせることができる。[4]

このシンプルな表現の背後には、一年間、この問題をめぐり空前の頻度で首脳会合、外相会合を開催してきたG7としての思いが詰まっているようにもみえるが、G7として要求しているのは、ロシア軍部隊をロシアに撤退させることのみである点は重要だ。バイデン大統領は、プーチン大統領が権力の座から降りる必要があるという発言をしたこともあったが、[5]その後、プーチンの追い落としは求めないとの姿勢を確認している。[6]

ただし、そうである以上、何らかの形で停戦になったとしても、ロシアの当初からの戦争目的であるウクライナの支配は、「一時休止」以外にはなりようがないのが構造的現実なのである。それは、停戦自体も、一時的な休戦にとどまらざるを得ないということだ。

もちろん、ウクライナがロシア軍を自国領土内からすべて追い出すことができれば、軍事的には大勝利である。たとえクリミアがそれに含まれなかったとしても、二〇二二年二月二四日の戦争前のラインにまで戻すことができれば、極めて大きな成果だ。

しかし、そうした、軍事的には一〇〇点満点にも近いような状況が実現しても、そこに出現するのは、ウクライナ全土支配を諦めていない大統領が権力の座にとどまる核兵器大国ロシアが、新たな侵攻の機会を狙っているような状況だ。二〇二二年二月二三日の状況だといい換えてもよい。これが安定的な平和とほど遠いことは、現にその翌日に侵攻が開始されてしまった歴史的事実からも明らかである。

しかも、第二章で述べたように、東部・南部四州の一方的併合により、ロシアがそれら地域を自国領土だと主張する以上、それらを含むウクライナ領土の一体性を保証するような停戦合意が正式に結ばれる可能性は、限りなくゼロに近い。もっとも、一九九四年のブダペスト覚書がウクライナの主権や領土的一体性の尊重を規定していたことを考えれば、新たな停戦合意がそうした文言を繰り返したところで、ウクライナにとっては安心材料にはならなかったかもしれない。そうだとしても、文書すら作れないことに、深刻さの度合いがあらわれている。

端的にいって、停戦しても終わらないのが今回の戦争である。それゆえ「安全の保証」が不可欠であるし、その実効性は日々試されることにもなりそうだ。

戦争終結の条件を検証した千々和泰明のモデルに従えば、「将来の危険」と「現在の犠牲」を比較した場合に、ロシアとウクライナの双方にとって「将来の危険」――ロシアにとっては自国の勢力圏から離れていくウクライナ、ウクライナにとっては自国の属国化を諦めないロシアの存在――が大きすぎ、終結に向かいそうにないということになる。[7] 妥協が成立するのは、（戦争終結を主導する側の認識として）「現在の犠牲」が「将来の危険」を上回ったときである。

弾薬供給の逼迫問題

政治・外交的にはそうした構図が存在するが、軍事面でも構造的問題が存在する。それが弾薬供給の逼迫である。米国も欧州諸国も、武器供与を含めたウクライナ支援の継続という意思に関しては結束を維持しているものの、ウクライナの必要とする弾薬を迅速に届けることが実際にできるかが疑問視されているのである。というのも、ウクライナ軍による弾薬の使用スピードが前例のないほど速いものになっているからである。各国軍が自らの備蓄分から送るにあたっても、備蓄レベルを一定未満にするわけにはいかず、市場で調達するにしても製造能力の限界という壁が存在する。二〇二二年の秋以降、米軍内でも弾薬不足への懸念が高まることになった。[8]

同様の問題はロシア側に関しても指摘されており、特にミサイルは在庫が少なくなってきているといわれている。ただし、こうした議論については、二〇二二年の夏前から、「あと数カ月経てばロシアの弾薬が無くなる」と繰り返し指摘されながら、実際にはロシアによる大規模な火力の使用が継続していることから、完全に信用するわけにはいかない。数十年前の弾薬が使われているとの情報もあれば、北朝鮮やイランからの調達を試みているとの報道もある。ロシア側も弾薬が潤沢にあるわけではなさそうだが、「弾切れ」だけに期待するわけにもいかない。

米国において、弾薬不足が懸念されるようになってきたタイミングと、米軍トップのミリー(Mark Milley)統合参謀本部議長が話し合いによる戦争の終結に繰り返し言及した時期はおおむね重なっていた。[9] いままでのようなペースで弾薬を供与できないとすれば、戦況において少しでも有利なうちに交渉を開始すべきだという議論は、合理的ではある。しかし、背景が弾薬不足への懸念だったとしても、ウクライナにロシアとの交渉を強要するかのように受け取られかねない発言は、「必要な限り支援を続ける」、そして「ウクライナがいないところでウクライナに関して決めない」というバイデン政権の基本方針に抵触するおそれがあり、交渉論議は下火になった。[10]

ただし、少なくとも交渉を頭から否定するかのような姿勢をとらないようにとの働きかけがゼレンスキー政権に対してなされたとの報道もあった[11]。ウクライナの姿勢が頑なでありすぎれば、「ロシアは交渉の用意があるにもかかわらず、ウクライナが拒否している」とのロシアのプロパガンダを助長してしまいかねないからである。それは、国際世論を後ろ盾に、各国がウクライナ支援を継続する観点で障害になる。

なお、弾薬不足問題で一気に注目を浴びたのが韓国の役割である。二〇二二年七月にはポーランドとの間で戦車一〇〇〇両を含む超大型の装備品契約を締結し、同年一二月には、第一陣の戦車がポーランドに到着している。最初の戦車はすでに完成していたものと思われるが、それでも、納期の早さが韓国との契約の決め手になったことは明確である。韓国の行動は、通常の武器輸出の一環であり、直接のウクライナ支援ではない。しかしポーランド側には、ウクライナに供与した装備品の補充、さらにはロシアに対する抑止・防衛態勢強化という狙いがあり、今回の戦争と分けて考えることはできない[12]。

米国も、一五五ミリ砲弾を韓国から調達している。これがそのままウクライナに供与されることはないと韓国政府は説明しているが、たとえ不足した米軍の備蓄分を補うためだとしても、それによって米軍の備蓄からの対ウクライナ供与が可能になることを考えれば、ウクライナ支援と結びついていることは否定できない[13]。

ポーランドにとっても、米国にとっても、このようなタイミングで韓国から武器・弾薬を調達することは、当初の想定にはなかった事態だといえる。いずれにとっても、韓国は最優先の調達先ではなかったはずだ。ただし、少なくとも結果として、戦争がおこなわれているところとは異なる地域から武器・弾薬を調達することは、戦略的に理にかなっている。というのも、今回の戦争の影響で、米国も欧州も、そうした生産能力が逼迫しているからである。このことは、アジアでの有事を念頭に、武器・弾薬を欧州で緊急に調達するようなオプションを平時から考えておく必要があることを示しているともいえる。

「ロシア問題」の失敗

今回の戦争がどのような形で収束するとしても、欧州を中心とする国際社会が避けてとおれないのが、戦後のロシアといかなる関係を築くかという問題である。もちろん、何事もなかったかのように以前の関係に戻るという選択肢はない。プーチン大統領が権力の座にとどまるのであれば、それは、無数の戦争犯罪で訴追される可能性のある指導者である。直接の戦闘行為が終わったからといって、すでになされた戦争犯罪はなくならない。

たとえ暫定的・非公式なものであっても、何らかの停戦合意(のようなもの)が締結されるのであれば、その過程で、ロシア軍の撤退とともに、対露経済制裁の(一部)緩和・解除が交渉対象になることは十分考えられる。それでも、制裁が全面的に解除されて、ロシアとの関係が「リセット」される可能性は当面ないと考える必要がある。第二章の最後で分析した、エネルギーに関する欧州の「脱ロシア」は、そうした戦後の姿を想定したうえでの中長期的戦略である。

ロシアといかなる関係を構築するかは、欧州秩序の根幹にかかわる問題であり続けてきた。「ロシア問題」ともいえる。ロシアとの安定的関係なしに、欧州秩序の安定はままならない。冷戦期のソ連と西側との関係は、誇るべきものではないかもしれないが、欧州の分断が固定化するなかで、安定的なものになった。冷戦が「長い平和」[14]と呼ばれたゆえんである。

冷戦後の米欧は、新生ロシアとのパートナーシップ構築を目指し、さまざまな協力関係を模索したものの、その行き着く先が二〇二二年二月二四日からのウクライナ全面侵攻だった以上、そうした試みは完全な失敗に終わったと評価せざるを得ない。ただ、当然のことながら、失敗に終わったからといって問題が消えてなくなるわけではない。欧州にとっては、向き合い続けなければならない問題だ。

対露姿勢をめぐる欧州の分断と新たな展開

戦後のロシアとの関係のあり方については、欧州内で深刻な対立の火種がすでにみえている。フランスやドイツは、最終的にはロシアとも関係を構築しなければならず、そのためにも今回の戦争でロシアを「負けさせる」ことには慎重な意見も多い。核兵器を保有するロシアを追い込みすぎると危険だという議論も同様だ。

そうした独仏の姿勢に最も強く反発するのがポーランドやバルト三国などだ。マクロン仏大統領やショルツ独首相がプーチンとの対話の重要性を強調し、実際、開戦後も電話会談を続けているが、ポーランドのドゥダ大統領は、「第二次世界大戦中に誰がヒトラーと対話しようとしたか。ヒトラーが面目を保てるようにしなければならないと誰がいったか」[15]と述べて反発した。根底にあるのはロシアに対する不信である。彼らが「ロシアはロシアだ」というとき、その背景には、ロシアは変われるわけがない、だから気を付けろ、という警戒が存在する。

英国は、当初ジョンソン政権が極めて強い対露姿勢とウクライナへの連帯を打ち出した。ウクライナ軍への訓練支援で主導的な役割を果たしている他、米国に次ぐ規模の武器供与をおこなっている。加えて、二〇二二年四月のジョンソンによるキーウ訪問時のゼレンスキー大統領との市内散歩は、首都が安全になったことを内外に発信する極めて象徴的な場面だった。

そうした英国の積極姿勢の背景には、以前から続いてきた英露間の緊張状態がある。二〇一八年三月にイングランド南部のソールズベリーで発生した、兵器級神経剤のノビチョクによる元ロシアスパイの暗殺未遂（スクリパリ事件）は、二国間関係悪化の大きな転換点になった。当時のメイ政権は、これをロシア政府機関によるものだと判断し、容疑者を特定している。[16] ロシア情報機関による英国内の活動について厳しい目を注いできたのが英国だった。

また、当時のジョンソン政権が、NATO加盟前のフィンランドとスウェーデンに対して安全の保証に近いコミットメントをおこなったことは第三章で触れたとおりだが、さらに英国主導の合同遠征軍（Joint Expeditionary Force：JEF）は、単なる部隊協力を越えて、地域の安全保障・戦略問題を協議する枠組みに発展し、二〇二二年一二月には参加一〇カ国による首脳会合も開催されている。[17] これに参加するのは、英国の他、オランダ、北欧五カ国（デンマーク、アイスランド、フィンランド、ノルウェー、スウェーデン）、バルト三国である。

英国がEUに加盟していた時代から、これら諸国とは安全保障のみならず経済通商政策を含め、政策的立場が近かった。今後、EUの枠外ではあっても、英国、北欧、バルトというブロックが役割を拡大する可能性があり、対露姿勢を占ううえでも見逃せない。

米欧は同じ失敗を回避できるか

冷戦後、新たに民主化したロシアが欧州的な民主主義国家になることへの期待は、特に旧西欧で語られていた。米国も例外ではなく、当時のクリントン政権は、エリツィン（Boris Yeltsin）大統領との関係を極めて重視した。ゴルバチョフに代わる指導者としてエリツィンが出てきたときも、そして、エリツィンに代わってプーチンが出てきたときも、米欧諸国では、新たな指導者への期待が語られた。若く、合理的で、ともに仕事ができる、という評価である。

しかし、振り返れば、そうした過剰な期待が、米欧のロシア理解を誤らせたのかもしれない。若く合理的だという評価は、実像というよりは、「そうであって欲しい」という願望の姿だった。ドイツ語ができる情報機関出身者は合理的な人物であるはずだというバイアスである。冷静沈着な戦略家だというプーチン評も、米欧諸国が自ら作り出してきた幻想だった。

願望に基づくそうしたロシア像に常に反発してきたのがバルト三国やポーランドなどだった。彼らにしてみれば「だからいったではないか」ということになる。[18] 米欧諸国（米国と西欧）は、ロシアが「プーチン後」に移行する際に、同じ失敗を回避できるだろうか。数十年かけて同じ失敗のサイクルを繰り返す余裕はないはずだ。

同じ失敗をする懸念があるとすれば、その背後に存在するのは、ロシアはやはり欧州の一部であるとの漠然とした発想だといえる。これればかりは、良い悪いの問題ではない。ロシアが欧州の中心であったことはないが、ウィーン体制を持ち出すまでもなく、何世紀にもわたって、欧州秩序の一部にロシア（ないしソ連）が存在してきたことは否定できない。ロシアの支配階級においても、サンクトペテルブルクの宮廷でフランス語が使われていたことに象徴されるように、自らは欧州に属する――あるいは属していたい――とのアイデンティティが強かった。そうした流れは、現代においても一部で続いており、それゆえ、ロシアにとっての対米関係と対欧州関係は性格がやや異なる。米国よりは欧州と関係を維持したいと願い、同時に、欧州であればつけ入る隙があると計算している。

欧州からみたロシアは、異質だし辺境である。しかしそのうえで、歴史的にも文明的にも文化的にも、欧州の一部だった。端的にいって、「くるみ割り人形」のないクリスマスは寂しすぎるのである。これが、ときにロシアの変化に対する過度な期待を生んでしまう精神的土壌なのかもしれない。ロシアをみるこうした欧州の眼は、日本のそれとは大きく異なる。

しかし、今回の戦争は、欧州国家としてのロシアの基盤を揺るがすことになる可能性が高い。ロシア軍の残忍さは欧州も昔から知っているが、それは、欧州諸国自らの残忍な戦争の歴史のなかで相対化可能だともいえる。そのうえでウクライナ侵攻が衝撃的なのは、第一次、第二次世界大戦と同じようなことが二一世紀の欧州で起きてしまったためである。そうしたロシアに直面する欧州は、この現実をどのように消化していくことができるのか。答えはまだ分からないが、欧州におけるロシアの位置づけを根底から問うているのが今回の戦争である。

米国はなぜ直接介入しないのか——ウクライナと台湾

今回の戦争への米国の対応における特徴の一つは、直接介入していない点である。ウクライナに米軍を部隊として派兵していないという意味である。それはなぜだろうか。第一章でも指摘したように、バイデン政権は、ウクライナがＮＡＴＯ加盟国でないことを「口実」にしているが、ここでは、台湾との比較であらためて考えてみよう。

ウクライナに直接介入しない理由としては大きく分けて二つの仮説が存在する。第一は、「ウクライナが重要ではないから」である。第二は、「第三次世界大戦を防ぎたいから」である。実際には、どちらかがすべてではなく、両者が混合しているはずだ。そうだとしても、どちらにより重点があるかは重要である。

米国の戦略的利益に照らして、ウクライナ自体の重要性にはさまざまな議論が可能である。ただし、ウクライナが当初から重要であればすでにＮＡＴＯに加盟していてもおかしくなかっただろう。ＮＡＴＯ加盟が進展せず、いわば「宙吊り」の状態が続いてきた事実のみをとっても、米国にとってのウクライナの重要性が中途半端なものだった様子が窺われる。それに対して、ロシアにとってウクライナを自国の勢力圏にとどめておくことの戦略的優先度は極めて高かった。

この議論は、ウクライナにとっては不都合だが、台湾有事への米国の直接的関与を期待する立場にとっては好都合である。台湾はそもそも独立国家ではなく、米国との関係も、安全保障条約による同盟関係にはない。台湾防衛に関係するのは米国内法としての台湾関係法である。それでも、ウクライナへの不介入が、ウクライナの重要性の欠如によるものだとすれば、台湾は、米国にとっての台湾の重要性を示すことができれば、介入を確保することが可能ということになる。高度に発達した半導体産業などは、台湾の重要性の柱の一つになる。少なくとも、台湾がウクライナより（米国の戦略的利益にとって）重要だと主張することは難しくなさそうだ。

第二の仮説についてはどうだろうか。「第三次世界大戦を防ぎたい」からウクライナに介入しないのだとすれば、台湾も同様だということになりかねない。というのも、ウクライナ介入にあたって考慮すべきがロシアによる核の影（nuclear shadow）だとすれば、台湾介入にあたっては中国による核の影が存在するからである。

ロシア・ウクライナ戦争への対応が、核兵器を保有する現状変更国家への米国の弱腰姿勢を示すものだとすれば、対中国では異なるといえるだろうか。もっとも、核兵器に関する限り、ロシアが質・量の両面で中国を凌駕している。中国の核戦力が増強されるなかで、ロシアと中国が同レベルの脅威になる可能性はあるものの、米国にとって真に対等な核兵器保有国は長年ロシアのみであった。しかし、台湾有事への介入の是非やその方法を検討するにあたって、米国が中国の核兵器を考慮に入れなくてよい状況は考えにくい。台湾をめぐっても、核の影には当然影響されるのである。

それゆえ、ウクライナ侵攻にあたって、米国がロシアによる核の影にいかに対処できるかは、台湾有事への米国の介入のあり方を考えるうえで試金石になるのである。問われるのは、端的にいって、核兵器を保有する現状変更国家への対処である。

それを中国をはじめとする他国が注意深くみていることはいうまでもない。米国も当然それに気付いている。バイデン大統領は二〇二二年六月のインタビューで、「(ウクライナに関して米国が)傍観しているだけだったら、中国は台湾に関連してどのように考えるだろうか。北朝鮮は実験や圧力に加えて、核兵器に関してどう考えるだろうか[19]」と問うた。

移動する米国の防衛線

関連して、ウクライナ侵攻への米国の関与の推移からは、米国の介入と不介入の境界線が可変であることもみてとれる。第二章で議論したように、米国によるウクライナへの武器供与の中身は、ウクライナがロシアに抵抗できる能力を示すにともなって大きく拡充されてきた。

米国は二〇二一年八月にアフガニスタンから撤退したが、その際、バイデン大統領は、「アフガン軍が自ら戦う意思がないところで、米軍が戦い、犠牲者を出すことはできないし、すべきでもない[20]」と述べている。「自ら戦う意思がないのであれば助けない」という宣言だった。当初これはアフガン撤退のための口実のようにみられていたが、「自ら戦うのであれば助ける」ということでもあった。そして、ウクライナにおいては、その後者の面が証明されることになった。ウクライナは、自ら戦う意思と能力を示し、米国はそれに応えたのである。

二〇二二年一二月に、開戦以降はじめてとなる外国訪問先としてワシントンを訪れたゼレンスキー大統領は、米国議会上下両院合同会議での演説で、ウクライナは民主主義を守る戦いをしているのだと強調したうえで、「ウクライナは我々の代わりにウクライナの地で米軍に戦って欲しいと頼んだことはない。ウクライナの兵士は米国の戦車や航空機を完璧に使える[21]」と述べ、拍手喝采を受けた。

ウクライナのような、米国の同盟国ではなく、米国が防衛義務を負わない国は、言葉は悪いかもしれないが、あらゆる機会と手段を用いて米国――政府、議会、および国民――にアピールする必要がある。台湾関係法という法的枠組みがあるために、ウクライナより出発点が有利だといえる台湾にとっても、基本的な構図は変わらない。台湾の重要性、そして台湾を守ることが、地域秩序や国際秩序、そして米国の利益にとっていかに必要なのか、何がかかっているのかを、いかに発信できるかが勝負の分かれ目になる。米国の本気の支援を手繰り寄せる、というイメージである。

ウクライナの例でいえば、そのために二つの要素が求められる。第一に、ロシアへの抵抗は、単にウクライナのための防衛戦争ではなく、欧州の民主主義、さらには世界の民主主義を守る戦いだというナラティブ（語られ方）が重要だった。この戦いにかかっているものが、ウクライナの領土や主権のみではないという議論である。先述の米議会演説でゼレンスキー大統領は、「あなたがたの支援はチャリティではない。それは世界の安全保障と民主主義のための投資なのだ」とも述べている。自由や民主主義は単なる飾りなのではない。

第二に、多くを求めすぎないこと、支援のコストが米国にとっても受け入れ可能な範囲であることを示すことも重要だった。ゼレンスキー演説の、「代わりに戦って欲しいと頼んだことはない」という部分である。どんなに崇高な理念や重要な利益があったとしても、それを実現するコストが高すぎては、米国も支援をおこなうことができない。米国にとってのコストを引き下げる最大の手段は、支援を求める国の側での自助努力である。

他方で、米国の条約上の同盟国ではない諸国が、米国の本気の支援を手繰り寄せられるほどに米国の防衛ラインが可変なのだとすれば、それは逆方向にも動くと考える必要があり、防衛ラインの内側に位置している国々も、常に安泰とは限らないということにもなる。また、ロシア・ウクライナ戦争における最前線のNATO加盟国がポーランドだとすれば、台湾海峡危機に関して、それと同じ位置づけになるのは日本である。

そして、日本が攻撃された際、日本の防衛には、日本の領土の一体性以上に地域の秩序や民主主義の将来がかかっているというナラティブの発信と、日本支援のコストが大きくなり過ぎないようにすることの重要性は共通だろう。

出足の遅かった日本

そこで、ロシアによるウクライナ侵攻への日本の対応である。二〇二一年から翌年はじめまでの段階では、実際のところ政府内の危機感はあまり高くなかった。そうした姿勢に懸念を強めていたのが米国であり、さまざまなルートで日本政府への働きかけをおこなったとみられる。

二〇二二年一月二一日の日米首脳テレビ会談は大きな転換点になった。同会談に際して日本側は、「自由で開かれたインド太平洋」を含む、中国や北朝鮮といった地域情勢と日米同盟を主眼にしていたようだが、米国にとっては、当時緊張の度合いを増していたウクライナ情勢が主眼だった。共同声明はなかったが、会談後にそれぞれが発表した概要では、ウクライナ問題でのロシアへの対応について、「いかなる攻撃に対しても強い行動をとる」という、完全に調整された文言を使った。[22] これが日米の一致したラインになったのである。

首脳レベルで「強い行動」に触れたことは、当時の日本としては、かなり踏み込んだものだといえた。他方で、それが日本政府内でどこまで共有されていたかは疑問である。というのも、首脳会談より数日後の一月二五日の会見で、林芳正外相は、ロシアが侵攻した場合の対応について問われ、「仮定の質問であり、お答えすることは差し控えたい」[23] という、従来からの応答要領を繰り返していたからである。首相が「強い行動」に踏み込みながら、外相が仮定の質問には答えないとは、何ともちぐはぐな対応だった。

そのまさになかの一月二三日に東京に着任したのが、バイデン政権の新たな駐日大使のエマニュエル（Rahm Emanuel）だった。オバマ政権の首席補佐官や下院議員、シカゴ市長を務め、米国政治を知り尽くした新大使は、対ロシアでの日米共闘のために猛然と活動をはじめるのである。新任の大使としてはじめて防衛大臣に面会した際も、まずは対ロシアでの連帯の重要性を強調し、大使公邸ではＮＡＴＯ加盟国大使を集めた会合を開催し、ツイッターなどでの発信でも、ロシアやウクライナ関係の発信を急激に強化した。

その背景には、バイデン政権にとってこの問題の優先度が極めて高かったことに加え、エマニュエル家がウクライナのオデーサにルーツを有するという事情、さらには、同氏が市長を務めたシカゴ市は、全米でも有数の、ウクライナを含めた中東欧系住民が多い都市であるという背景もあった。[24] 偶然ではあったが、まさに、このタイミングに完璧に適した人物だった。

米国のみならず、欧州の多くには、二〇一四年のクリミアの一方的併合に対する日本の煮え切らない対露姿勢の記憶が鮮明だったと思われる。そのため、今回も岸田政権は強い姿勢をとらない――あるいは、とれない――のではないかとの懸念が強かった。期待値が低かったともいえる。

そのことは、開戦直後の対露制裁議論が、米国とEU、英国を中心に進められたことからも窺われる。開戦二日後の二月二六日に発表された、国際決済網SWIFTからのロシアの主要銀行の排除やロシア中央銀行への資産凍結などの制裁を打ち出した共同声明は、カナダ、フランス、ドイツ、イタリア、英国、米国、EUによるものだった。[25]これは、「G7マイナス日本」だった。

「ウクライナは明日の東アジア」

しかし、岸田政権はその後、米欧のみならず、国内をも驚かせるほど、日本にとっては前例のない規模での対露制裁を実施することになった。SWIFTやロシア中央銀行への制裁についても、岸田政権は直後に参加を決定した。[26]その後、日本の基本的方針は、「G7と足並みを揃える」というものになる。

その背景には、第一に、やはりロシアの行動の規模と残忍さが際立っていたという事情がある。二〇一四年の際に、ほとんど無血でクリミアを一方的に併合してしまったときとは異なった。第二に、アジアへのインパクトが従来以上に強く認識された。二〇一四年当時も中国の台頭はアジアの安全保障の大きな課題になっていたが、台湾海峡をめぐる情勢が緊迫化するなかで、ロシアによるウクライナ侵攻は、中国による台湾に対する武力統一の懸念を惹起したのである。

もっとも、ロシアがウクライナに侵攻したからといって、中国が台湾に対して武力行使するほど単純な関係にはない。しかし、それまで「考えられない」とされてきたことが起きてしまったのがウクライナ侵攻であり、こうした力による現状変更が、他地域に及ぼす影響について、日本としても正面から受け止める必要が生じたのである。

二〇二二年六月にシンガポールで開催されたシャングリラ対話で基調講演をおこなった岸田首相は、「ウクライナは明日の東アジアかもしれない」との危機感を表明し、ロシアによるウクライナ侵略は「国際秩序の根幹を揺るがす事態」だと述べた。そのうえで、

我々が努力と対話と合意によって築き上げてきたルールに基づく国際秩序が守られ、平和と繁栄の歩みを継続できるか。あるいは、「ルール」は無視され、破られ、力による一方的な現状変更が堂々とまかり通る、強い国が弱い国を軍事的・経済的に威圧する、そんな弱肉強食の世界に戻ってしまうのか。それが、我々が選択を迫られている現実です

と、今回の事態がインド太平洋地域にとっても「対岸の火事」ではないと主張したのである。[27]
同時に、日本の防衛を考えた際に、日本として関心を持たざるを得なかったのは、対ロシアでのウクライナへの米国のコミットメントが、対中国での日本を含むインド太平洋へのそれに、いかなる影響をおよぼすかという問題だった。同盟の信頼性、特にレピュテーション・コスト（評判コスト）の観点では、ウクライナで米国の威信が低下すれば、中国がそれを米国の「弱さ」と

捉えるため、日米同盟にとってもマイナスだとの議論が可能だ。中国が状況を注視しているであろうことは、先に引用したバイデン発言のとおりである。

他方で、米国が有する防衛リソースに限度があることを踏まえれば、米国がウクライナに深入りすればするほど、インド太平洋に振り分けることのできるリソースが低下し、台湾海峡有事などへの対応にも悪影響が出る懸念がある。欧州とアジアの同盟国の間で、米国を引っ張り合う構図だ。

これらは単純化された理念形であり、実際には両者の要素が含まれる。[28]それでも、実際に例えば米軍においても弾薬の全体的な備蓄水準が低下するなど、ウクライナ支援はグローバルな影響を持ちはじめている。ブリンケン国務長官は、二〇二二年末の会見で、「もし我々がまだアフガニスタンにいたとすれば、ウクライナ支援はより困難になっていただろう[29]」と述べている。アフガニスタンとウクライナの「二正面作戦」でさえ困難だとすれば、ロシアと中国への同時対処は望むべくもない。

ウクライナ侵攻がもたらした日本人の安全保障意識の変化

ロシアによるウクライナ侵攻は、安全保障・防衛に関する日本国内の議論にすでに大きな影響を及ぼしている。二〇二二年一二月に決定された新たな「国家安全保障戦略」は、「ロシアによるウクライナ侵略により、国際秩序を形作るルールの根幹がいとも簡単に破られた。同様の深刻な事態が、将来、インド太平洋地域、とりわけ東アジアにおいて発生する可能性は排除されない」[30]として、危機感を表明している。ロシアについては、インド太平洋地域における「安全保障上の強い懸念」だとした。

中国の台頭、なかでも特に東シナ海における中国の強硬姿勢や北朝鮮による各種ミサイルの発射実験とあわせ、ロシアによるウクライナ侵攻は、日本人の安全保障意識を急激に高めることになった。その結果、防衛費の大幅増額や「反撃能力」の導入といった、従来の日本の防衛態勢を大きく転換させる決定についても、例えば増税については異論も多いものの、全体としてはおおむね受け入れられたような状況になった。

ロシアによるウクライナ侵攻が、日本人の安全保障意識を高め、結果として対中国の防衛態勢強化につながるとしたら、何とも興味深い現象であろう。

注記

【はじめに】

1 森聡「ウクライナと『ポスト・プライマシー』時代のアメリカによる現状防衛」池内恵他『ウクライナ戦争と世界のゆくえ』(東京大学出版会、二〇二二年)。
2 例えば、小泉悠「古くて新しいロシア・ウクライナ戦争」池内恵他『ウクライナ戦争と世界のゆくえ』、同『ウクライナ戦争』(ちくま新書、二〇二二年)などを参照。
3 European Union, *A Secure Europe in a Better World: European Security Strategy*, Brussels, 12 December 2003.
4 NATO, *Active Engagement, Modern Defence: Strategic Concept for the Defence and Security of the Members of the North Atlantic Treaty Organization*, adopted by Heads of State and Government at the NATO Summit, Lisbon, 19-20 November 2010, para. 7.
5 小泉『ウクライナ戦争』は代表例。
6 同右、二三—二四頁。
7 この点については、倉井高志『世界と日本を目覚めさせたウクライナの「覚悟」』(PHP研究所、二〇二二年)が興味深い。著者は前駐ウクライナ日本大使。

【第一章】

1 NATO, "Statement by the North Atlantic Council on the situation in and around Ukraine," Brussels, 16 December 2021.
2 Office of the United Nations High Commissioner for Human Rights, *Report on the human rights situation in Ukraine from 16 November 2019 to 15 February 2020*, 1 March 2020, para. 31.
3 White House, "Remarks by President Biden Before Marine One Departure," 8 December 2021.
4 White Houe, "Remarks by President Biden on the Severe Weather that Impacted Several U.S. States," 11 December 2021.
5 "UK unlikely to send troops if Russia invades Ukraine, says defence secretary," *The Guardian*, 18 December 2021 (online).
6 Keir Giles, "Putin does not need to invade Ukraine to get his way," Expert Comment, Chatham House, 21 December 2021.
7 White House, "Remarks by President Biden Before Marine One Departure," 8 December 2021.
8 European Commission, "Speech by President von der Leyen at the EU Ambassadors Conference 2021 via videoconference," Brussels, 7 December 2021.
9 "The 'Nuclear Option': What Is SWIFT And What Happens If Russia Is Cut Off From It?," Radio Free Europe/Radio Liberty, 9 December 2021.
10 John Dizard, "US may draw the line at cutting off Russia from Swift," *Financial Times*, 10 December 2021 (online).

11 U.S. Department of State, "Secretary Antony J. Blinken with Chuck Todd of NBC Meet the Press," 12 December 2021.
12 "Nord Stream 2 pipeline under threat if Russia invades Ukraine -U.S. officials," *Reuters*, 8 December 2021.
13 Tom Keatinge, "Sanctioning Russian Aggression: The West Must Accept Economic Self-Harm," Commentary, RUSI, 15 December 2021.
14「ロシア及びウクライナに関するG7外相声明」(二〇二一年一二月一二日)。
15 White House, "Remarks by President Biden on the Severe Weather that Impacted Several U.S. States," 11 December 2021.
16 NATO, "Bucharest Summit Declaration," issued by the Heads of State and Government participating in the meeting of the North Atlantic Council, Bucharest, 3 April 2008, para. 23.
17 CSCE, "Conference on Security and Co-operation in Europe Final Act (Helsinki Final Act)," Helsinki, 1 August 1975.
18 CSCE, "Charter of Paris for a New Europe," Paris, 19-21 November 1990.
19 NATO, "Statement by the North Atlantic Council on the situation in and around Ukraine," 16 December 2021.
20 Russian Ministry of Foreign Affairs, "Treaty between The United States of America and the Russian Federation on security guarantees [draft treaty proposal]," Moscow, 17 December 2021; "Agreement on measures to ensure the security of The Russian Federation and member States of the North Atlantic Treaty Organization [draft treaty proposal]," Moscow, 17 December 2021.
21 首相官邸「内外記者会見」(二〇一四年三月二五日)。
22 この経緯については、鶴岡路人「日露関係の教訓と課題――安倍政権から菅政権へ」『ROLES COMMENTARY』第3号(二〇二一年五月)を参照。
23 "Pressekonferenz von Bundeskanzler Scholz und dem Präsidenten der Ukraine, Selensky," Kiew, 14. Februar 2022.
24 Kremlin, "Address by the President of the Russian Federation," Moscow, 24 February 2022.
25 "Record of conversation between Mikhail Gorbachev and James Baker in Moscow (Excerpts)," 9 February 1990, available at the website of the National Security Archive, https://nsarchive.gwu.edu/document/16117-document-06-record-conversation-between. この問題に関する邦語の最新の研究は、例えば、板橋拓己『分断の克服　一九八九―一九九〇――統一をめぐる西ドイツ外交の挑戦』(中公選書、二〇二二年)第四、五章を参照。
26 "Treaty on the final settlement with respect to Germany (with agreed minute)," Moscow, 12 September 1990.
27 ゲンシャーについては、板橋『分断の克服』参照。また、鶴岡路人「ドイツ統一問題の再浮上と加速化――米ソ独の冷戦終結観の相克と『ドイツ問題』のダイナミズム」『法学政治学論究』(慶應義塾大学大学院法学研究科)第四九号(二〇〇一年)、同「統一ドイツのNATO帰属への道――冷戦と冷戦後の狭間」『法学政治学論究』第五一号(二〇〇一年)参照。
28 ミハイル・ゴルバチョフ(副島英樹訳)『ミハイル・ゴルバチョフ　変わりゆく世界の中で』(朝日新聞出版、二〇二〇年)、引用は最初のみ一五八頁、他は一五九頁から。
29 米国におけるNATO拡大への当初の消極姿勢については、James Goldgeier, *Not Whether But When: The U.S. Decision to Enlarge NATO*

(Washington, D.C.: Brookings Institution Press, 1999) が参考になる。
30 Marc Trachtenberg, "The United States and the NATO Non-extension Assurances of 1990: New Light on an Old Problem?" *International Security*, Vol. 45, No. 3 (Winter 2020-2021).
31 注20参照。
32 "Why Washington shut down Poland's offer to give Ukraine fighter jets," *Washington Post*, 9 March 2022.
33 White House, "Remarks by President Biden Announcing Actions to Continue to Hold Russia Accountable," Washington, D.C., 11 March 2022.
34 NATO, "Statement by NATO Heads of State and Government," Brussels, 24 March 2022.
35 NATO, "Press conference by NATO Secretary General Jens Stoltenberg following the extraordinary Summit of NATO Heads of State and Government," Brussels, 24 March 2022.
36 White House, "Remarks by President Biden in Press Conference," Brussels, 24 March 2022.
37 White House, "Background Press Call by Senior Administration Officials on Russia Ukraine Economic Deterrence Measures," 25 January 2022.
38 「ウクライナ中立化の国民投票はロシア軍が撤退してはじめて実施可能となる＝ゼレンシキー宇大統領」Ukrinform日本語版（二〇二二年三月二八日）。
39 "Factbox: Russia suggests Sweden or Austria as military model for Ukraine," *Reuters*, 17 March 2022.
40 五月女律子「スウェーデンの安全保障政策における『非同盟』」日本国際政治学会編『国際政治』第一六八号（二〇一二年）。
41 "Russia no longer requesting Ukraine be 'denazified' as part of ceasefire talks," *Financial Times*, 29 March 2022.
42 "Memorandum on security assurances in connection with Ukraine's accession to the Treaty on the Non-Proliferation of Nuclear Weapons," Budapest, 5 December 1994.
43 「ウクライナ中立化の国民投票はロシア軍が撤退してはじめて実施可能となる」（注38）。
44 "Ukraine offers neutrality in exchange for NATO-style security guarantees at Russia talks," *Reuters*, 30 March 2022.
45 "Ukraine: Inside the spies' attempts to stop the war," BBC, 9 April 2022.
46 "Ukraine: Apparent War Crimes in Russia-Controlled Areas," Human Rights Watch, 3 April 2022.
47 「激戦のブチャとイルピン　つながった街で、占領と撃退に分かれた理由」『朝日新聞デジタル』（二〇二二年四月九日）。
48 "Convention on the Prevention and Punishment of the Crime of Genocide" 署名開始が一九四八年一二月九日、発効は一九五一年一月一二日。日本は未批准。
49 White House, "Remarks by President Biden Before Air Force One Departure," Des Moines, Iowa, 12 April 2022.
50 "21K Mariupol civilians dead since start of Russian invasion, mayor says," *Global News*, 12 April 2022.

51 “Vladimir Putin abandons hopes of Ukraine deal and shifts to land-grab strategy,” *Financial Times*, 24 April 2022.

52 「ウクライナは武器を受け取り次第、占領地を取り返し始める＝ゼレンシキー宇大統領」Ukrinform日本語版（二〇二二年四月二三日）。

53 当初は「軍事作戦の開始」と表現され、その後、「侵攻」が使われたが、G7の用語法と合わせる観点もあり、「侵略」が使われることになった。「軍事作戦の開始」については、「ウクライナにおけるロシアの軍事作戦の開始について（官房長官冒頭発言）」内閣官房長官会見（二〇二二年二月二四日午後）を参照。「侵攻」については、「内閣総理大臣記者会見」（二〇二二年二月二五日）を参照。総理は意図的に侵攻と表現し、侵略という言葉は一度も使わなかった。ただし、その前日の林外相会見ではすでに一部で「侵略」という言葉も使われていた（「林外務大臣臨時会見記録」（二〇二二年二月二四日））。これが、政府内の決定に基づく意図的な用語法であったかは不明である。翌二月二五日に開催されたG7首脳テレビ会議で岸田総理の冒頭発言では「侵攻」という言葉が用いられたようだが、共同声明では「軍事的侵略」と表現された。「G7首脳テレビ会議」（二〇二二年二月二五日）。岸田総理は、二月二七日の会見では、「侵略」という用語に切り替えている。「ウクライナ情勢に関する我が国の対応についての会見」（二〇二二年二月二七日）。これは、その後定着することからも、政府内での決定に基づく意図的なものだったと思われる。

54 “Definition of Aggression,” General Assembly resolution 3314 (XXIX), 14 December 1974.

55 例えば、「G7外相共同声明（仮訳）」（二〇二二年四月七日）。なお、G7では「必要に迫られた戦争（war of necessity）」に対比させて「選択による戦争（war of choice）」という言葉を使い、ロシアが一方的にはじめた戦争であることが示されたこともあった。例えば、「G7首脳声明（原文）」（二〇二二年三月一一日）。

56 例えば、「ウクライナ侵攻きょうで3か月　戦闘〝長期化〟の見通し」日テレNEWS（二〇二二年五月二四日）、「ロ軍が一部制圧かウクライナの拠点リシチャンシク」テレ朝news（二〇二二年六月二六日）、「セベロドネツク　ロシア支配にゼレンスキー大統領　奪還に全力」NHK（二〇二二年六月二六日）などを参照。

57 『外交青書（平成二七年版）』外務省（二〇一五年四月）、一〇七頁。

58 「ウクライナに関するG7外相声明」（二〇二一年三月一八日）。

59 例えば同右。

60 “U.S. approves of Ukraine striking Russian-occupied Crimea,” Politico.com, 17 August 2022.

61 森「ウクライナと『ポスト・プライマシー』時代のアメリカによる現状防衛」（はじめに注1）。

62 小泉悠「古くて新しいロシア・ウクライナ戦争」（はじめに注2）。

【第二章】

1 Christina Arabia et al., “U.S. Security Assistance to Ukraine,” Congressional Research Service, 21 October 2022; Claire Mills, “Military

Assistance to Ukraine 2014-2021," *Research Briefing*, No. 7135, House of Commons Library, 4 March 2022.

2 "Ukraine: Inside the spies' attempts to stop the war,"（第一章注45）。

3 "Zelensky refuses US offer to evacuate, saying 'I need ammunition, not a ride'," CNN, 26 February 2022.

4 "'There Cannot Be a Nuclear War,' Interview with German Chancellor Olaf Scholz," *Der Spiegel*, 22 April 2022.

5 "Czech Republic sends tanks, infantry fighting vehicles to Ukraine," *Reuters*, 5 April 2022.

6 以下の記述は、鶴岡路人「ロシア・ウクライナ戦争とＮＡＴＯ」『安全保障研究』（鹿島平和研究所・安全保障外交政策研究会）第四巻第二号に依拠。

7 "Russia says U.S., NATO weapon transports in Ukraine are legitimate targets," *Reuters*, 13 April 2022.

8 例えば下記報道参照。"Ukraine: On board a Nato surveillance plane monitoring Russian activity," BBC, 4 March 2022; "Intelligence: Russia has taken to trying to jam NATO plane's radar," CNN.com, 11 March 2022.

9 "U.S. Intelligence Is Helping Ukraine Kill Russian Generals, Officials Say," *New York Times*, 4 May 2022; "U.S. intel helped Ukraine protect air defenses, shoot down Russian plane carrying hundreds of troops," NBC News, 27 April 2022.

10 "Biden admin pushes back on NYT's killer Ukraine story," Politico.com, 5 May 2022.

11 Vivek Wadhwa and Alex Salkever, "How Elon Musk's Starlink Got Battle-Tested in Ukraine," *Foreign Policy*, 4 May 2022.

12 "Military briefing: Russia's barrage hits Ukrainian morale in the Donbas," *Financial Times*, 10 June 2022.

13 "U.S. approves of Ukraine striking Russian-occupied Crimea,"（第一章注60）。

14 "A Ukrainian counter-offensive in Kherson faces steep odds," *The Economist*, 14 August 2022.

15 President of Ukraine, "Andriy Yermak and Anders Fogh Rasmussen will chair an international advisory group that will provide proposals on security guarantees for Ukraine," 24 May 2022.

16 President of Ukraine, "Andriy Yermak and Anders Fogh Rasmussen jointly present recommendations on security guarantees of Ukraine," 13 September 2022.

17 同報告で使われている「compact」の訳語としてここでは「協約」を用いる。国際法上、協約も条約の一種であり、この名称故に法的拘束力のレベルが落ちるわけではない。他方、国際場裏では、法的な枠組みとしてではなく、参加者間の自発的な目標を設定するような文書（宣言）に「compact」が使われることも少なくない。キーウ安全保障協約は、それ自体は後述のとおり「戦略的パートナーシップ文書」とされるが、その下で通常の条約である二国間合意が結ばれる想定になっている。そのため、全体の枠組みとしてのキーウ安全保障協約には、あえて条約という用語は用いないことにする。ただし、報告書の文言をみる限り、協約自体にも法的拘束力が想定されていると解釈可能な個所もあり、協約と二国間条約の関係は必ずしも明確ではない。

18 ブダペスト覚書の正式名称は"Memorandum on security assurances in connection with Ukraine's accession to the Treary on the Non-Proliferation of Nuclear Weapons"（一九九四年一二月五日、ブダペストにて署名）であり、「安全の提供（security assurance）」とい

う用語が使われている。「assurance」は、例えば「消極的安全保証（negative security assurance）」のように「保証」という訳語が確立されているものもあり、「guarantee」と日本語訳の区別がつかなくなる。英語のニュアンスとしては、assuranceは、相手の心配を取り除く（安心させる）との意味合いが強く、guaranteeは、具体的な根拠に基づいて何かが起きることを保証するという意味になる。今回のキーウ安全保障協約がguaranteeという言葉を選択したのは、ブダペスト覚書との差別化と同時に、法的拘束力を有する枠組みに基づくより強固なものを求めたためだと解釈できる。

19 "Volodymyr Zelensky says Ukraine ready to discuss neutrality in peace talks with Russia," *Financial Times*, 28 March 2022.

20 "Ukraine urges China to play more visible role to halt war," *Reuters*, 23 March 2022.

21 Andriy Yermak, "My country, Ukraine, has a proposal for the west – and it could make the whole world safer," *The Guardian*, 11 August 2022.

22 "Long-term military guarantees from west would protect Ukraine – report," *The Guardian*, 13 September 2022.

23 President of Ukraine, "President of Ukraine met with the Secretary of State and Secretary of Defense of the United States of America," 25 April 2022; President of Ukraine, "President of Ukraine met with the Prime Minister of the United Kingdom in Kyiv for the second time during a full-scale war," 17 June 2022.

24 "U.S. Senate Resolution," 239, 80th Congress, 2nd Session, 11th June 1948 (The Vandenberg Resolution).

25 首相官邸「ゼレンスキー・ウクライナ大統領との電話会談についての会見（総理会見）」（二〇二二年九月三〇日）。

26 外務省「主権国家としてのウクライナ領土の違法な『併合』に関するG７外相声明」（二〇二二年一〇月一日）。

27 例えば、「ロシア『住民投票』結果もとに一方的な併合へ 侵攻も続くか」ＮＨＫ（二〇二二年九月二九日）。

28 「主権国家としてのウクライナ領土の違法な『併合』に関するG７外相声明」（注26）。

29 NATO, "Press point with NATO Secretary General Jens Stoltenberg," 30 September 2022.

30 Kremlin, "Signing of treaties on accession of Donetsk and Lugansk people's republics and Zaporozhye and Kherson regions to Russia," 30 September 2022.

31 "Putin calls on Ukraine to return to negotiations," *RT*, 30 September 2022.

32 「プーチン氏、４地域併合を宣言　演説でウクライナに停戦交渉を呼びかけ」日テレＮＥＷＳ（二〇二二年九月三〇日）。

33 「『ウクライナにはロシアとの対話の準備がある。ただし、別の大統領とだ』＝ゼレンシキー大統領」Ukrinform 日本語版（二〇二二年九月三〇日）。

34 "Kremlin unclear on which parts of Ukraine it has 'annexed'," *The Guardian*, 3 October 2022.

35 例えば、Keith Payne, *The Fallacies of Cold War Deterrence and a New Direction* (University Press of Kentucky, 2001)参照。

36 Kremlin, "Address by the President of the Russian Federation," 21 September 2022.

37 White House, "Remarks by President Biden at Democratic Senatorial Campaign Committee Reception," New York, 6 October 2022.

38 Kevin Ryan, "Is 'Escalate to Deescalate' Part of Russia's Nuclear Toolbox?" *Russia Matters*, 8 January 2020.

39 “Could the war in Ukraine go nuclear?” *The Economist*, 29 September 2022.
40 “Here’s What Would Happen If Putin Ordered A Nuclear Strike In Ukraine,” *Forbes*, 30 September 2022.
41 “Transcript: National security adviser Jake Sullivan on "Face the Nation",” CBS News, 25 September 2022; U.S. Department of State, “Secretary Antony J. Blinken Interview With 60 Minutes on CBS With Scott Pelley,” 25 September 2022.
42 “U.S. has sent private warnings to Russia against using a nuclear weapon,” *Washington Post*, 22 September 2022.
43 “Could the war in Ukraine go nuclear?”(注39)。
44 “President Biden warns Vladimir Putin not to use nuclear weapons: "Don’t. Don’t. Don’t",” CBS News, 16 September 2022.
45 “Kyiv’s western allies boost nuclear deterrence after Putin’s threats,” *Financial Times*, 25 September 2022.
46 “Petraeus: US would destroy Russia’s troops if Putin uses nuclear weapons in Ukraine,” *The Guardian*, 2 October 2022.
47 Joseph Biden, “What America Will and Will Not Do in Ukraine,” *New York Times*, 31 May 2022.
48 ケネス・ウォルツ（渡邉昭夫・岡垣知子訳）『人間・国家・戦争――国際政治の3つのイメージ』（勁草書房、二〇一三年）、原著はKenneth Waltz, *Man, the State, and War: A Theoretical Analysis* (Columbia University Press, 1959)。
49 John Mearsheimer, “John Mearsheimer on why the West is principally responsible for the Ukrainian crisis,” *The Economist*, 19 March 2022; John Mearsheimer, “Why the Ukraine Crisis Is the West’s Fault,” *Foreign Affairs*, Vol. 93, No. 5 (September/October 2014).
50 「ロシア的」との主張については、例えば、“‘Human Life Has No Value There’: Baltic Counterintelligence Officers Speak Candidly About Russian Cruelty,” *Eesti Ekspress*, October 2022; “Russian revanchism runs deeper than Putin,” Politico.eu, 15 October 2022 などを参照。
51 外務省「ロシア軍によるウクライナ侵攻に関するG7首脳声明」（二〇二二年二月二四日）。
52 外務省「ウクライナに関するG7首脳声明」（二〇二二年一〇月一一日）。
53 Council of the EU, “Council adopts full suspension of visa facilitation with Russia,” Press Release, Brussels, 9 September 2022.
54 “Joint statement of Estonia, Latvia, Lithuania and Poland,” 7 September 2022 (https://lrv.lt/uploads/main/documents/files/3B%2BPL-Joint-Statement-Entry-Ban-07092022-FINAL.pdf).
55 “Finnish MFA: Imposing an Entry Ban on All Russians Is Against Rule of Law,” *Schengen Visa News*, 13 September 2022.
56 “Finland Joins Baltics, Poland In Shutting Border To Russian Tourists,” Radio Free Europe / Radio Liberty, 30 September 2022.
57 “EU rips up Russia visa deal in victory for eastern member states,” *Financial Times*, 31 August 2022.
58 White House, “Remarks by President Biden on the United Efforts of the Free World to Support the People of Ukraine,” Warsaw, 26 March 2022.
59 “EU routes to hit Russia dwindle as countries split on visa ban,” Politico.eu, 29 August 2022.
60 “Factbox: Where have Russians been fleeing to since mobilisation began?” *Reuters*, 6 October 2022.

61 https://twitter.com/GLandsbergis/status/1573389737741918209?s=20&t=K7Qn0kYsMJeiFGRWrlBXaQ（二〇二二年九月二四日ツイート）。
62 Sergey Radchenko, "Collective Responsibility and the Slide into the Totalitarian Past," *Moscow Times*, 7 September 2022.
63 Council of the EU, "Russia's aggression against Ukraine: EU adopts sixth package of sanctions," Press Release, 3 June 2022.
64 European Commission, "Commission proposes stable and predictable support package for Ukraine for 2023 of up to €18 billion," Press Release, 9 November 2022.
65 "Hungary will not support EU aid plan to Ukraine, Orban says," AP News, 18 November 2022.
66 "Hungary challenges new EU loan plan for Ukraine," EUObserver, 9 November 2022.
67 NATO, "Opening remarks by NATO Secretary General Jens Stoltenberg at a joint meeting of the European Parliament's Committee on Foreign Affairs and the Subcommittee on Security and Defence followed by an exchange of views with Members of the European Parliament," 13 July 2022.
68 Ibid.
69 "Ukraine Support Tracker: A database of military, financial and humanitarian aid to Ukraine," Kiel Institute for the World Economy, last updated 7 December 2022.
70 Ivan Krastev and Mark Leonard, "Peace versus Justice: The coming European split over the war in Ukraine," *Policy Brief*, European Council on Foreign Relations (ECFR), 15 June 2022.
71 The Federal Government, "Policy statement by Olaf Scholz, Chancellor of the Federal Republic of Germany and Member of the German Bundestag," Berlin, 27 February 2022.
72 "Why Has Germany Been So Slow to Deliver Weapons? (Interview with Olaf Scholz)," *Spiegel International*, 3 June 2022.
73 "Olaf Scholz aide's comments on future links with Russia trigger dismay," *Financial Times*, 22 June 2022.
74 "Macron draws new wave of criticism over call not to 'humiliate' Russia," France24, 6 June 2022; "Ukraine war: What has Macron said about the need not to 'humiliate Russia'?" Euronews, 7 June 2022.
75 Thorsten Benner, "The German chancellor may be turning a corner, says Thorsten Benner," *The Economist*, 1 June 2022.
76 European Commission, "Ukraine: EU agrees fifth package of restrictive measures against Russia," Press Release, Brussels, 8 April 2022.
77 European Commission, "Russia's war on Ukraine: EU adopts sixth package of sanctions against Russia," Press Release, Brussels, 3 June 2022.
78 White House, "Remarks by President Biden Announcing U.S. Ban on Imports of Russian Oil, Liquefied Natural Gas, and Coal," Washington, D.C., 8 March 2022.
79 外務省「G７首脳声明（仮訳）」（二〇二二年五月九日）。
80 財務省「ロシアのウクライナに対する侵略戦争に対する一致した対応に関するG７財務大臣声明（仮訳）」ベルリン（二〇二二

年九月二日）。

81 BP, "bp to exit Rosneft shareholding," 27 February 2022; Shell, "Shell intends to exit equity partnerships held with Gazprom entities," 28 February 2022; ExxonMobil, "ExxonMobil to discontinue operations at Sakhalin-1, make no new investments in Russia," 1 March 2022.

82 "The 'Nuclear Option': What Is SWIFT And What Happens If Russia Is Cut Off From It?" RFE/RL, 9 December 2021.

83 White House, "Joint Statement on Further Restrictive Economic Measures," 26 February 2022.

84 "Russia halts gas supplies to Poland and Bulgaria," *Reuters*, 28 April 2022.

85 "Gazprom reduces gas supplies to Italy, France cut off," DW, 17 June 2022.

86 "EU fears of being held to ransom by Russia over gas become a reality," *Financial Times*, 18 June 2022.

87 "Russian gas crisis will test EU solidarity, warns German utility RWE," *Financial Times*, 24 June 2022.

88 Council of the EU, "Council adopts regulation on reducing gas demand by 15% this winter," Press Release, Brussels, 5 August 2022.

89 "Germany's gas problem maybe isn't such a big problem any more," *Financial Times*, 15 November 2022.

90 "Germany finishes construction of its first LNG import terminal," *Financial Times*, 15 November 2022.

91 "European natural gas imports (dataset)," Bruegel, 22 November 2022.

92 "Europe's imports of Russian seaborne gas jump to record high," *Financial Times*, 29 November 2022.

93 Centre for Research on Energy and Clean Air (CREA), "October update: EU fossil fuel payments to Russia in first fall below pre-invasion level in October," CREA, 16 November 2022.

94 "Russia is using energy as a weapon," *The Economist*, 26 November 2022.

95 "Ukraine crisis: Who is buying Russian oil and gas?" BBC, 6 December 2022.

96 Bundesministerium für Wirtschaft und Klimaschutz, "Zweiter Fortschrittsbericht Energiesicherheit," Berlin, 1 Mai 2022.

97 Bundesregierung, "Bundeskanzler Olaf Scholz zum Thema Energieversorgung," Berlin, 7 März 2022.

98 "Germany approves welfare reform, extends nuclear power," DW, 25 November 2022.

99 "Germany turns to coal for a third of its electricity," *Financial Times*, 7 September 2022.

100 "Europe's new dirty energy: the 'unavoidable evil' of wartime fossil fuels," *Financial Times*, 6 September 2022.

101 International Energy Agency, *World Energy Outlook 2022*, October 2022.

102 "Canada, Germany sign deal to start hydrogen shipments by 2025," CTV News, 23 August 2022.

103 "Germany struggles with its dependency on China," *Financial Times*, 1 November 2022.

104 NATO, "Statement by the North Atlantic Council on the damage to gas pipelines," Brussels, 29 September 2022.

105 "Norway posts soldiers at oil, gas plants after Nord Stream leaks," *Reuters*, 3 October 2022.

106 "Sabotage of gas pipelines a wake-up call for Europe, officials warn," *Financial Times*, 29 September 2022.

107 “Germany probes rail 'sabotage' amid Russia tensions,” France24, 9 October 2022.
108 “Thousands rally in Prague against pro-Western government,” DW, 29 October 2022.
109 “Hungary will not support EU aid plan to Ukraine, Orban says,” AP News, 18 November 2022.
110 外務省「G20バリ首脳宣言（仮訳）」（二〇二二年一一月一五—一六日）、第3パラグラフ。
111 “‘A remarkable job’: how Russia and China buckled in the face of a united G20,” *Financial Times*, 18 November 2022.
112 “EU agrees $60 price cap on Russian oil,” Politico.eu, 2 December 2022.
113 U.S. Department of the Treasury, “Statement by Secretary of the Treasury Janet L. Yellen on the Announcement of the Price Cap,” Washington, D.C., 2 December 2022.

【第三章】

1 最も有名なのは、John Mearsheimer, “Back to the Future: Instability in Europe After the Cold War,” *International Security*, Vol. 15, No. 1 (Summer 1990) だろう。
2 鶴岡「統一ドイツのＮＡＴＯ帰属への道」（第一章注27）。
3 ＮＡＴＯ, “Final Communiqué,” Ministerial Meeting of the North Atlantic Council, Reykjavik, 14 May 2002, para. 5.
4 二〇一〇年戦略概念については、鶴岡路人「国際安全保障環境の変化と二〇一〇年戦略概念」広瀬佳一・吉崎知典編『冷戦後のＮＡＴＯ——〝ハイブリッド〟同盟への挑戦』（ミネルヴァ書房、二〇一二年）を参照。
5 “Pentagon Puts 8,500 Troops on ‘High Alert’ Amid Ukraine Tensions,” *New York Times*, 24 January 2022.
6 “US likely to keep 100,000 troops in Europe for foreseeable future in face of Russian threat, US officials say,” CNN.com, 20 May 2022.
7 SHAPE, “SACEUR Statement on the Activation of the NATO Response Force,” 25 February 2022.
8 SHAPE, “SACEUR Attends Military Committee in Chiefs of Defence session,” 20 May 2022.
9 NATO, “Statement by NATO Heads of State and Government,” Brussels 24 March 2022.
10 “Unlike Finland, Sweden inches reluctantly towards Nato,” *Financial Times*, 25 April 2022.
11 鶴岡路人「欧州における同盟、集団防衛、集団的自衛権——新たな脅威へのＮＡＴＯ、ＥＵによる対応」『国際安全保障』第44巻第1号（二〇一六年六月）、七〇—七五頁を参照。
12 European Commission, “Statement by President von der Leyen at the joint press conference with Finnish Prime Minister Marin,” Helsinki, 3 February 2022.
13 NATO, “Partnership Interoperability Initiative,” 22 February 2022.
14 “Niinistö: Venäjä näki Suomen etupiiriinsä kuuluvana alueena,” *Ilta-Sanomat*, 30 April 2022.
15 Russian Ministry of Foreign Affairs, “Treaty between The United States of America and the Russian Federation on security guarantees [draft

treaty proposal]," Moscow, 17 December 2021; "Agreement on measures to ensure the security of The Russian Federation and member States of the North Atlantic Treaty Organization [draft treaty proposal]," Moscow, 17 December 2021.

16 "Sweden 'irmly rejects' Russia's call for safeguards against NATO's eastward expansion," *EurActive*, 23 December 2021.

17 President of the Republic of Finland, "President of the Republic of Finland Sauli Niinistö's New Year's Speech on 1 January 2022," Helsinki, 1 January 2022.

18 Finish Government, "Prime Minister Sanna Marin's New Year's message, 31 December 2021," Helsinki, 31 December 2021.

19 NATO, "Press conference by NATO Secretary General Jens Stoltenberg following the Extraordinary meeting of NATO Ministers of Foreign Affairs," Brussels, 4 March 2022.

20 White House, "Readout of President Biden's Meeting with President of Finland Sauli Niinistö," 4 March 2022.

21 "Ylen kysely: Nato-jäsenyyden kannatus vahvistuu – 62 prosenttia haluaa nyt Natoon," *Yle*, 14 March 2022; "Yle poll: Support for Nato membership soars to 76%," *Yle*, 9 May 2022.

22 "Finland warns of 'major escalation risk' in Europe amid Nato membership debate," *Financial Times*, 20 March 2022.

23 "Marin: Nato decision will happen 'within weeks not months'," *Yle*, 13 April 2022.

24 Finnish Government, "Report on Finland's Accession to the North Atlantic Treaty Organization," Helsinki, 15 May 2022.

25 "Baltic states hail Finland and Sweden's expected Nato accession," *Financial Times*, 13 May 2022.

26 White House, "Remarks By President Biden, President Niinistö of Finland, and Prime Minister Andersson of Sweden after Trilateral Meeting," 19 May 2022.

27 "Turkey's president objects to Finland and Sweden's Nato applications," *Financial Times*, 14 May 2022.

28 NATO, "Trilateral Memorandum," Madrid, 28 June 2022, https://www.nato.int/nato_static_fl2014/assets/pdf/2022/6/pdf/220628-trilat-memo.pdf.

29 "Erdoğan gains from lifting Sweden and Finland Nato veto with US fighter jet promise," *The Guardian*, 29 June 2022.

30 "Russia Warns of Nuclear Buildup If Finland, Sweden Join NATO," *Bloomberg*, 14 April 2022.

31 NATO, "Press conference by NATO Secretary General Jens Stoltenberg ahead of the meetings of NATO Ministers of Foreign Affairs on 6 and 7 April 2022," Brussels, 5 April 2022.

32 "Källor: USA och Storbritannien utlovar militär närvaro före Nato-beslut," *Aftonbladet*, 26 April 2022.

33 NATO, "Press point with NATO Secretary General Jens Stoltenberg and the President of the European Parliament, Roberta Metsola," Brussels, 28 April 2022.

34 "United Kingdom-Sweden Statement," Harpsund, 11 May 2022.

35 "United Kingdom-Finland Statement," Helsinki, 11 May 2022.

36 NATO, "Press conference with NATO Secretary General Jens Stoltenberg and the Prime Minister of Sweden, Ulf Kristersson," Brussels, 20 October 2022.
37 Prime Minister's Office (Finland), "Prime Minister Marin meets with Swedish Prime Minister in Stockholm," Press Release, 13 April 2022.
38 NATO, *2022 Strategic Concept*, adopted by Heads of State and Government, Madrid, 29 June 2022.
39 NATO, *Active Engagement, Modern Defence: Strategic Concept for the Defence and Security of the Members of the North Atlantic Treaty Organisation*, adopted by Heads of State and Government, Lisbon, 19 November 2010.
40 David Shlapak and Michael Johnson, "Reinforcing Deterrence on NATO's Eastern Flank: Wargaming the Defense of the Baltics," *Research Report*, Rand Corporation, 2016.
41 "Estonia's prime minister urges vast rise in Nato forces to defend Baltic states," *Financial Times*, 8 April 2022.
42 "Estonia's PM says country would be 'wiped from map' under existing Nato plans," *Financial Times*, 23 June 2022.
43 "Ukraine war underscores need for permanent Nato eastern defences," *Financial Times*, 22 June 2022.
44 U.S. Department of State, "Russia's 'Filtration' Operations, Forced Disappearances, and Mass Deportations of Ukrainian Citizens," Press Statement by Secretary of State, Antony Blinken, 13 July 2022.
45 "Nato to increase forces on high alert to 300,000," *Financial Times*, 27 June 2022.
46 "Russia's neighbors fear NATO's defense plans are not fit for purpose and they could be quickly overrun," CNBC, 27 June 2022.
47 その後、二〇二三年九月に司令部要員として新たに一〇〇名規模がリトアニアに展開された。NATO, "First German NATO brigade troops arrive in Lithuania," 4 September 2022.
48 NATO, "New NATO Force Model," 29 June 2022.
49 NATO, "Press conference by NATO Secretary General Jens Stoltenberg following the meeting of the North Atlantic Council at the level of Heads of State and Government with Partners (2022 NATO Summit)," Madrid, 29 June 2022.
50 White House, "Fact Sheet: 2022 NATO Summit in Madrid," 29 June 2022.
51 鶴岡路人「波乱のなかったＮＡＴＯの70周年首脳会合？」国際情報ネットワーク分析（ＩＩＮＡ）、笹川平和財団（二〇一九年一二月一八日）。
52 鶴岡路人「日本とＮＡＴＯ——米国の同盟国を結ぶ新たな可能性」nippon.com（二〇二三年七月一三日）。
53 NATO, "Founding Act on Mutual Relations, Cooperation and Security between NATO and the Russian Federation," Paris, 27 May 1997.
54 同文書の経緯や位置付けについては、例えば下記が優れている。Ronald Asmus, *Opening Nato's Door: How The Alliance Remade Itself For A New Era*, Columbia University Press, 2004, book 4; M.E. Sarotte, *Not One Inch: America, Russia, and the Making of Post-Cold War Stalemate*, Yale University Press, 2021, chapter 8.
55 原文は、「NATO reiterates that in the current and foreseeable security environment, the Alliance will carry out its collective defence and

other missions by ensuring the necessary interoperability, integration, and capability for reinforcement rather than by additional permanent stationing of substantial combat forces」である。

56 NATO, "Statement by the North Atlantic Council," Press Release, 14 March 1997.

57 この点については、鶴岡路人「ＮＡＴＯにおける集団防衛を巡る今日的課題――ロシア・グルジア紛争と北大西洋条約第５条の信頼性」『国際安全保障』第三七巻第四号（二〇一〇年三月）参照。

58 「実質的な戦闘兵力」については、William Alberque, "'Substantial Combat Forces' in the Context of NATO-Russia Relations," *Research Paper*, No. 131, NATO Defense College, June 2016 が最も詳細な分析。

59 NATO, "Warsaw Summit Communiqué," Issued by the Heads of State and Government participating in the meeting of the North Atlantic Council, Warsaw, 8-9 July 2016, para. 40.

60 NATO, "First German NATO brigade troops arrive in Lithuania," 4 September 2022.

61 White House, "On-the-Record Press Call by NSC Coordinator for Strategic Communications John Kirby and Assistant Secretary for Defense Celeste Wallander," 29 June 2022.

62 原文は、「The member States of NATO reiterate that they have no intention, no plan and no reason to deploy nuclear weapons on the territory of new members, nor any need to change any aspect of NATO's nuclear posture or nuclear policy - and do not foresee any future need to do so」である。「いかなる（any）」という言葉が不自然なほどに多用されているのが特徴であり、ＮＡＴＯ側の強い意図がうかがわれる文章になっている。

63 NATO, "Final Communiqué," Issued at the Ministerial Meeting of the North Atlantic Council, Brussels, 10 December 1996, para. 5.

64 "Putin sees no threat from NATO expansion, warns against military build-up," *Reuters*, 17 May 2022.

65 日露間の平和条約交渉において、返還された北方領土に米軍が展開する可能性をロシア側が懸念したのも同様の文脈である。この問題については以下を参照。鶴岡路人「返還後の北方領土への米軍駐留をめぐる論点――ドイツ統一とＮＡＴＯ拡大の事例から考える(1)」国際情報ネットワーク分析（ＩＩＮＡ）、笹川平和財団（二〇一八年一二月一四日）、同「返還後の北方領土への米軍駐留をめぐる論点――ドイツ統一とＮＡＴＯ拡大の事例から考える(2)」（二〇一八年一二月一四日）。

66 明確な破棄や効力停止を主張するものとして例えば下記を参照。Anna Maria Dyner, Artur Kacprzyk and Wojciech Lorenz, "Consequences of the Russian Invasion of Ukraine for the 1997 NATO-Russia Founding Act," *Strategic File*, No. 6 (114), PISM, June 2022; Daniel Fried, Steven Pifer and Alexander Vershbow, "NATO-Russia: It's time to suspend the Founding Act," *The Hill*, 7 June 2022.

67 Sławomir Dębski, "The wrong NATO signals to Russia could mean more war for Europe," *The Hill*, 8 July 2022.

【第四章】

1 トランプ時代のＮＡＴＯについて、日本語でより詳しくは、鶴岡路人「波乱のなかったＮＡＴＯの70周年首脳会合?.」国際情報ネットワーク分析（ＩＩＮＡ）、笹川平和財団（二〇一九年一二月一八日）、同「ＮＡＴＯ首脳会合は何だったのか——米欧同盟の行方」同右（二〇一八年八月一日）、合六強「３つの『ショック』に揺れるＮＡＴＯ」令和元年度外務省外交・安全保障調査研究事業『混迷する欧州と国際秩序』（日本国際問題研究所、二〇二〇年三月）などを参照。

2 NATO, "Defence Expenditure of NATO Countries (2014-2022)," Press Release, NATO HQ, 27 June 2022.

3 NATO, "Secretary General thanks President Trump for his commitment to NATO," 14 November 2019; NATO, "NATO Secretary General thanks President Trump for his strong leadership," 2 April 2019.

4 Tom McTague and Yasmeen Serhan, "The Man Who Figured Out Trump," *The Atlantic*, 4 December 2019.

5 "Merkel: Europe 'can no longer rely on allies' after Trump and Brexit," BBC, 28 May 2017.

6 これらの点について、より詳しくは鶴岡路人「バイデン政権と欧州——米欧関係はいかに変容し、どこに向かうのか」佐橋亮・鈴木一人編『バイデンのアメリカ——その世界観と外交』（東京大学出版会、二〇二二年）参照。

7 Richard Wike, et al., "Trump Ratings Remain Low Around Globe, While Views of U.S. Stay Mostly Favorable," Pew Research Center, 8 January 2020.

8 European Commission, "Joint U.S.-EU Statement following President Juncker's visit to the White House," Washington, D.C., 25 July 2018.

9 "Trump and Juncker: The art of the no-deal," Politico.eu, 26 July 2018. また、鶴岡路人「米欧関係の展開と日本——変容する日米欧関係のダイナミズム」『国際問題』（二〇二〇年一・二月号）、三九頁も参照。

10 ゲア・ルンデスタッド（河田潤一訳）『ヨーロッパの統合とアメリカの戦略——統合による「帝国」への道』（ＮＴＴ出版、二〇〇五年）。

11 White House, "Remarks by President Trump at the National Association of REALTORS Legislative Meetings and Trade Expo," Washington, D.C., 17 May 2019.

12 Richard Wike, et al., "British, French and German Publics Give Biden High Marks After U.S. Election," Pew Research Center, 19 January 2021.

13 Lloyd J. Austin III, "The U.S. can't meet its responsibilities alone. That's why we believe in NATO," *The Washington Post*, 17 February 2021.

14 White House, "Readout of President Joseph R. Biden, Jr. Call with Secretary General Jens Stoltenberg of NATO," 26 January 2021.

15 Joint Communication to the European Parliament, the European Council and the Council, "A new EU-US agenda for global change," JOIN(2020) 22 final, Brussels, 2 December 2020.

16 Ibid., p. 8.

17 アフガニスタンでの各国軍の犠牲者数については、icasualties.orgの集計に依拠。

18 ただし実際には日本もアフガニスタンの安定化・復興に深く関わっており、この結末は「日本の敗北」でもあった。この点については、鶴岡路人「日本外交にとってのアフガニスタンは何だったのか」国際ネットワーク分析（ＩＩＮＡ）、笹川平和財団

（二〇二一年八月二七日）参照。

19 Philip Gordon, "NATO after 11 September," *Survival*, Vol. 43, No. 4 (2001-2002)

20 "Afghanistan," Volume 699: debated on Wednesday 18 August 2021, Hansard, UK Parliament.

21 Ibid.

22 White House, "Remarks by President Biden on Afghanistan," 16 August 2021.

23 White House, "Remarks by President Biden on Evacuations in Afghanistan," 20 August 2021.

24 "Josep Borrell slams 'arguable' Biden remarks on Afghanistan," Politico.eu, 19 August 2021.

25 "Nato allies urge rethink on alliance after Biden's 'unilateral' Afghanistan exit," *Financial Times*, 17 August 2021.

26 渡辺将人「内政と連動する外交――『中間層外交』を中心に」佐橋・鈴木編『バイデンのアメリカ』、中山俊宏「アフガン崩壊――『最も長い戦争』を強制リセットしたバイデンの『アメリカ・ファースト』」『フォーサイト』（二〇二一年八月二一日）。

27 Max Bergmann, "The next Afghanistan: Europe needs to get serious about defense," Politico.eu, 18 August 2021.

28 "Paris accorde le droit d'asile aux Afghans qui ont travaillé pour la France," *Le Monde*, 14 mai 2021.

29 "France praised for 'anticipatory planning' and evacuating 600 Afghans in May, months before the UK and US," *The Telegraph*, 22 August 2021.

30 "The Macron Doctrine," *Le Grand Continent*, Groupe d'études géopolitiques, 16 November 2020.

31 Madeleine Albright, "The right balance will secure NATO's future," *Financial Times*, 7 December 1998.

32 *Shared Vision, Common Action: A Stronger Europe – A Global Strategy for the European Union's Foreign And Security Policy*, European Union (EEAS), Brussels, June 2016.

33 "The Macron Doctrine."（注30）。

34 "Merkel: Europe 'can no longer rely on allies' after Trump and Brexit."（注5）。

35 "Emmanuel Macron in his own words (English) – The French president's interview with The Economist," *The Economist*, 7 November 2019.

36 Carla Hobbs (ed.), "Europe's digital sovereignty: From rulemaker to superpower in the age of US-China rivalry," European Council on Foreign Relations (ECFR), 30 July 2020.

37 "Europe's alliance with the US is the foundation of its security," Politico.eu, 25 November 2020; Annegret Kramp-Karrenbauer, "Europe still needs America," Politico.eu, 2 November 2020.

38 Josep Borrell, "A Strategic Compass for Europe," Project Syndicate, 12 November 2021.

39 "Mehr Fortschritt Wagen: Bündnis für Freiheit, Gerechtigkeit und Nachhaltigkeit," Koalitionsvertrag zwischen SPD, Bündnis 90/Die Grünen und FDP, 2021.

40 White House, *National Security Strategy*, Washington, D.C., October 2022.

【第五章】

1 Kremlin, "Address by the President of the Russian Federation," Moscow, 24 February 2022.
2 Kremlin, "Article by Vladimir Putin 'On the Historical Unity of Russians and Ukrainians'," 12 July 2021.
3 "Inside the Ukrainian counteroffensive that shocked Putin and reshaped the war," *Washington Post*, 29 December 2022.
4 外務省「G7首脳声明（仮訳）」（二〇二二年一二月一二日）。
5 White House, "Remarks by President Biden on the United Efforts of the Free World to Support the People of Ukraine," Warsaw, 26 March 2022.
6 Joseph Biden Jr., "President Biden: What America Will and Will Not Do in Ukraine," *New York Times*, 31 May 2022.
7 千々和泰明『戦争はいかに終結したか――二度の大戦からベトナム、イラクまで』（中公新書、二〇二一年）。
8 "As Ukraine Retakes Kherson, U.S. Looks to Diplomacy Before Winter Slows Momentum," *Wall Street Journal*, 13 November 2022.
9 "Biden admin divided over path ahead for Ukraine as top US general Milley pushes for diplomacy," CNN.com, 11 November 2022.
10 White House, "Press Gaggle by Press Secretary Karine Jean-Pierre and National Security Advisor Jake Sullivan En Route Phnom Penh, Cambodia," 11 November 2022.
11 "U.S. privately asks Ukraine to show it's open to negotiate with Russia," *Washington Post*, 5 November 2022.
12 "Analysis: With massive Polish arms deal S.Korea steps closer to Ukraine war," *Reuters*, 28 July 2022.
13 "South Korea to Sell Arms to U.S. for Ukrainian Forces Fighting Russia," *Wall Street Journal*, 10 November 2022; "South Korea has not supplied lethal weapons to Ukraine, president says," *Reuters*, 28 October 2022.
14 ジョン・L・ギャディス（五味俊樹他訳）『ロング・ピース――冷戦史の証言「核・緊張・平和」』（芦書房、二〇〇二年）。
15 "Putin-Hitler-Vergleich schlägt Wellen in Polen," *Bild*, 10 Juni 2022.
16 Gov. UK, "PM statement on the Salisbury investigation," 5 September 2018.
17 "Joint Expeditionary Force leaders' statement," Riga, 19 December 2022; Gov.UK, "PM opening remarks at JEF Summit," Riga, 19 December 2022.
18 "'We told you so!' How the West didn't listen to the countries that know Russia best," Politico.eu, 9 March 2022.
19 "Transcript of AP interview with President Joe Biden," AP News, 17 June 2022.
20 White House, "Remarks by President Biden on Afghanistan," 16 August 2021.
21 President of Ukraine, "We stand, we fight and we will win. Because we are united. Ukraine, America and the entire free world - address by Volodymyr Zelensky in a joint meeting of the US Congress," 22 December 2022.
22 外務省「日米首脳テレビ会談（概要）」（二〇二二年一月二一日）、White House, "Readout of President Biden's Meeting with Prime

Minister Kishida of Japan," 21 January 2022.

23　外務省「林外務大臣会見記録」（二〇二二年一月二五日）。

24　「中露の強権は見過ごせない――私の使命感と家族の歴史（ラーム・エマニュエル　駐日アメリカ大使インタビュー）」『中央公論』（二〇二二年一〇月号）。

25　"Joint Statement on Further Restrictive Economic Measures," 26 February 2022.

26　首相官邸「ウクライナ情勢に関する我が国の対応についての会見」（二〇二二年二月二七日）。

27　首相官邸「シャングリラ・ダイアローグ（アジア安全保障会議）における岸田総理基調講演」（二〇二二年六月一〇日）。

28　詳しくは、Tongfi Kim and Luis Simón, "A Reputation versus Prioritization Trade-Off: Unpacking Allied Perceptions of US Extended Deterrence in Distant Regions," *Security Studies*, Vol. 30, No. 5 (2021) 参照。

29　U.S. Department of State, "Secretary Antony J. Blinken at a Press Availability," 22 December 2022.

30　首相官邸「国家安全保障戦略」（二〇二二年一二月一六日）。

あとがき

ロシアによるウクライナ侵攻は、残念ながらまだ続いている。したがって、この戦争に関して、何らかの結論を導き出せる段階にはない。とはいえ、開戦からの一年間で、多くのことを考えさせられたし、さまざまなものがみえてきた。

本書は、プーチンの戦略やロシア軍の作戦に焦点を当てたものではない。「欧州戦争」という切り口で、欧州で発生してしまったこの戦争にＮＡＴＯやＥＵを含む欧州がいかに関与し、どのような影響を受けてきたかを、政治・外交面に着目して論じてきた。

物事が眼のまえで起きるなかで、それを同時代的に分析したものである。国際安全保障や現代欧州政治の研究者としての知見を活用したつもりで、注も可能な限り丁寧に付けたが、本格的な学術研究ではない。それは戦争が終わった後の課題である。

ここであらためて触れたいのは、今回の戦争を考えるにあたって、視点をどこに据えるのかという問題である。戦争に限らず国際関係は、正直なところ、大国、さらにいえば覇権国家の視点で、つまり「上から」みた方が気持ちがよい。

それはそうだろう。大国であればあるほど、自らの行動の選択肢は常に多く、自律的な判断が可能だからである。他方、小国にとっての国際関係は、主体的に形づくっていくものではなく、与件としてそこに存在するものだ。行動の自由など存在しないのである。国際関係を形成するのではなく、国際関係に形成される。

いまの世界を見渡せば、米国、中国、そして少なくとも軍事面において、今回の戦争でも明らかになってしまったようにロシアは、自ら行動できる諸国である。一般市民でも専門家でも、どの視点で分析するのも自由である。ロシア視点であってもよい。ただし、自分がどの視点に立っているかは自覚的である必要がある。そして、国際関係・国際政治を含む社会科学とは、なかなか国境から自由になれない学問でもある。

日本語で書かれた本書の主な読者は日本人だと想定する。日本人がこの戦争を考えるときに、日本という視点は、たとえ意識的ではなかったとしても、やはりどこかに存在するだろう。日本は、実は若干、中途半端な大きさである。歴史上、一大帝国を目指して台頭し、国際関係を形づくるアクターになろうとした時期もあった。その記憶は完全に消えたわけではないし、世界第二位の経済大国である時代も長かった。しかし、政治・安全保障面に関する限り、戦後の日本が、自ら国際関係を形づくるような自律的アクターであったことはほとんどない。しかもそれは、「吉田ドクトリン」に象徴されるように、自らが選択した道だったはずだ。

それでも、パワーポリティクス（権力政治）への、そこはかとない憧れ、あるいは、その裏返しとしてのコンプレックスのようなものを抱き続けてきたのも日本の戦後である。パワーポリティクスの世界で生きるという道を否定せざるをえなかったことへの鬱憤かもしれないし、単なるないものねだりだったかもしれない。

そうした文脈に位置付けられるのが、日本独自の大国外交を標榜する声である。安倍政権期に唱えられた、ロシアとの関係改善を通じて中露離反を促し、対中戦略上の立場も強化しようという戦略的発想はその一例だ。同時に、「強い指導者」への畏敬の念も指摘できる。パワーポリティクスの論理に忠実に従い、軍事力の行使もいとわない指導者が、日本では望み得ないがゆえに、偉大にみえてしまう現象である。日本の実際の姿へのアンチテーゼだといってもよい。そして、パワーポリティクスの体現者のような指導者と自分を同一視し、他人を見下すような姿勢だ。日本で聞かれるロシア擁護論の一部の背景には、これらの要素があるようにみえる。

このようなことを漠然と考えていたら、二〇二三年のお正月に、小泉悠先生のインタビュー記事が目にとまった（HuffPost 日本版、二〇二三年一月一日）。彼は、ロシア軍事の専門家として今回の戦争に関して、日本の議論をまさに先頭に立って引っ張ってきた、私にとっての戦友、いや英雄である。インタビューのなかで彼は、「我々はチェスのプレイヤーの方じゃないですよ、明らかに我々はチェスの駒ですよ」と喝破していた。お正月の寝ぼけた頭がいっきに覚めた。

ウクライナではなく日本が緩衝地帯にさせられたり、隣国が攻めてきたりしたときに、それでも「それが冷徹なリアリズムだよね」として受け入れられるのか、と問うていた。そして、「『我々は弱いものである』『小さいものである』という観点から、そもそもこの戦争をまずは見なければいけないのではないのか」と指摘していた。

アメリカやロシアという、「プレイヤー」の視点に慣れてしまうと、なかなか「駒」の視点にはなりにくい。その点で、「プレイヤー」としての過去を持ちながら、そしてその過去がそう遠くない記憶に残るがゆえに「駒」の悲哀をとりわけ強く感じるという葛藤を経験してきた欧州は、日本にも近く、分析対象として実は身近だ。今回の戦争に関して、日本では、欧州の煮え切らない姿勢や足並みの乱れといった方面への関心が強かったように思う。しかし、煮え切らない姿勢という意味では、日本も似た者同士だった。

あるテレビ番組では、「ドイツは目覚めたのか」と繰り返し問われたが、そのたびに、私の頭には、なかなか煮え切らない日本の姿が浮かんでいた。例えばドイツにとっての対露関係と日本にとっての対中関係。相違点ももちろん多いが、共通点はかなり多い。安全保障上の挑戦や脅威が出現した際の対処法という観点で、欧州の立ち位置や苦悩は、構造的に日本に近い。そのことをあらためて浮き彫りにしたのも今回の戦争だった。

本書は「欧州戦争」をキーワードにしたため、中露関係や世界のなかでのロシアなどについてはほとんど触れられなかった。エネルギー問題も欧州に関連する部分を限定的に扱ったにとどまる。しかし、戦争が続き、欧州地域を越えた影響がさらに強まるとすれば、『世界戦争としてのウクライナ侵攻』を書かなければならなくなるかもしれない。

開戦からの一年間、メディアへの出演や、ウェビナーや講演会での登壇などを、どうにか続けられてきたのは、多くの「戦友」がいたからでもあった。個々のお名前は挙げないが、彼らとは、各テレビ番組やインターネット放送の「国際政治チャンネル」、日本国際フォーラム、日本国際問題研究所、笹川平和財団、東大先端研創発戦略研究オープンラボ（ＲＯＬＥＳ）などでの研究会やウェビナーで頻繁にご一緒し、多くの刺激を受けてきた。テレビ出演でも、信頼できる研究者との共演だと安心だし、学ぶことも多い。

また、慶應義塾大学総合政策学部の同僚で研究室が隣だった中山俊宏先生は、筆者のあぶなっかしいメディア出演や研究会などでの報告をいつも温かく見守ってくれていた。中山さんの安定感のあるご発言には、いつも憧れていた。この戦争の最中に急逝されたことは、いまだに信じられない気持ちである。あらためてご冥福をお祈りしたい。私に対して、「空気を読まずに、いつも同じ調子で動じないのがよい」と褒めていただいていたと、後日、人づてに聞いた。

本書に収録した既発表論考の多くは、新潮社の国際情報サイト『フォーサイト（Foresight）』に掲載されたものである。二〇二一年六月以降、定期的に寄稿している。編集長の西村博一さんの他、森休八郎さんにお世話になってきた。

そして、戦争が続くなかで、これまでに書いたものを一冊にまとめたいとの筆者の思い付きを正面から受け止めてくれたのは、新潮選書編集部のベテラン編集者である中島輝尚さんだった。二〇二二年夏以降は、本書に収録予定のものを、『フォーサイト』に順番に寄稿することで書き進めることになった。中島さんと西村さんのコンビの掌の上で踊らされていたら、ここにたどり着いたというのが実感である。あらためてお礼を申し上げたい。

開戦以降、戦争の分析に忙殺されるなかで、他の仕事は滞りがちになるものが多く、各方面にご迷惑をおかけした。伏してお詫びするとともに、少しでも挽回していきたい。

この戦争は、我が家にも多大な変化をもたらすことになった。前年一二月ごろから、忙しくなる兆候はあったものの、二月二四日の開戦以降は、妻の東野篤子ともども、記憶が飛ぶほどに目が回る、怒濤の日々になってしまった。

順番に家にいるような状態もしばらく続いたが、たとえば深夜にお酒を飲みながら新しい情報の評価を共有したり、互いのメディアでの発言や書いたものにコメントし合ったりする時間は、楽しいといえば語弊があるものの、知的に充実したものだった。感謝したい。

その間、ワーク・ライフ・バランスとしては最悪の極みだったし、せっかくの食卓までもが戦争の話で埋め尽くされることもしばしばで、二人の子供にとっては、迷惑このうえなかっただろう。謝りたい。でも、世界には取り組まなければならない問題が沢山あり、子供たちに少しでも平和な世界を引き継ぐのは、いまの世代の責任だと考えている。

開戦から一年が経ってしまったことを、短かったと思いつつも、長かったとあらためて感じ、そしてこの戦争が公正な平和をもたらすことを祈って——

二〇二三年一月

鶴岡　路人

新潮選書

欧《おう》州《しゅう》戦《せん》争《そう》としてのウクライナ侵攻《しんこう》

著　者……………… 鶴岡路人《つるおかみちと》

発　行……………… 2023年2月20日

発行者……………… 佐藤隆信
発行所……………… 株式会社新潮社
〒162-8711 東京都新宿区矢来町71
電話　編集部 03-3266-5611
　　　読者係 03-3266-5111
https://www.shinchosha.co.jp
シンボルマーク／駒井哲郎
装幀／新潮社装幀室
組版／新潮社デジタル編集支援室
印刷所……………… 株式会社三秀舎
製本所……………… 株式会社大進堂

乱丁・落丁本は、ご面倒ですが小社読者係宛お送り下さい。送料小社負担にてお取替えいたします。価格はカバーに表示してあります。

ISBN978-4-10-603895-2 C0331